古典文獻研究輯刊

四 編

潘美月・杜潔祥 主編

第 10 冊

論《臺灣省通志稿》之纂修

曾鼎甲 著

國家圖書館出版品預行編目資料

論《臺灣省通志稿》之纂修／曾鼎甲著 — 初版 — 台北縣永和
市：花木蘭文化出版社，2007〔民96〕

目 2+202 面：19×26 公分
（古典文獻研究輯刊 四編：第 10 冊）
ISBN：978-986-6831-23-2（全套精裝）
ISBN：978-986-6831-03-4（精裝）
1. 臺灣 – 方志
673.21   96004387

ISBN - 9866831034

9 789866 831034

古典文獻研究輯刊
四 編 第 十 冊   ISBN：978-986-6831-03-4

論《臺灣省通志稿》之纂修

作　　者	曾鼎甲
主　　編	潘美月　杜潔祥
企劃出版	北京大學文化資源研究中心
出　　版	花木蘭文化出版社
發 行 所	花木蘭文化出版社
發 行 人	高小娟
聯絡地址	台北縣永和市中正路五九五號七樓之三
	電話：02-2923-1455／傳眞：02-2923-1452
電子信箱	sut81518@ms59.hinet.net
初　　版	2007 年 3 月
定　　價	四編 30 冊（精裝）新台幣 46,500 元

論《臺灣省通志稿》之纂修

曾鼎甲　著

作者簡介

曾鼎甲，1966 年出生，台北市人，國立中興大學歷史學博士，逢甲大學歷史文物研究所助理教授。著作：《戰後臺中縣的農業發展（1950～1999）》、〈評介毛著《方志新論》〉、〈道格拉斯・諾斯與新經濟史：兼論經濟史研究取向之變遷〉、〈論近五十年來臺灣方志之纂修：以《臺灣省通志稿・人物志》為例〉、〈論戰後臺灣方志之纂修：以《臺灣省通志稿・學藝志》為例〉、〈論《臺灣省通志稿》之纂修：以革命志為例〉、〈戰後臺灣縣（市）志有關經濟類目之研究：以《臺中縣志・經濟志》為例〉、〈戰後臺灣鄉鎮人口變遷之研究：以臺中縣各鄉鎮為例〉、〈戰後臺中縣農業耕地與人地關係之長期變動（1950～1999）〉。

提　要

　　方志與正史自始即為中國傳統史學相當重要的二部份。不論就史書纂修的持續、纂修數量的眾多、纂修方法的發展，以及記載內容的廣泛，正史與方志都有相當可觀的成就。惟在近代以來新史學的發展下，正史體例自《清史稿》即已不為史家所重，而方志之纂修則仍未嘗稍止。方志之所以能賡續發展，主要是因為民初以來「科學新方志」之提倡，使方志纂修融入新的成分所致。

　　《臺灣省通志稿》為戰後臺灣首部纂修的省級通志，當局對此部志書的纂修極為重視。參與修志者，除了臺灣本地嫻於掌故的修志專家外，也有許多隨政府來臺的各領域學者專家。因此《臺灣省通志稿》之纂修，不僅承襲了臺灣自清代以來，歷經日治時期的修志傳統，同時也融合新、舊方志纂修之方法，在方志纂修方面多有創新之處。本書從傳統中國方志學發展與「方志編纂學」之角度，觀察臺灣方志纂修之傳統，並考量紀、志、傳三種史書纂修之體裁，分別選擇革命、學藝、人物三志，討論該志稿之纂修經過與得失，並分析其纂修體例、纂修方法，與史料運用的得失。

　　「革命志」為記時敘事之體，在史事信而有徵之外，尤重敘事之法，故應以「言有序」為尚。所謂的「言有序」，不僅包括個別歷史事件之敘述具有條理，同時也注重各歷史事件間，是否依其發生之先後，或性質相近者予以適當之編排。本書第三章主要以時間為序，分別討論《臺灣省通志稿・革命志》之驅荷、拒清、抗日三篇，在類目編排與敘事方法方面的得失；並考訂抗日篇史實記載之謬誤。

　　「學藝志」為記述名物之體，所注重者乃事類之詳實，必以「言有物」為要。所謂「言有物」，包括事物之分類是否適當，以及各類內容之記載是否完整，是以本書第四章主要以事類為次，分別討論《臺灣省通志稿・學藝志》之文學、哲學、藝術三篇，在類目制訂與記載內容方面的得失。由於「學藝」為志，本有其沿襲傳統方志之處，本書於此亦為頗重視，是以本章之討論，亦兼及方志纂修之新舊傳統等問題。

　　「人物志」為傳人行誼之體，務求分別品流、論辯人才，本應以「言有義」為要；然論辯人才不免帶有價值判斷之興味，實為近代史學所不取，故「人物志」之纂修，當求人物類型之得當，分別品流之合理，以及蒐羅人物行誼之完備，是為「言有度」。人物列傳之類目，既以人物之類型為要，且本書於人物列傳類型之討論，悉以「言有度」為主要之標準，是以本書第五章並不以時間先後為討論之順序，而是以方法為次，分別討論《臺灣省通志稿・人物志》之資料編排與引文標注等外在形式之安排，以及內容撰述與史料運用等內部特徵之價值，並考證史料記載謬誤之問題。

　　最後，本書在第六章，就方志纂修在類目編排、體例制訂、以及歷史撰述和史料記注等方面之問題，總結《臺灣省通志稿》纂修之成果，嘗試為《臺灣省通志稿》在方志學領域中，謀一適當的地位。

目

錄

附表目次

第一章　緒　論

　　人類自有文字以來，即透過文字這項工具，記錄過去所曾發生過的事蹟，或加以總結成爲一種經驗，俾使對人類的行爲處事能有所助益，此乃最初歷史記載之所由興。隨著人類社會之發展漸趨繁複，歷史記載的內容日益增加，爲了確切掌握與日俱增的歷史記載，遂逐漸發展出各種記載史料與撰述歷史的體裁，歷史編纂之學亦隨之而生。就資料記述的體裁而言，有「編年體」、「紀傳體」、「政書體」、「紀事本末體」諸體；就資料記載的內容而言，有地理書、人物傳記、風俗志各類；就資料的時間性區分，則有斷代史與通史之分；就資料記載的區域性而言，則有記載各國歷史的國別史、記載一國歷史的國史，以及記載特定區域史料的方志等區別。其中，方志作爲歷史記載的一種形式，所記載之門類廣泛，涉及一地之人、事、地、物各方面，在中國傳統史學之中，向來佔有非常重要的地位；又其數量之浩繁，據《中國地方志聯合目錄》的統計，現存方志八千二百六十四種，誠爲中國學術發展的一大成就〔註1〕。

　　所謂方志，方者「地方」，有區分「中央」與「地方」之義；志者「志書」，特指「史書」與「志書」之別。簡單的說，對特定區域內一切事物，以分類記事的方式加以記載，即謂之「方志」。職是之故，地區性與志書性逐爲方志的二大特徵，有關方志學之研究，包括方志記載的區域部份，以及方志記載的內容部份。就方志記載的區域部份而言，傳統方志大致可分爲全國的「總志」、省級的「通志」、省級以下的「府州郡縣志」，以及縣級以下的「鄉鎮志」。就方志記載的內容部份，又可以記載內容的性質分爲「通志」、「專志」、「雜志」等〔註2〕；依記載內容的體

〔註 1〕中國科學院北京天文臺主編，《中國地方志聯合目錄》（北京：中華書局，1985 年）。
〔註 2〕參見傅振倫，《中國方志學通論》（上海：上海商務印書館，民國 24 年 12 月），頁
　　　　3～4。林衍經，《方志學綜論》（上海：華東師範大學出版社，1988 年 1 月），頁 9

例則可分爲「門目體」、「分志體」、「正史體」等〔註3〕。

戰後臺灣修志事業蓬勃發展，以省級通志而言，即有《臺灣省通志稿》、《臺灣省通誌》，以及《重修臺灣省通志》三次纂修。惟新修方志之體例與類目，似與傳統方志有所不同；且當前方志之纂修方法較重歷史撰述，而輕史料記注，與歷代方志多重資料記注，而不史事撰述爲尚，亦見差異。新舊方志之纂修在體例、類目，以及纂修方法上的轉變，不僅反映出方志學史的發展歷程，同時也有助於對不同時代背景下，方志學家在「方志」一詞，乃至於「學術」此一概念所具不同認知，作進一步的瞭解。再者，當前歷史研究趨向分化之際，史學對知識領域中各專業學門的獨立研究，逐漸取代傳統整體史的撰寫，導致史學界缺乏一種具有全面性「通史」研究的情形。「方志」作爲歷史撰述的一種表達型態，其研究之取向恰爲一種區域性的整體史，由此觀之，方志學研究對歷史寫作的發展，亦當有相當程度的啓發性。

有關方志學研究之著作，民國以來學者的成果頗多。如李泰棻、黎錦熙、朱士嘉、傅振倫、瞿宣穎、王葆心等〔註4〕，均爲受人推崇之方志學大家，所論亦多著重於如何使傳統方志學轉變爲符合現代需求之「新方志學」，同時這批方志學家除了在方志學理論之建構上多有貢獻，並能實踐力行而爲各地地方志之纂修。

戰後臺灣在方志學方面之研究，以林熊祥、方豪、陳正祥、陳紹馨、杜學知、宋晞、陳捷先等人較著，其中亦不乏從事實際方志纂修之工作者。此輩方志學者所關懷之焦點，大致分爲方志發展史之研究，以及新方志體例與纂修方法之研究。在方志學沿革之研究，如方豪〈記新抄苗栗志兼論臺灣方志的型態〉、陳捷先〈論

〜12。彭靜中，《中國方志簡史》（四川：四川大學出版社，1990年8月初版），頁8〜11。來新夏，《中國地方志》（臺北市：臺灣商務印書館，1995年9月初版），頁11〜21。

〔註3〕所謂「門目體」、「分志體」、「正史體」，參見陳捷先，〈論清代臺灣地區方志的義例〉《漢學研究》，第三卷第二期（臺北市：國立中央圖書館，民國72年12月），頁162。其中「門目體」源於「圖經」一類的地志，陳捷先亦稱此體爲「圖經舊例」。另「正史體」既仿正史紀傳體例，故來新夏先生則稱之爲「紀傳體」。參見來新夏，《中國地方志》（臺北市：臺灣商務印書館，1995年9月），頁19〜21。惟「正史體」與「紀傳體」所指涉之內涵，猶有些許差異。按「紀傳體」一詞，大抵指史志的體裁而言，而「正史體」則是在「紀傳體」體裁之外，還包括了正史纂修之義例。

〔註4〕李泰棻，《方志學》（上海：上海商務印書館，民國24年1月初版）。黎錦熙，《方志今議》（臺北市：臺灣商務印書館，民國65年3月臺一版）。朱士嘉，《中國地方志綜錄》（臺北市：新文豐圖書公司，民國六十四年）。傅振倫，前揭《中國方志學通論》。瞿宣穎，《志例叢話》，該書收錄於朱士嘉編，《中國舊志名家論選》，頁192〜225。王葆心，《通志條議》（臺北市：中華叢書委員會，民國46年重印）。

清代臺灣地區方志的義例〉、高志彬〈臺灣方志之纂修及其體例流變略述〉諸篇論
文，以及陳捷先《清代臺灣方志研究》、盧胡彬《清代臺灣方志之研究》二書，係
對清代臺灣方志纂修體例、內容以及方志學發展史方面作深入之探討〔註5〕；曾迺
碩〈臺灣方志五十年〉、簡榮聰〈臺灣省文獻委員會推動全面修志概述〉、鄧憲卿
〈光復後省通志編纂之回顧與前瞻〉等論文，則是對戰後臺灣方志纂修之沿革有
所說明〔註6〕。

　　新方志纂修之研究，包括方志纂修之目的、體例、類目、功用諸項。就方志
纂修的目的而言，不僅主張方志有利於政府施政之參考，且須提供一般大眾查詢
之需。就其類目而言，傳統方志受到鑑戒史學影響〔註7〕，所標立的類目多具有
鑑戒與教化之興味，如忠義、節烈、殉國等，諸此類目，已不符當前社會之所需，
自當有所改變；新方志記載之類目與內容，必須包括人類社會中的全部現象。

　　就方志之功用而言，方志除了因應一般大眾之所需，同時仍須保持其學術性。
是以在兼顧學術性與普遍性二種要求之時，新方志之體例與纂修方法，遂成纂修
時最迫切之問題。舉凡此類之問題，在上述幾位專家學者的著作中多有觸及，如
張其昀在《新方志學舉隅》一書中所提倡的「生聚的科學」（Science of Settlement）
〔註8〕；陳正祥在〈澎湖廳志的地理學評價〉一文中指出，方志乃以報導一地之現
況為主，故提倡地理學研究的「區域地理」〔註9〕；陳紹馨則認為方志應著重社會

〔註5〕參見方豪，〈記新抄苗栗志兼論臺灣方志的型態〉《文獻專刊》，第二卷第一、二期，
　　　頁10～17。陳捷先，〈論清代臺灣地區方志的義例〉《漢學研究》，第三卷第二期，
　　　頁157～232；《清代臺灣方志研究》（臺北市：臺灣學生書局，民國85年8月初版）。
　　　高志彬，〈臺灣方志之纂修及其體例流變略述〉《臺灣文獻》，第四十九卷第三期，
　　　頁187～206。盧胡彬，〈清代臺灣方志之研究〉，中國文化大學史學研究所碩士論
　　　文，民國74年）。

〔註6〕參見曾迺碩，〈臺灣方志五十年〉，該文發表於「臺灣光復後纂修地方志研討會」，
　　　民國84年7月28日。簡榮聰，〈臺灣省文獻委員會推動全面修志概述〉，該文發表
　　　於「臺灣光復後纂修地方志研討會」，民國84年7月。鄧憲卿，〈光復後省通志編
　　　纂之回顧與前瞻〉，該文發表於「臺灣史料研究暨史料整理成果研討會」，1998年6
　　　月。

〔註7〕所謂的「鑑戒式史學」，意指將「歷史」這個概念，當作是事例的匯集，後人可藉
　　　由讀史而得到鑑戒的功用，歷史寫作亦具有保存訓誡的意義。參見胡昌智，〈由鑑
　　　戒式的歷史思想到演化式的歷史思想〉，收錄於《中西史學史研討會論文集》（臺中
　　　市：國立中興大學歷史系，民國75年1月），頁141～143。

〔註8〕參見張其昀，《新方志舉隅——遵義新志·序》（臺北市：中華文化事業出版委員會，
　　　民國44年）。另見陳紹馨，〈新方志與舊方志〉《臺北文物》，第五卷第一期，頁4。

〔註9〕參見陳正祥，〈澎湖廳志的地理學評價〉《臺灣文獻》，第七卷第一、二期，頁1～
　　　11。

科學研究方法，以「區域研究」（region study）的方法來充實方志學〔註10〕；林熊祥與周憲文等人均主張方志當爲一地區內之「百科全書」，故應「小大不捐而臚陳之」；〔註11〕蔣廷黻則在〈高等教育的一方面〉一文中，建議方志學界借重大學在各學術領域之研究，協助共同纂修方志，以達方志體例、類目上之完備〔註12〕。

至於方志纂修理論，唐祖培《新方志學》一書，係從傳統史學的脈絡中，就劉知幾所謂「才、學、識」三長，提出「方志文學、方志科學、方志哲學」之方志三學，作爲貫串志體、志用、志例、志圖、志表、志考、志傳之體系〔註13〕；另有林天蔚《方志學與地方史研究》一書，以廣東地方志之研究爲基礎，對中國傳統方志作全面性的討論，包括方志的源流與發展、方志理論的建立與變遷，方志學家的論述與成就等範圍，爲近年來較爲重要之專著〔註14〕。其他如毛一波、杜學知、宋晞，均曾發表相關論文〔註15〕。

近年來，由於鄉鎮志書纂修蔚爲風尚，參與修志者對方志纂修之方法亦多有其見解，並撰述成文。如黃秀政〈論臺灣鄉鎮志的纂修：以《鹿港鎮志》爲例〉、張勝彥〈纂修地方志之淺見〉、吳文星〈試論鄉鎮志教育志之纂修—以《頭城鎮志》、《草屯鎮志》、《石門鎮志》爲例〉等論文〔註16〕，惟此見解多僅討論省級以下的縣志與鄉鎮志，於省級通志相關處則較少。直接與纂修臺灣省通志相關的研究與著作，就筆者所見，則有林獻堂、楊雲萍、林熊祥、盛清沂、黃敦涵、莊金德、王世慶、鄭喜夫、吳政恆等人，分別對省通志的纂修方法、目的、過程，以及綱

〔註10〕 參見陳紹馨，前揭〈新方志與舊方志〉，頁 1～6。另見氏著，〈文獻委員會應有的工作〉一文，該文收錄於《修志方法論集》（臺北市：方志研究會，1954 年），頁 1～34。

〔註11〕 參見林熊祥，〈方志當把握時代性而舉其簡要〉《方志通訊》，第二卷第二期；〈臺灣修志的理論與實際〉《臺灣文獻》，第十卷第四期，頁 3。另見毛一波，《方志新論》（臺北市：正中書局，民國 63 年），頁 75～77。

〔註12〕 參見蔣廷黻，〈高等教育的一方面〉《自由中國》，第九卷第四期。

〔註13〕 參見唐祖培《新方志學》（臺北市：華國初版社，民國 44 年 7 月初版）。

〔註14〕 參見林天蔚，《方志學與地方史研究》（臺北市：南天書局，民國 84 年 7 月初版）。

〔註15〕 參見毛一波，前揭《方志新論》。杜學知，《方志學管窺》（臺北市：臺灣商務印書館，民國 62 年 12 月初版）。宋晞，《方志學研究論叢》（臺北市：臺灣商務印書館，民國 79 年 9 月初版）。

〔註16〕 黃秀政，〈論臺灣鄉鎮志的纂修：以《鹿港鎮志》爲例〉，收錄於天津市地方志辦公室主編，《海峽兩岸地方史志比較研究文集》（天津：天津社會科學院，1998 年）。張勝彥，〈纂修地方志之淺見〉，收錄於東吳大學歷史系編，《方志學與社區鄉土史學術研討會論文集》（臺北市：臺灣學生書局，1998 年 5 月）頁 69～78。吳文星，〈試論鄉鎮志教育志之纂修—以《頭城鎮志》、《草屯鎮志》、《石門鎮志》爲例〉《臺灣文獻》，第四十九卷第三期，頁 227～234。

目的擬定有所論述〔註 17〕。

　　此外，尹章義在〈清代臺灣方志與近三十年所修臺灣方志之比較〉一文中，對《臺灣省通志稿》、《臺灣省通志》及其他若干縣市新修方志做一評述，指出方志纂修雖要求科學性、普遍性、實用性與完整性，但若缺乏統籌計畫，則易因撰述者缺乏溝通調節，使整部方志內容、體例或各自獨立、或流於瑣碎、或重科學而輕人文〔註 18〕。王良行在〈鄉鎮志纂修的新取徑〉一文中，則提倡以叢書的形式規畫方志之纂修，採「論述並重」的「撰修」取向，從事方志之撰寫，以期方志纂修者享有較大的寫作空間，並可避免各志之間因性質互異，所造成體例不純的情形〔註 19〕。該二篇論文所觸及的問題核心，在於如何藉由管理學的方法，使方志之纂修更具有成效。這種利用其他學科的運作模式，提高修志事業的效率與成果，即為「科際整合」之問題。

　　有關「科際整合」，除了上述發展之外，近年來大陸學者對如何吸取與方志學相關之學門，充實方志纂修之內容與價值，亦頗為關注，且其涵蓋的學科領域，也相當廣泛。其中有研究取徑與臺灣學者相同者，如譚其驤、史念海等人之研究，均從地理學的角度建構方志體系，與陳正祥的主張一樣〔註 20〕；鍾興麒、唐文雅、

〔註 17〕林獻堂，〈臺灣通志館之使命〉《臺灣省通志館館刊》，創刊號，頁 2～3。楊雲萍〈臺灣省通志假定綱目〉《臺灣省通志館館刊》，創刊號，頁 5～20。林熊祥，〈纂修臺灣通志之方法的討究〉《文獻專刊》，創刊號，頁 3～6。盛清沂，〈吾國歷代鄉鎮志暨本省當前編纂鄉鎮志問題〉《臺灣文獻》，第十七卷第二期，頁 28～47；〈臺灣省通志稿整修擬目之商榷〉《臺灣文獻》，第十八卷第四期，頁 28～56；〈欣聞重修臺灣通志〉《臺灣文獻》，第三十五卷第二期，頁 1～10。黃敦涵，〈編纂本省通志之當前問題〉《臺灣省通志館館刊》，第一卷第二號，頁 6～9。莊金德，〈臺灣省文獻委員會設立的沿革〉《臺灣文獻》，第十九卷第四期，頁 145～161；〈臺灣省通志稿纂修的經過與送請審核〉《臺灣文獻》，第二十卷第一期，頁 140～159；〈臺灣省通志稿的增修經過與整修計畫的擬定〉《臺灣文獻》，第二十卷第二期，頁 167～186。王世慶，〈參與臺灣光復後臺灣地區修志之回顧及對重修省志之管見〉《臺灣文獻》，第三十五卷第一期、頁 1～17。鄭喜夫，〈「刪輯臺灣省通誌」綱目之試擬〉《臺灣文獻》，第三十卷第二期，頁 124～176。吳政恆，〈省縣市文獻業務與志書纂修工作之淺見〉《臺灣文獻》，第四十一卷第三、四期，頁 355～373。

〔註 18〕參見尹章義，〈清代臺灣方志與近三十年所修臺灣方志之比較〉《漢學研究》，第三卷第二期，頁 233～265。

〔註 19〕參見王良行，〈鄉鎮志撰修的新取徑〉，該文發表於民國 87 年 12 月 2 日國立中興大學主辦之海峽兩岸地方史志暨地方博物館學術研討會。

〔註 20〕參見譚其驤，〈地方史志不可偏廢舊資料不可輕信〉，收錄於前揭《中國地方志論集（1950～1983）》，頁 78～86。史念海，〈論方志中史與志的關係〉，收錄於前揭《中國地方志論集（1950～1983）》，頁 87～104；〈論歷史地理學和方志學〉，收錄於前揭《中國地方志論集（1950～1983）》，頁 117～135。

梁耀武等人，從「區域發展」的觀念出發，取徑與陳紹馨的主張相當〔註 21〕；或如孫寶君、費黑等人，從資訊檢索的角度，強調方志應注重「年鑑」的編纂，實為林熊祥等主張方志為「百科全書」論的延伸〔註 22〕。其他如李成鼎、任桂全等人，強調索引製作在方志纂修中的重要性〔註 23〕；韓章訓、梁耀武等人，則從傳播學的角度，嘗試建立新方志學體系之研究〔註 24〕。至於如何提高方志纂修的效率與成果，則有錢成潤等人從管理學與行政學的角度加以論述〔註 25。〕諸此研究皆屬從學科體系立論，吸取與方志學相關的邊緣科學，以豐富方志學理論的內涵。

由近人之研究成果顯示，當前方志學的研究範圍，主要包括傳統方志學體例與纂修方法的發展、方志纂修的歷程，以及新方志學體系之建立三方面。其目的是透過對方志學傳統、發展與創新的研究，試圖建立方志學為一門獨立的社會科學。惟方志是否能獨立成學，端視方志纂修之成果而定；方志理論之提倡，實際反映在修志工作上，是否取得成效，須對新修方志作個案之分析，方能獲得解答。

《臺灣省通志稿》為戰後臺灣首部纂修的省級通志，當局對此部志書的纂修相當重視。參與修志者，除了臺灣本地嫻於掌故的修志專家外，也有許多隨政府來臺的各領域學者專家。因此《臺灣省通志稿》之纂修，不僅承襲了臺灣自清代以來，歷經日治時期的修志傳統，同時也融合新、舊方志纂修之方法，在方志纂修方面多有創新之處。本文擬以《臺灣省通志稿》作為研究的中心，從「方志編纂學」的角度，分析該部志稿在編纂方法與史料運用的得失。

在方志纂修的體裁方面，傳統方志不外是「紀」、「表」、「志」、「傳」四類。其中，「紀」者敘事，「志」者記物，「傳」者述人，惟「表」者取旁徵博採之意，以佐「紀」、「志」、「傳」三體，雖關至要，然表譜圖錄之類，體多簡約，既不入

〔註 21〕參見鍾興麒，〈方志本體論研究的現實意義〉《中國地方志》，1995 年第二期，頁 40～42。唐文雅，〈論地方志與區域地理〉《中國地方志》，1997 年第三期，頁 16～21。梁耀武，〈如何評價「區域發展」論的理論價值〉《中國地方志》，1998 年第三期，頁 13～17。

〔註 22〕參見孫寶君，〈論方志綜合年鑑的地位作用及發展方向〉《中國地方志》，1995 年第一期，頁 6～10。費黑，〈地方年鑑編纂芻議〉《中國地方志》，1995 年第一期，頁 24～27。

〔註 23〕參見李成鼎，〈談志書索引的製作方法〉《中國地方志》1998 年第一期，頁 67～72。任桂全，〈論地方志索引〉《中國地方志》，1998 年第三期，頁 34～42。

〔註 24〕韓章訓，〈方志整合觀念論析〉《中國地方志》，1997 年第一期，頁 63～67；〈方志本體和本質論析〉《中國地方志》，1998 年第五期，頁 37～44。梁耀武，〈對深化方志學基本理論研究的幾點看法〉《中國地方志》，1998 年第一期，頁 60～66。

〔註 25〕錢成潤，〈試談方志續修中的法規化與制度化管理問題〉《中國地方志》，1998 年第一期，頁 56～59。

「六家二體」之列，亦難爲歷史記載的主體。是以本文僅就「紀」、「志」、「傳」三種體裁，分別討論新修方志在歷史敘述、事類記載，以及人物傳記方面的纂修方法。

其次，就《臺灣省通志稿》的類目而言，該志稿雖有若干類目係屬新創，但亦不乏有承襲自傳統方志之類目；惟新創類目者，其纂修之內容與方法，未必皆有創新之處，而承襲舊志類目者，其纂修之內容與方法，或每多具求新之意。從學術史的角度來看，「舊體新學」與「新體舊學」正可反映新舊傳承之際的諸多問題。職是之故，本文擬就《臺灣省通志稿》之「革命志」、「學藝志」，以及「人物志」三志，爲研究之主題。其中，革命一志雖屬新創類目，然其所載多爲舊志所有；而學藝一志雖承舊志類目，其內容卻多見新意。且「革命志」與「學藝志」二志，屬敘事之「紀體」與記物之「志體」，與「人物志」之「傳體」，正爲本文之研究範圍。

方志之纂修本以「資政」、「教化」，以及「存史」爲要〔註26〕，自章學誠倡「方志爲國史要刪」之說，方志之記載是否符合史學之要求，乃爲方志纂修之首要條件〔註27〕。方志之纂修既以史學爲依歸，其所載之史料必重徵實，而纂修之方法，當是強調體例制訂之嚴謹性、史實蒐集之完整性、歷史敘述之明確性，以及論斷見解之妥適性。其中，史料徵實、體例嚴謹、史實完備謂之「學」，敘述明確謂之「才」，論斷適宜謂之「識」；要此才、學、識三者，正爲劉知幾所謂之「史家三長」，亦與章學誠論方志纂修所倡議之「三長」、「五難」、「八忌」相關〔註28〕。是以本文正以此才、學、識三長，作爲分析「革命志」、「學藝志」、「人物志」三志的標準。

本文研究的步驟方面，若欲探討戰後臺灣之修志事業，必先瞭解臺灣傳統方志纂修的歷程；若欲瞭解臺灣方志之纂修傳統，亦須對中國傳統方志之發展有所認識，是以本文第二章第一、二節，分別討論中國傳統方志學的演變，以及清代以來臺灣傳統方志之發展。再者，本文係以《臺灣省通志稿》爲研究的主題，對該志稿之纂修經過與其得失，亦須加以討論，是故本文第三節主要敘述《臺灣省通志稿》之纂修過程，並分析該志稿之纂修體例與纂修方法等問題。

其次，本文既爲《臺灣省通志稿》之個案研究，必當對「革命志」、「學藝志」

〔註26〕參見來新夏，〈論新編方志的人文價值〉，該文發表於民國 87 年 12 月 1 日國立中興
　　　　大學主辦之海峽兩岸地方史志暨地方博物館學術研討會。
〔註27〕參見章學誠，〈州縣請立志科議〉《方志略例》，收錄於《章學誠遺書》，頁 124～125。
〔註28〕參見林天蔚，前揭《方志學與地方史研究》，頁 78～80。

與「人物志」,作深入之研究。故本文將於第三、四章分別討論「革命志」與「學藝志」各篇之纂修體例及內容;並於第五章對「人物志」的纂修方法,加以探討。

「革命志」為記時敘事之體,在史事信而有徵之外,尤重敘事之法,故應以「言有序」為尚。所謂的「言有序」,不僅包括個別歷史事件之敘述具有條理,同時也注重各歷史事件間,是否依其發生之先後,或性質相近者予以適當之編排。本文第三章主要以時間為序,分別於第一、二、三節討論《臺灣省通志稿·革命志》之驅荷、拒清、抗日三篇,在類目編排與敘事方法方面的得失;並於第四節中考訂抗日篇史實記載之謬誤。

「學藝志」為記述名物之體,所注重者乃事類之詳實,必以「言有物」為要。所謂「言有物」,包括事物之分類是否適當,以及各類內容之記載是否完整,是以本文第四章主要以事類為次,分別討論《臺灣省通志稿·學藝志》之文學、哲學、藝術三篇,在類目制訂與記載內容方面的得失。由於「學藝」為志,本有其沿襲傳統方志之處,本文於此亦為頗重視,是以本章之討論,亦兼及方志纂修之新舊傳統等問題。

「人物志」為傳人行誼之體,務求分別品流、論辯人才,本應以「言有義」為要;然論辯人才不免帶有價值判斷之興味,實為近代史學所不取,故「人物志」之纂修,當求人物類型之得當,分別品流之合理,以及蒐羅人物行誼之完備,是為「言有度」。人物列傳之類目,既以人物之類型為要,且本文於人物列傳類型之討論,悉以「言有度」為主要之標準,是以本文第五章並不以時間先後為討論之順序,而是以方法為次,分別在第一、二節討論《臺灣省通志稿·人物志》之資料編排與引文標注等外在形式之安排,以及內容撰述與史料運用等內部特徵之價值,並於第三節討論史料記載與考證謬誤之問題。

最後,本文在第六章,就方志纂修在類目編排、體例制訂、以及歷史撰述和史料記注等方面之問題,總結《臺灣省通志稿》纂修之成果,並試圖為《臺灣省通志稿》在方志學領域中,謀一適當的地位。

《臺灣省通志稿》凡十一卷十志五十九篇,分訂六十冊,共一千一百萬餘言,其篇目眾多,卷帙浩繁,記載內容所涉及範圍之廣泛,實非一時一日即可盡言之。今欲就《臺灣省通志稿》十志,放筆為文,已非能力所及;致若汎持高論,憑臆是非,則不免失之疏闊,且捨事實而理,其言雖辯而無當,此亦非所願。再者,學貴專精,本不以博雅泛知為能,本文僅取《臺灣省通志稿》之革命、學藝、人物三志,雖不足窺該志稿之全貌,亦無以明戰後臺灣方志纂修之原始,唯期於「紀」、「志」、「傳」三體之纂修法,有所裨益而已。昔章學誠論戴震之學嘗謂:

　　　　弗能究先天後天，河洛精蘊，即不敢讀元貞利亨；弗能知星躔歲差，

　　天象地表，即不敢讀欽若敬授；弗能辨聲音律呂，古今韻法，即不敢讀

　　關關追鳩；弗能考三統正朔，周官典禮，即不敢讀春王正月〔註29〕。

學問之道，寧不始自於此。

〔註29〕參見章學誠，〈與族孫汝楠論學書〉《文集七》，收錄於《章學誠遺書》，頁224。

第二章　臺灣方志纂修傳統與
《臺灣省通志稿》之纂修

　　臺灣方志之纂修始自清代，與中國傳統方志之纂修有相當密切的關係〔註1〕。在清領臺灣二百十三年間，共計修成府志六部、縣志十種、廳志三種、采訪冊十四種，以及其餘私人撰著之志略十餘種，其數量之多，較之內地文風發達之諸多省、府、州、縣亦不遑多讓。（參見表 2-1）其後，臺灣方志之纂修歷經日治時期之發展，至戰後中央政府遷臺，均未曾中斷。本章擬就中國傳統方志之纂修、戰前臺灣方志之纂修、戰後《臺灣省通志稿》之纂修，以及《臺灣省通志稿》之體例與纂修方法，分述於後。

第一節　清代以及日治時期臺灣方志之纂修

一、中國傳統方志之纂修

　　方志即地方之志，所記載者以一地方山川、地理之自然景象，政治、經濟之社會環境，人物、學術之人文風貌為主。中國傳統方志的起源甚早，當可上溯至春秋戰國時期〔註2〕。一般論方志之起源，多以《禹貢》、《山海經》或《周官》為本，且各有其著眼之處〔註3。〕儘管古今中外學者對方志起源之所本，眾說紛紜而尚無

〔註 1〕本文為行文之方便，將清代以前之方志，一律通稱為「傳統方志」，其中包括「圖經體」、「分志體」、「正史體」等不同體例之方志；而民國以後之方志，則稱之為「新方志」，以示與傳統方志有所區別。

〔註 2〕誠如梁啟超所言：「最古之史，實為方志，如孟子所稱『晉《乘》、楚《檮杌》、魯《春秋》』，墨子所稱之『周之《春秋》、宋之《春秋》、燕之《春秋》』，莊子所稱『百二十國寶書』，比附今著，則一州府縣志而已」。參見梁啟超，《中國近三百年學術史》（北京：東方出版社，1996 年 3 月初版），頁 362。

〔註 3〕蓋稱《禹貢》為方志之始者，若從九州貢物以養中央的觀點來說，則方志之意義與

定論〔註4〕，然就中國傳統的學術分類而言，自荀勗《中經新簿》於經學之外別立史部一門，方志的各種體例與特徵，便多以包含在史學領域之中。其後歷代正史藝文志（或經籍志）的史部分類中，皆有「地理類」一門，收錄各式的方志〔註5〕。以《隋書》為例，據《隋書‧經籍志》史部所載，《山海經》、《洛陽記》、《地記》等地方志雖置於地理類中，但若干與方志相關的成分亦已出現在其他類的著作之中〔註6〕，如論述一時一地政治與歷史的《吳越春秋》、《華陽國志》見於「雜史類」，記載一地人物的《三輔決錄》、《陳留耆舊傳》見於「雜傳類」，記載一地姓氏宗譜的《冀州姓族譜》、《京兆韋氏譜》見於「譜系類」，記載一地藝文則有《晉江左文章志》見於「簿錄類」〔註7〕，各種記述之體裁逐漸成為方志的內容〔註8〕。隨著時間的推移，歷代方志編纂的最大特徵，即是能因應時代的需求，不斷吸收史學之優點，使其理論方法之發展，以及內容體例之創新皆漸趨成熟。從方志學發展的歷程來看，即使以《禹貢》、《山海經》作為最早地理圖經式的方志，但至少在晉摯虞《畿服經》、常璩《華陽國志》便已由早期純粹的地理圖經轉變為人物傳記、風俗、社會與地理合一的著作；唐代方志雖多屬地理「圖經」一類〔註9〕，但李吉甫《元和郡縣圖志》

作用不外與現實政治相關，是中央政府透過方志所提供的資訊，對地方做有效的物資動員和控制。稱《山海經》者，則視方志僅為地理書。稱《周官》者，除了認為方志為史官執掌之一部份，並欲建立起一套完整的史官行政執掌體系，可視為最早史學與方志學的分類體系。或謂方志在今雖記載省府州郡縣之事，然古之《春秋》、《國語》即為周代之方志，方志既是諸侯國史，故志亦為史。

〔註4〕大陸學者劉緯毅在《中國地方志》一書中，羅列方志起源共有十七種說法：一、商代甲骨文說。二、《九丘》說。三、《山海經》說。四、《禹貢》說。五、西周說。六、《百國春秋》說。七、土地之圖說。八、《國語》、《戰國策》說。九、《漢書》說。十、《南陽風俗傳》說。十一、《越絕書》、《吳越春秋》說。十二、漢代圖經說。十三、《畿服經》說。十四、《華陽國志》說。十五、六朝說。十六、唐宋說。十七、多元說。參見劉緯毅，《中國地方志》（北京：新華出版社，1991年12月），頁19～23。

〔註5〕參見鄭鶴聲，《中國史部目錄學》（臺北市：華世出版社，民國63年10月初版），頁58～99。

〔註6〕梁啓超在〈方志學〉一文中，將《隋書‧經籍志》中與方志相關者分為圖經之屬、政記之屬、人物傳之屬、風土記之屬、古蹟之屬、譜牒之屬、文徵之屬等七種。參見梁啓超，前揭《中國近三百年學術史》，頁363。

〔註7〕參見（唐）魏徵等撰，《隋書‧經籍志》，卷三三，中華書局新校本（北京：中華書局，1973年8月初版），頁953～996。

〔註8〕如魏晉南北朝時期，社會上普遍重視士族門第，門第中人為保士庶之分，故多重譜牒之學；又此期任官以九品官人之法，注重人物品評，故人物傳記大量增多。社會上既以門第與人物品評為尚，則譜牒與傳記遂為治史與修志者所看重。

〔註9〕唐代圖經乃中央要求地方將該地之資料纂集成冊，上呈朝廷為施政的依據。至於「圖經」所記載之內容，據《隋書‧經籍志》所載：「隋大業中，普詔天下諸郡，條其

已兼記戶口、疆域、職官等與歷史相關之事〔註 10〕；至宋代朱長文《吳郡圖經續記》已增「人物」一項〔註 11〕，樂史《太平寰宇記》則兼述藝文〔註 12〕，方志發展至此實已超越地理類的範圍而更加趨近於社會人文的性質。

　　方志記載的類目與內容既是因應時代所需而逐步發展出來的，那麼為了要在志書中安排這些新增內容類目，方志的體例便隨之逐漸改變。除去最早期的《春秋》等「史志不明」〔註 13〕之著作，僅就隋唐志書而言，隋唐志書的體例稱為「圖經體」，主要是因事分類，類目較簡，多二字排比，駢列為目，相互平列而無統攝，綱目之間亦缺乏嚴謹的「層級性」（hierarchy）。宋代以後，記載項目逐漸增多之後，類目間便需要一種較為嚴密的分類體系。因此便有方志在若干分目之上，加上一個統攝性的總目，此種方志稱之為「圖經變體」或稱「分志體」〔註 14〕，南宋羅願《新安志》可能是最早採用「分志體」的一部方志〔註 15〕。其後梁克家《三山志》、羅濬《四明志》等均採此例〔註 16〕，「分志體」遂為此下方志體例之主流〔註

風俗物產地圖，上于尚書」可知。

〔註 10〕參見（唐）李吉甫，《元和郡縣圖志》，中華書局新校本（北京：中華書局，1983年）。該書雖以敘述山川城邑為主，但論及一地時多追溯該地之過往歷史，此種寫作的方法可稱為「以空間帶動時間」的歷史撰述。

〔註 11〕參見（宋）朱長文，《吳郡圖經續記》，收錄於《宋元地方志叢書》（臺北市：中國地志研究會，民國 67 年）。

〔註 12〕參見（宋）樂史，《太平寰宇記》，中華書局新校本（北京：中華書局，1985 年）。另《四庫全書總目》載：「《太平寰宇記》增以人物，又偶及藝文，於是為州縣志書之濫觴」。參見（清）永瑢等撰《四庫全書總目》，卷六八，史部・地理類（北京：中華書局，1985 年），頁 594。

〔註 13〕章學誠認為《周官》所載：「外史掌四方之志」，即晉《乘》、魯《春秋》、楚《檮杌》等諸侯國史，皆為地方之志。參見章學誠，〈方志立三書議〉《方志略例》，收錄於《章學誠遺書》（北京：文物出版社，1985 年 8 月初版），頁 123。然亦有史家持不同意見者，如崔富章便認為「外史掌四方之志，非方志」。參見崔富章，〈章學誠“方志為外史所領”說發疑〉，收錄於《中國地方志論集：1950～1983》（吉林：吉林省地方志編纂委員會，1983 年 7 月初版），頁 197～204。按《春秋》是否為志，須當從方志的定義與史志的分際解，然此部份非本文所致意處，故不擬多述。唯此處所謂之《春秋》，以章學誠之意當指各諸侯國的「國史」，即王室派駐各國的史臣，將各國發生的大事編列成冊上告王室者，並非指孔子據魯史作《春秋》之《春秋》。

〔註 14〕參見陳捷先，〈論清代臺灣地區方志的體例〉《漢學研究》，第三卷第二期，頁 160）。

〔註 15〕參見（宋）羅願，《新安志》，收錄於《宋元地方志叢書》（臺北市：中國地志研究會，民國 67 年）。

〔註 16〕參見（宋）梁克家，《三山志》，收錄於《宋元地方志叢書》（臺北市：中國地志研究會，民國 67 年）。（宋）羅濬，《寶慶四明志》，收錄於《宋元地方志叢書》（臺北市：中國地志研究會，民國 67 年）。

〔註 17〕就學術分類之標準而言，「分志體」較「圖經體」更為進步，但清代卻以平列條目的「圖經體」作為官方頒佈的方志體例，其中之原因，陳捷先認為是清廷有意減少

17〕。「分志體」雖是一種較爲進步的志書類目分類體系，然其分類的標準主要是以記載事項的性質爲依據，未必能顧及歷史整體的時間觀，因此較難達到史志體例對論述不重複，敘事不間斷的要求；同時也因爲「分志體」具有分類學的層級性特徵，使得方志的類目，在大類上雖屬互斥，但在小目上則多相容。也就是說，「分志體」方志往往會將具有時間連續性的事件，依其內容所涉及的各個層面，割裂分述於相關的類目中；或者是在不同篇章中重複敘述同一事件；前者瑣碎斷裂，後者冗蕪繁雜，皆非善法。爲了解決此一問題，遂有方志學家以史學中發展較爲嚴謹完善的正史體例作爲方志編纂的體例。其初先是有以正史體例中的「志」爲總目之名，志下個領若干子目，如南宋潛說友《臨安志》〔註 18〕，但類目編排仍屬「分志體」。其後更有仿正史義法與體例之方志出現，如周應合《景定建康志》〔註 19〕。蓋正史體例係以記述資料的文章體裁作爲第一級分類的標準，仿正史「本紀」、「書」、「表」、「列傳」，作「紀」、「表」「志」或「考」、「傳」，記人物者爲「傳」，敘事件者爲「志」、「略」、「考」，如此便較「分志體」更能兼顧資料在時間與空間上的特性，或者說此種分類記載的方式是以時間和空間的完整性爲標準，將同時期或同一人的事蹟能夠集中一處論述，以避免一事重複敘述或散見各處的缺點。體例既仿正史，則史志的區別漸泯，其他與正史相關的義法亦隨之滲透到方志纂修之中，如「按」、「考」、「論」等。方志有「按」、有「考」，則方志更具有嚴謹的學術意義；有「論」，則是纂修方志者將自身的史學理念表現在方志之中。方志與史學的關係至此實已不分。

近代以來，中國方志學的發展，正歷經二個重要的轉變時期。第一時期的轉變，係由清代章學誠總結中國自三代以來方志學之發展成果，完成傳統方志理論體系的建構。如前所述，清代以前的學者對傳統方志之討論，多從方志「史志異同」的問題立論，研究方志的屬性、源流、體例，以及記載方式；或謂方志當爲地理書，或稱方志實乃史書〔註 20〕，爭論的重點大多僅限於方志的「志」字。獨清代章學誠在

之事份子利用方志傳達其民族思想與夷夏之防的觀念。參見陳捷先，前揭〈論清代臺灣地區方志的體例〉，頁 164。

〔註 18〕參見（宋）潛說友，《咸淳臨安志》，收錄於《宋元地方志叢書》（臺北市：中國地志研究會，民國 67 年）。

〔註 19〕參見（宋）周應合，《景定建康志》，收錄於《宋元地方志叢書》（臺北市：中國地志研究會，民國 67 年）。

〔註 20〕戴震、紀昀主張自《漢書‧地理志》以降，歷代多視方志屬地理類，是故「志」當以考地理爲主，但悉心於地理沿革則志事已竟，若增以人物，偶及藝文，便是末大於本，誠屬不當。參見（清）永瑢等撰，《四庫全書總目》，史部‧地理類一，頁594。另見章學誠，〈記與戴東原論修志〉《方志略例》，收錄於《章學誠遺書》，頁

提出「國史、方志皆《春秋》之流別」〔註21〕，標舉方志纂修取向，以辨明史、志的關係外，猶能兼論「方」字的意涵，確立方志纂修之範圍與記載內容。章學誠於〈方志辨體〉一文中指出：「統部自有統部志例，非但集諸府州志可稱通志，亦非分拆統部通志之文即可散爲府州志也」，即是主張在具有隸屬關係的區域中，方志纂修的內容並非一成不變，不僅要因地制宜地修正纂修的類目與體例，同時在記載內容上，亦須有所差異〔註22〕。自此，方志屬信史、備史體、俱史裁、爲一方之全史，幾爲方志學家之共識。方志之體裁，亦準同正史，爲一種包含「紀」、「志」、「傳」、「譜」等類目之複合式體例〔註23〕。除了方志體例的建構之外，同時章學誠亦要求地方設立「志科」，作爲平時采訪蒐集史料的部門，使方志纂修走上制度化的規模，而「志科」的觀念亦源自於「三代記注有成法」之要旨。如此章學誠由內而外，史志相依，爲清代方志學建立起一套完整的理論，吾人誠可謂中國傳統方志學發展至清達極盛之時期，而章學誠正是總其大成者。

　　第二時期的轉變則是在清末西力東漸後，中國傳統學術與西方科技文明相會所造成。迨至民國以後，學者在西方學術標榜「科學」之影響下，有鑑於傳統方志在纂修方法上缺乏科學性、論述內容上缺乏普遍性、資料記載之範圍缺乏全面性、整體功用缺乏實用性，因此對方志內容與纂修方法的科學性，有進一步的要求，乃紛紛著書立論，以期接續方志學之傳統，並加以發揚光大。此輩學者率多強調以「科學方法」纂修「新方志」，所謂的「科學方法」係指以現代科學之分類體系作爲方志章節編訂之標準；以求眞的態度，運用新興的社會科學，對特定區域的歷史，作科學論文式的專題研究〔註24〕；並採歷史敘述的方式撰寫成爲地方史。此一發展雖造成方志在綱目分類與纂修方法上有相當大的改變〔註25〕，且

128。有關「史」、「志」之間的異同，歷來學者的討論頗多，林衍經於〈史志關係論〉一文中，對諸家立論之分析，頗爲詳盡。參見林衍經，〈史志關係論〉《中國地方志》，1994 年第三期，頁 14～20。

〔註21〕參見章學誠，〈方志立三書議〉《方志略例》，收錄於《章學誠遺書》，頁 123。

〔註22〕參見章學誠，〈方志辨體〉《方志略例》，收錄於《章學誠遺書》，頁 120。

〔註23〕按方志「紀」、「考」、「譜」、「傳」之體例，實仿正史「本紀」、「書」、「表」、「列傳」。蓋繫年以「紀」，敘典章制度者者爲「志」、「略」、「考」，記人物者爲「傳」，官師科甲之屬，繁雜瑣碎而關係至要者，當旁搜博採，條列爲「表」。參見章學誠，〈答甄秀才論修志第一書〉、〈修志十議呈天門胡民府〉《方志略例》，收錄於《章學誠遺書》，頁 137，140。

〔註24〕有關方志纂修採取科學論文式的專題研究，可參閱陳紹馨，〈新方志與舊方志〉《臺北文物》，第五卷第一期，頁 1～6。另見陳紹馨，〈文獻委員會應有的工作〉一文，該文收錄於《修志方法論集》（臺北市：方志研究會，1954 年），頁 1～34。

〔註25〕《北碚志》一書根據楊家駱〈以科學論文方式撰寫方志之試驗──北碚九志序〉一

方志記載之內容，亦因各地方歷史環境之差異，而略有不同。但總的來說，方志在基本的體裁上則大致未變，仍具有「大事記」、「圖表」、「專題志」〔註26〕、「傳記」等四種型態。其中，「專題志」之纂修，除了沿襲因事立篇、分類記事之傳統外，同時也包含了歷史敘述之志篇，如《臺灣省通志稿》的革命志與光復志，即是將歷史敘述為主的紀事本末體，冠之以「志」為名者。這種兼具「紀」與「志」二體裁的「專題志」，成為新方志重要特色之一。

二、清代臺灣的修志事業與《臺灣通志》之纂修

清代臺灣方志纂修大抵可分為三期，第一期以康熙三十五年高拱乾之《臺灣府志》為要，就其形式而言，乃「府志」一級，屬方志之草創期。自康熙五十六年周鍾瑄《諸羅縣志》之後，各縣、廳率相編纂當地方志，方志纂修遂有從「府志」一級向下擴展至「縣志」、「廳志」一級的趨勢，是為臺灣方志纂修之第二期。

文，該志原定計畫共五十餘篇，大致如下（原計畫曾印為專冊，惜已不存，下列篇名係楊家駱就記憶列出，自不能全，次序與原定者未必盡合）：

時	通紀（自梁時在縉雲山建相思寺起敘） 大事日誌（由北碚管理局就民國十二年起之「峽防團務局」等檔案編撰）
空	地理部份有：氣象志、地質志、地形志、水文志、土壤志、礦產志、土地利用志、植物志、動物志等篇
類	政治部份有：政制志、防衛志、政績志、人口志、戶役志等篇
	經濟部份有：農業志、工業志、商業志、物價志、交通志、水利志、災害志等篇
	文化部份有：語言志、教育志、學術志、圖書古物志、娛樂志等篇
	社會部份有：聚落志、風俗志、醫藥衛生志、賑濟志等篇
名	傳記 社團公司行號名錄 索引

惟上述五十餘篇，因撰稿者服務單位紛紛邊離四川，歸建抗戰前原址，僅餘氣候志、地質志、地形志、土壤志、動物志、人口志、聚落志、農業志、土地利用志九篇，於民國37年9月由中國地理研究所主編之《地理雜誌》（第五卷第三、四期合刊），發行「北碚專號」問世。因「北碚專號」僅刊載九篇，故楊家駱乃輯為《北碚九志》，在臺灣刊行。參見楊家駱主修，《以科學論文方式撰寫方志之試驗：北碚九志》（台北：鼎文書局，民國66年2月），序二。

〔註26〕按傳統方志，不論是從性質來說，是屬「地志」還是「地方史」；或從體例來說，是屬「圖經體」、「分志體」、還是「正史體」，其記述的方式皆屬分類記載的「書志體」。中國史學中的「書志體」，雖首見於司馬遷《史記》八書，然其記載形式乃源自於《尚書》，記載內容的範圍則出自三禮，是一種有系統地對名物制度、典章政教諸端，加以分類記述的體裁。其記述的型態，與今日專題研究稍稱相近，皆為橫分類目，縱述歷史，用以敘事記文的寫作方式。

光緒十三年臺灣建省，巡撫邵友濂聘請蔣師轍來臺著手編纂《臺灣通志》，是方志纂修復向上延伸至「省志」一級，且該志體例及修志制度較《諸羅縣志》亦有所創新，此爲臺灣方志纂修之第三期〔註 27〕。亦即是說，在短短二百年間，臺灣方志纂修具體而微的反映出，傳統方志之發展在理論上由簡而深，與在數量上由寡而眾的諸多階段。然而在臺灣建省之後，不旋數年，即割讓給日本，臺灣傳統修志事業遂遭斲喪。是故《臺灣通志》恰可視爲清代臺灣方志之最後發展，而該志體式、義例正足顯示清代臺灣方志學發展之最終成就。

　　就方志編纂的體例而言，清初官方係以順治年間賈漢復纂修的《河南通志》爲方志體例的標準範本，按該志共分類目爲四十三目，屬門目並列之「門目體」〔註 28〕。臺灣最早的府志爲康熙二十四年蔣毓英纂修的《臺灣府志》，該志體例即採「門目體」。康熙三十五年高拱乾纂修府志時便已改採「分志體」，此下直到同治九年陳培桂《淡水廳志》採用「正史體」爲止〔註 29〕，期間所纂修之方志多採「分志體」，僅有乾隆五年劉良璧《重修福建臺灣府志》採用「門目體」（參見表 2-2）。由此觀之，可知臺灣一地修志似未全然遵循官方頒定的規程行事。此一情形或許和臺灣地處邊陲，與中央相隔甚遠，政令無從落實地方相關。且依清代之制，「各省通志、俱經奏定」，各府、州、廳、縣志「稿成先錄草本，呈送本督院批閱裁定」〔註 30〕，只有省通志才須上呈朝廷裁定，一般府、州、廳、縣志僅須呈送巡撫覆核即可，因此各地方纂修志書的規範，多隨各地巡撫的意態而定；政府明訂的修志範本，在邊陲地區似較不易確實執行。

〔註27〕就方志的類型而言，方豪先生認爲清代臺灣方志當可分爲高志型、諸羅志型、淡水志型、采訪冊型四種類型。參見方豪，〈記新抄苗栗縣志間論臺灣方志的型態〉《文獻專刊》，第二卷第一、二期，頁 10～16。若以方志發展的時期而言，筆者以爲當用「府志」、「縣志」、「省志」三期，作爲分期之標準。

〔註28〕《河南通志》的類目分爲：聖制、輿圖、沿革、星野、疆域、山川、城池、禮樂、兵制、河防、水利、封建、田賦、戶口、漕韻、鹽客、郵傳、風俗、物產、職官、公署、倉廩、學校、選舉、祠祀、陵墓、寺觀、古蹟、帝王、名臣、人物、理學、儒林、忠烈、孝義、文苑、隱逸、烈女、流寓、仙釋、方技、藝文、辯疑等四十三目。參見（清）賈漢復修、沈荃纂，《河南通志》，清順治十七年刊本。

〔註29〕《淡水廳志》初由林豪擔任主修，故該志主要體例及內容多成於林豪之手，並於同治六年修成，同治九年復經陳培桂刪修訂稿。參見林豪，〈淡水廳志訂謬〉，收錄於（清）陳培桂纂，《淡水廳志》，臺灣文獻叢刊第一七二種（臺北市：臺灣銀行經濟研究室，民國 52 年 8 月），頁 461～484。蓋林豪修志乃承家學之風，其父林焜熿師事周凱，周凱則深受章學誠《永清縣志》之影響，故一脈相承之下，林豪修志亦以「正史體」爲宗。參見陳捷先，前揭《清代臺灣地方志研究》，頁 151～162。

〔註30〕參見劉光祿，〈清代編修方志概述〉，收錄於《中國地方志論集：1950～1983 年》，頁 186。

表 2-2：清修臺灣方志體例表

時　　間	編　纂　者	書　　名	體　例
康熙 23 年	蔣毓英纂	《臺灣府志》	門目體
康熙 34 年	高拱乾纂	《臺灣府志》	分志體
康熙 49 年	周元文、宋永清增修	《重（增）修臺灣府志》	分志體
康熙 56 年	周鍾瑄主修，陳夢林總纂	《諸羅縣志》	分志體
康熙 58 年	李丕昱主修，陳文達總纂	《鳳山縣志》	分志體
康熙 59 年	王禮主修，陳文達纂	《臺灣縣志》	分志體
乾隆 5 年	劉良璧重修	重修《（福建）臺灣府志》	門目體
乾隆 11 年	范咸、六十七重修	《臺灣府志》	分志體
乾隆 17 年	魯鼎梅主修，王必昌纂	《重修臺灣縣志》	分志體
乾隆 25 年	余文儀	《續修臺灣府志》	分志體
乾隆 29 年	王瑛曾纂輯	《重修鳳山縣志》	分志體
嘉慶 12 年	薛志亮修、鄭兼才、謝金鑾纂	《續修臺灣縣志》	分志體
道光 11 年	李廷璧主修，周璽總纂	《彰化縣志》	分志體
道光 18 年	陳淑均	《噶瑪蘭廳志》	分志體
同治 9 年	陳培桂	《淡水廳志》	正史體
光緒 18 年	林豪纂輯	《澎湖廳志》稿	正史體
光緒 19 年	林豪纂輯，薛紹元刪補	《澎湖廳志》	正史體
光緒 18 年	蔣師轍擬目	《福建臺灣通志》	正史體
光緒 19 年	沈茂蔭	《苗栗縣志》	正史體
光緒 20 年	屠繼善	《恆春縣志》	門目條列
光緒 21 年	薛紹元	《臺灣通志》	分志體

資料來源：《臺灣文獻叢刊》（臺北市：臺灣銀行經濟研究室，民國 46～61 年）。

　　清代方志的纂修頗受到乾嘉考證風氣的影響，對資料的纂輯與編修多較過去嚴謹，影響所及，方志編纂漸以考證文體取代過去偏重敘述的文體，臺灣修志亦有此發展的趨勢。蓋臺灣首部方志為蔣毓英《臺灣府志》，該志的編纂較為疏漏，多僅限於對一般資料的蒐集與排比；至高拱乾《臺灣府志》則已在各篇章之後加上「總論」，對該章節作統合性論述；周鍾瑄《諸羅縣志》更在記載之中加上「按」、「考、「論」、「辨」的體裁〔註31〕。此後，各家所纂修的方志，在方志體例與纂修

〔註31〕《諸羅縣志》乃臺灣最早附有「按」、「考」的方志，據范咸《臺灣府志》所稱：「是志於各條下，俱立附考，似於作志體例，別創一奇」。又見陳淑均《噶瑪蘭廳志·

義法方面，多仿《諸羅縣志》體例，亦即是說在康熙朝短短二十餘年間，臺灣方志的纂修的水準，不論是纂修體例或是纂修方法，都已和內地相去無幾。

　　周鍾瑄《諸羅縣志》在清代臺灣方志發展中，佔有相當重要之地位。臺灣方志體例的發展至《諸羅縣志》已漸趨成熟，而為其後方志纂修所依循；且自《諸羅縣志》之後，臺灣方志的纂修由「府志」一級向下擴展到「縣志」一級。按康熙年間臺灣一地的行政建置劃分為臺灣府一府，及諸羅縣、鳳山縣、臺灣縣三縣，康熙五十六年《諸羅縣志》修成之後，其餘二縣志亦分別於康熙五十八年《鳳山縣志》、五十九年《臺灣縣志》陸續完成，至此，臺灣方志之纂修可稱完備矣。

　　臺灣方志纂修的進一步發展，當屬同治九年《淡水廳志》。《淡水廳志》係以同治六年林豪所修的《淡水廳志續稿》為底本，由陳培桂刪修纂輯而成〔註32〕。該志採「正史體」的體例，為臺灣方志之首創。其後，林豪《澎湖廳志》，蔣師轍所擬的《臺灣通志》綱目，沈茂蔭《苗栗縣志》，乃至於日治初期，鄭鵬雲、曾逢辰《新竹縣志初稿》等，均仿「正史體」〔註33〕。由於此批方志纂修的時間，正值臺灣建省之初，各項規模制度大幅變動，各地皆積極籌畫新修方志以「上備聖天子體國經野之資，下裨百執事宣化承流之助」。加上光緒十八年纂修《臺灣通志》之時，因過去所修之諸府縣廳志年代多已久遠，不足備「通志」之所需，遂令各地成立修志分局，進行分類采訪，纂輯成冊，上呈修志總局，以資「通志」纂修所採輯〔註34〕；各地方復藉此「采訪冊」，自行纂修當地志書，一時間全臺各地方均積極投入修志工作，浸浸然有以「正史體」取代「分志體」之趨勢。

　　就《臺灣通志》之纂修而言，清光緒十三年，臺灣升建行省之初，距離當時最近所修成的府志為乾隆二十七年余文儀續修的《續修臺灣府志》；是故自乾隆二

初稿例言》載：「每門之下，各有附考，府志誇為創奇，實則前明張氏桂勝之例」。參見（清）陳淑均，《噶瑪蘭廳志・初稿例言》，臺灣文獻叢刊第一六十種（臺北市：臺灣銀行經濟研究室，民國 52 年 3 月初版），頁 13。

〔註32〕按淡水最初有志乃道光年間鄭用錫所修的《淡水初志稿》，同治六年淡水同知嚴金清始聘林豪續修廳志。

〔註33〕方豪所謂「淡水廳志型」即指以「正史體」為體例之方志，並指出屬於該型的方志有《澎湖廳志》與《苗栗縣志》。參見方豪，前揭〈記新抄苗栗縣志間論臺灣方志的型態〉《文獻專刊》，第二卷第一、二期，頁 16。然林豪所修方志的特徵除了採用「正史體」之外，最主要的意義是師法章學誠的修志義例，如《淡水廳志》卷十五「文徵」、卷十六「志餘」，《苗栗縣志》卷末有「志餘」，皆屬章氏主張的「立方志三書」說。準此，《新竹縣志初稿》不僅門目採用「正史體」，其卷六亦有「文徵」一篇，是該志亦應為「淡水廳志型」。

〔註34〕參見盧德嘉輯，《鳳山縣採訪冊》，臺灣文獻叢刊第七十三種（臺北市：臺灣銀行經濟研究室，民國 49 年 8 月），頁 7～24。

十七年至光緒十三年間，百餘年之臺灣載記闕如久矣。光緒十七年，臺灣巡撫邵友濂與臺北知府陳文騄慨然有修志之志，遂於十八年由陳文騄與淡水知縣葉意深具稟請修通志，並擬具「纂修通志設局事宜」六條以呈〔註35〕。巡撫邵友濂從之，札飭開「福建臺灣通志總局」，設局於臺北，以臺灣布政使唐景崧、分巡臺廈兵備道道員顧肇熙任監修，臺北知府陳文騄任提調，淡水知縣葉意深為幫提調，王國瑞、薛紹元任纂修，並自天津延聘舉人蔣師轍任總纂〔註36〕。其後由於若干因素作梗，致使蔣師轍萌生去意，改由薛紹元擔任總纂，負起修志之重責，並經由通志局頒佈「修志事宜十四條」至各屬修志分局，作為編訂采訪冊的準則〔註37〕。

　　由於臺灣開發較晚，清領臺灣之初，臺灣文風較中國大陸久經開發之諸多省份稍遜，因此早期參與臺灣修志者，依照慣例係多由地方主官擔任名義上的編修者；至於實際編纂者，則以轄下所屬的官員擔任，如臺灣知府蔣毓英與諸羅知縣季麒光，臺廈兵備道道員高拱乾與臺灣知府靳治揚、海防同知齊體物、臺灣縣知縣李中素，臺灣知府周元文與鳳山縣令宋永清，皆屬以長官與部屬之身份共同參與方志之纂修，且其中署名主修者與實際纂修者均為修志能手，幾無直接由官方聘請民間學者參與修志。其後始漸以聘自大陸內地之著名學者膺任總纂統籌之職，復以本地培養出來的文人學者參與實際編修採訪的工作，而掛名主修的官員與實際纂修的學者亦多能合衷共事，以竟一代修志之事業，且賓主之間對修志的看法多無太大的差異。如諸羅縣令周鍾瑄與陳夢林之於《諸羅縣志》，鳳山縣令李丕昱與陳文達之於《鳳山縣志》，臺灣知縣王禮與陳文達之於《臺灣縣志》等皆是。到了光緒時期前後，便逐漸出現署名主修的官員與實際纂修的學者之間，因修志意見的差異而有所爭執，如唐景崧與林豪之於《澎湖廳志》。蓋《澎湖廳志》初由林豪任總纂之職，待志稿初成，卻因體例問題與當時臺灣布政使唐景崧意見不合，官方遂改派薛紹元刪修志稿；唯薛氏所修改者多屬綱目類例之問題，內文則多未更易，以示存其真。這是臺灣纂修方志首次發生官方與學界的爭執，若究爭執之所在，則是因為林豪所持修志的理念直承章學誠，故其體例以「正史體」為主，而唐景崧則主張師法《諸羅縣志》的「分志體」，二者所持修志的主張各自不同，爭執遂在所難免〔註38〕。

〔註35〕同上註，頁7～10。

〔註36〕同上註，頁9。另有關蔣師轍來臺經過，參見（清）蔣師轍，《臺游日記》，臺灣文獻叢刊第六種（臺北市：臺灣銀行經濟研究室，民國46年12月初版）。

〔註37〕同上註，頁11～14。

〔註38〕參見（清）林豪，《澎湖廳志‧卷首‧唐序》，臺灣文獻叢刊第一六四種（臺北市：臺灣銀行經濟研究室，民國52年3月），頁1～2。

同樣的爭執亦發生在《臺灣通志》的纂修工作上，此次的主角，民間學者一方是聘自內地的修志名家蔣師轍，而官方仍是臺灣布政使唐景崧，與蔣氏去職後，接替總纂職務的薛紹元。在修志體例的立場方面，代表官方的唐景崧與薛紹元主張「分志體」，與前次在《澎湖廳志》爭執中的立場一樣。至於蔣師轍的主張可從二個地方得知，一是蔣氏在離職前，曾於光緒十八年八月十四日擬成通志篇目，於十七日進呈唐景崧〔註 39〕。該篇綱目係為以「圖」、「表」、「考」、「傳」為主的「正史體」，卷尾附「雜記」一篇，屬章學誠「立方志三書」說中的「叢談」一項。（參見表 2-3）另一則是蔣氏來臺之前曾參與纂修《光緒臨朐縣志》，擔任分纂之職〔註 40〕。從該志綱目類例來看，與蔣師轍所擬的通志綱目極為類似（參見表2-4），且該志正文之下附考極多，篇幅往往超過正文，此亦是擬「正史體」之義例。由此二點可知，蔣師轍之於修志乃採「正史體」的立場，若使其能完成《臺灣通志》之纂修，當與《光緒臨朐志》相近似。

表 2-3：《臺灣通志》綱目表

薛紹元《臺灣通志》						蔣師轍稿本擬目	
綱	目	子 目				綱 目	卷 次
疆域	晷度	並附日距赤道表				聖謨記	第一
	形勢	論行政區域	里程	郵程		輿圖	第二
	建革					沿革表	第三
	風潮					秩官表	第四
物產	五穀類	穀類	麥類	黍稷雜糧類	豆類	科貢表	第五
	蔬菜類					山川考	第六
	草木類	果之屬	花之屬	草之屬	木之屬　竹之屬	建置考	第七
	鳥獸類	羽之屬	毛之屬			賦役考	第八
	蟲魚類	蟲豸之屬	鱗介之屬			典禮考	第九
	雜產類					學校考	第十
餉稅	雜餉	記稅名	及各廳縣稅收			武備考	第十一
	雜稅	田房稅契	茶釐	腦務		海防考	第十二
		典舖稅	礦務	金沙		經籍考	第十三

〔註39〕參見蔣師轍，前揭《臺游日記》，頁 132。
〔註40〕參見（清）姚延福，《光緒臨朐縣志》，中國方志叢書・華北地方・第三八九號（臺北市：成文出版社，民國 65 年臺一版）。

職官	武職				風俗考	第十四
	文職				物產考	第十五
選舉	進士				大事考	第十六
	舉人				明遺臣傳	第十七
	武進士				武功傳	第十八
	武舉人				宦績傳	第十九
	貢生				人物傳	第二十
列傳	政績	附個人傳記			列女傳	第廿一
	寓賢	附個人傳記			雜記	第廿二
	隱逸	附個人傳記				
	文學	附個人傳記				
	武功	附個人傳記				
	忠義	附個人傳記				
	忠節表	附個人傳記				
雜識	風俗					
	祠廟					
	遞鋪					
	雜錄	重修鎮東衛記	臺灣府部記事	臺灣府部雜錄		
資料						

資料來源：薛紹元，《臺灣通志》，臺灣文獻叢刊第一三〇種，（臺北市：臺灣銀行經濟研究室，民國 51 年 5 月）。

表 2-4：《光緒臨朐縣志》綱目表

綱	目	子　　目			備　考
卷　首	序	姚延福序			
	纂修人員	主纂 參閱	分纂 總采訪兼參校	采訪 采訪兼校對	
	凡例				
	目錄				
卷一	輿圖				
	疆域全圖	城池圖			
	疆域				
卷二	沿革考				

卷三上	山水考（上）						
卷三下	山水考（下）						
卷四	古蹟考	城郭	亭館	祠宇		邱壟	
卷五	建置考	城池 領社	官署 壇廟		關梁		城池目原稿缺二頁
卷六	賦役考	戶口	地丁		鹽課		
卷七	學校考	學校庠序	鄉試	書院		義塾	
卷八	風土考	風俗	物產				
卷九上	藝文考	漢	明				
卷九下	藝文考	元魏	唐	宋	金	元	
卷十	大事表						
卷十一上	秩官表（上）	漢至明					原稿缺二頁
卷十一下	秩官表（下）	清（國朝）					
卷十二上	科貢表（上）	明					
卷十二下	科貢表（下）	清（國朝）					
卷十三	宦績	宋	金	元	明	清（國朝）	
卷十四上	人物（一） 先正（上）	漢 魏	北魏 宋	元 明			
卷十四中	人物（二） 先正（下）	清（國朝）					
卷十四下	人物（下） 節行	明 清（國朝）					
卷十五上	列女（一）	元	明	清（國朝）			清原稿缺二頁
卷十五下	列女（二）	國朝節旌					
卷十六	雜記	拾補	考誤	瑣聞		附錄	
卷尾	勘誤						

參考資料：姚延福纂修，《光緒臨朐縣志》，中國方志叢書・華北地方・第三八九號，（臺北市：成文出版社，民國65年臺一版）。

　　由上述二例可知，光緒年間臺灣已出現一些主張「正史體」的方志學家；此輩非官方的民間學者在修志意見上，多與持「分志體」的官方意見相左，因此造成《澎湖廳志》與《臺灣通志》二次纂修體例之爭執。此處必須指出，按清初定制，方志纂修係為圖經舊例的「門目體」，且官方亦訂有嚴格的審核制度。如前所述，府縣廳志修成須呈巡撫核備。從唐景崧與林豪、蔣師轍的例子來看，官方審

核督導的精神似乎仍在，但所依循的體例已非朝廷頒佈範本，而是憑藉著主官之一己所好。

再者，地方的府縣廳志究竟該呈送省級的那個單位，似乎也有爭議之處。清初順治年間，河南等處承宣布政使司曾明確規定，志書修成後，先錄清稿，具文徑送「本部院並本司」批覽〔註41〕，此處所稱的「本部院及本司」係指巡撫及布政使。又蔣師轍《臺游日記》轉引《鹿邑縣志》載：「稿成先錄草本，呈送本督院批閱裁定」〔註42〕，乃指呈送巡撫批閱。然清雍正時期，湖北的地方志書係由布政使主管〔註43〕。由此觀之，有清一代對地方修志的督導權責究竟何屬，似乎未曾明確規定。章學誠在〈地志統部〉一文中曾對此一問題提出其論點，並駁斥洪亮吉所謂「地志統部」乃是統於布政使之說〔註44〕。蓋洪亮吉認為元代首建行省制度，為中央政府在地方的分部；明代改行省稱布政使司，統部之官即為布政使，是故「方志統部」當指統於布政使。然而章氏認為清初雖沿襲明制設行省，並置布政使，但其體制與明代漸疏。清代官制地方巡撫皆兼中央兵部侍郎、右副都御史職，其性質是以京官任職地方，因此在地方行政編制上是在布政使之上另置巡撫為地方主官，故稱部院者乃指巡撫而言，而「方志統部」是指統於巡撫之謂。然而儘管章學誠持方志當呈巡撫核備之意見，但以臺灣修志的二次爭議為例，官方主要的反對者則是來自於布政使唐景崧，按此若非布政使唐景崧僭越，僭奪巡撫邵友濂之職權，便是清代始終無法確立方志審核督導之制度〔註45〕。

蔣氏在臺期間雖未正式參與編纂通志，但仍為修志作了若干之準備工作。首先在五月十四日提出修志當務之急為徵文獻、繪輿圖、錄檔案，並主張以章學誠的方志體例為宗〔註46〕。隨後，於同月二十一日開始閱讀余文儀的《臺灣府志》，為日後修志留下許多意見。同月二十五日擬成「修志八議」〔註47〕，欲以為通志之凡例；八月十四離臺前復擬通志凡例及篇目。大抵在薛紹元繼任總纂前，修志之前期作業俱已完備。

從《臺灣通志》的史料內容來看，誠如高志彬所言，確屬一部未完成的志稿〔註

〔註41〕 參見劉光祿，前揭〈清代編修方志蓋述〉，頁186。

〔註42〕 參見蔣師轍，《臺游日記》，頁132。

〔註43〕 參見劉光祿，前揭〈清代編修方志蓋述〉，頁186。

〔註44〕 參見章學誠，〈地志統部〉《方志略例》，收錄於《章學誠遺書》，頁121～123。

〔註45〕 蔣氏離臺之前，修志工作始終未曾進行，因此修志意見上的衝突，當是蔣氏在籌備期間與監修唐景崧之間的問題，而與上述志書修成後呈送官方核備無關。

〔註46〕 同上註，頁27。

〔註47〕 同上註，頁33。

〔註48〕 參見高志彬，〈光緒臺灣通志稿〉《臺灣文獻書目解題・方志類一》（臺北市：國立

48〕。僅就類目而言，較之於蔣師轍的擬目，尚缺聖謨紀、輿圖、山川考、典禮考、學校考、海防考、經籍考、大事考、列女傳諸項。（參見表 2-3）根據高先生的意見，認為疆域、物產、選舉、列傳四篇，當屬定稿；餉稅、職官二篇，則已具志稿之規模；而「資料」一篇中，復有若干文獻與「武備」一項相關，由此可知，志稿本應有武備篇，唯未及整理撰寫成篇而已〔註 49〕。按高氏之意，似指《臺灣通志》內容雖未及纂修完整，但若干類目之資料大致應已備齊，惟不及纂修入志而已。高氏此說或有可議之處，因為通志局既然飭令各地成立采訪局，徵集各地廳縣資料，以備纂修通志之資。然據伊能嘉矩在《臺灣文化志》一書所考，當時完成采訪冊，並依據采訪資料纂修成志者有澎湖廳與苗栗縣；全部完成采訪冊但未及修志者有埔里社廳和宜蘭縣；部份完成有鳳山、安平、臺灣、恆春四縣與臺東州；全未完成者有嘉義、彰化、雲林、新竹、淡水五縣及基隆廳，可知纂修通志所依據的資料始終未曾備齊〔註 50〕。現存的《臺灣通志》之內容，不僅有如高志彬所稱部份資料未及整理編纂入志者；同時已呈送志館的采訪冊，也有整部採訪冊之資料均未編纂入志者，如《臺東州采訪冊》；甚至還有若干廳縣未及或未能完成採訪冊，呈送志局者。致使《臺灣通志》除了綱目有所缺漏，各篇之內容亦有所不足外，現有所收錄的地區性資料，亦不包括全臺各地。就此而言，《臺灣通志》通篇無一可稱完整，實為一部未完成的資料整輯稿，稱之為「志稿」確有待商榷。

《臺灣通志》在史料編纂方面，如前所述《臺灣通志》既屬一部未完成之稿本，則其內容必然是未曾加以妥善刪修編排，因此《臺灣通志》處處顯示出纂修方面之疏漏。以〈職官〉為例，該稿本僅備「歷代文武職官」之名錄，於官制沿革一項則闕如〔註 51〕。又以〈列傳〉言之，稿本於人物列傳方面之編排頗為失當，其方式係以臺灣各地方志為順序，先後羅列各志所載之人物，而非依照人物所處年代之先後做時序性的編排。即便摒除稿本在編排上的疏失，其在著錄內容方面亦多有錯誤。列傳之記載既不分人物所處的時代先後、又不分本地人與外地人，甚至不分行政區域等分別，混同雜置於一篇之中，顯示《臺灣通志》於體例上，實未臻完備。

中央圖書館臺灣分館，民國 76 年 11 月），頁 95。

〔註 49〕同上註，頁 95〜96。

〔註 50〕伊能嘉矩著，臺灣省文獻委員會譯編，《臺灣文化志》（臺中市：臺灣省文獻委員會，民國 74 年 11 月），頁 286。

〔註 51〕武職官制與營制雖未著錄於正文之中，但亦已收入於附篇的〈資料一〉，然文職部份則未見任何相關資料。

　　《臺灣通志》雖屬一殘缺未成的稿本，但畢竟是臺灣首部省級通志，其纂修過程與建立制度的意義遠較修成志稿的結果來得大。臺灣一地經由此次修志，不僅首次建立起各地方修志分局的制度，作爲方志纂修制度的模範；且在纂修過程中，保存許多清代臺灣地區性的寶貴史料，以備後世纂修臺灣方志之基礎。儘管有清一代方志之纂修始終不脫政治上「資治」的訴求，從最初高拱乾在其纂修的府志凡例中，可知其所關心的是「山川形勝所以設險固危」、「作風土志以界天轉移風化之人」、「有文事者，必有武備，所以消反側靖人心也」〔註52〕，直至蔣師轍亦認爲「竊謂臺志之要，尤在明因革，著治亂」〔註53〕，此種修志以供「資治」的情形，歷清代治臺二百餘年未嘗稍變；然清代臺灣方志發展至光緒年間《臺灣通志》之纂修，不論在纂修體例、義法、纂修方法的發展，以及修志人才的培養上，均有相當的成就，較之於內地亦不遑多讓。尤其是《臺灣通志》之纂修，設志局、備採訪，乃至於師法正史體例，在清代臺灣方志發展史中，實具有承先啓後之地位。惜此一修志之契機尚未成風氣，旋即因中日之間爆發戰爭，清廷敗衄，隨著馬關條約將臺灣割讓與日本，致使臺灣方志纂修工作中途斷喪，清代臺灣修志事業經二百多年的發展，至此告一段落。

三、日治時期臺灣的修志工作

　　日本殖民統治初期，殖民當局爲了調查臺灣各地的特殊民情風俗，以作爲施政的參考，不僅積極蒐集清代纂修的臺灣方志與採訪冊，編成《臺灣全誌》，同時亦鼓勵地方政府及民間編纂方志及各類調查報告。修成的方志以及類似方志的書籍，大致可分爲清志型、調查型、概況型、教材型、史志型、三志型六種〔註54〕。參與編纂者，則可分爲官方撰書、共同團體（如中小學校及文教團體等）撰書，與私人撰書三種。其中官撰志書，屬於全臺的志書有《臺灣誌》等九種、廳縣的志書有《臺北廳志》等十種、郡市的志書有《臺中市志》等八種、街庄役場爲名者有《板橋街誌》、《三峽庄誌》等十種〔註55〕。而一般中小學校、文教社團等共同團體亦皆積極參與修志，稱「鄉土志」、「要覽」、「概況」、「大觀」、「一

〔註52〕參見（清）高拱乾，《臺灣府志‧凡例》，臺灣文獻叢刊第六五種，頁15～17。

〔註53〕參見蔣師轍，前揭《臺游日記》，頁85。

〔註54〕參見高志彬，〈臺灣方志之纂修及其體例流變略述〉《臺灣文獻》，第四十九卷第三期，頁187～206。

〔註55〕參見王世慶，〈日據時期臺灣官撰地方史志的探討〉《漢學研究》，第三卷第二期，頁317～348。

覽」者更多達二百餘種〔註56〕，各志內容詳略雖有不同，但仍保存了大量的鄉土史料，且成書數量之多，爲日治時期中後期地方史志纂修之一大特色。一般而言，中小學校、文教社團等共同團體所修之「要覽」、「概況」、「大觀」等出版品，出版的數量雖多，但在記載內容與纂修方法上，僅止於與施政相關之資料編輯，且其纂修的體例，多未具備地方志之水準；至於廳縣州郡等行政單位的官撰史志，刊印的數量雖較「要覽」等官方出版品爲少，但其體例或採傳統方志之「正史體」，分紀、表、志、傳體纂修，或採「分志體」，不論在纂修內容與方法上，均較爲嚴謹。至於私人研究撰述如伊能嘉矩之《臺灣志》、《臺灣文化志》，竹越與三郎之《臺灣統治志》等，其纂修之內容，在學術研究與史料保存各方面，亦極具價值〔註57〕。

　　就此期纂修的「地方誌」與中國傳統方志作一比較，吾人可發現二者不論在修志體例與方法，乃至於纂修取向上，均有相當程度之差異。首先，在方志纂修的體例與方法方面，據民國十一年（大正十一年，1922 年）臺灣總督府史料編纂委員會編纂部長持地六三郎在其就職演說中指出：

　　　　原來中國式之府志，係以官府行動之進退盛衰之記事爲主，很少涉
　　及政治上、經濟上民生休戚之消長興廢，不可爲現代修史之先例〔註58〕。
略按其意，係指中國傳統方志多主記事而略論述，重政治制度而輕社會經濟，然「以歐美式之史論體、文化史體之私人著作，做爲官撰之編著亦似不當」，則指西方史論體與文化史體的專題研究，或偏重於撰述精審，但在文獻記注之詳富上，不免有所不足。因此在修志方法上，持地六三郎認爲必須「參酌折衷中國式之府志與歐美式各種著書體裁，顧及本事業之目的、內容、種類以制其宜」。要言之，在方志纂修的體裁結構上，持地六三郎主張略仿中國傳統方志之「書志體」，而非歐美式之史論體或文化史體；在記載類目上，則廢傳統方志之典禮、方伎、藝文諸目，而增經濟、氣象、人口、財政、交通、衛生、產業等部門；在纂修方法上，強調新增科學門類之調查研究。是以日治時期所修之方志，除少數由臺灣人所修之方志，如鄭鵬雲、曾逢時所纂《新竹縣志初稿》、蔡振豐所纂《苑裡志》、林百川、林學源所纂《樹杞

〔註56〕參見吳文星，〈試論鄉土志之纂修——以《頭城鎮志》爲例〉《史聯雜誌》，第二十
　　　　二期，頁 58。
〔註57〕參見王世慶，前揭〈日據時期臺灣官撰地方史志的探討〉頁 317～348。盛清沂，〈吾
　　　　國歷代之鄉鎮志暨本省當前編纂鄉鎮志問題〉《臺灣文獻》，第十七卷二期，頁 41。
　　　　吳文星，前揭〈試論鄉土志之纂修——以《頭城鎮志》爲例〉頁 58。
〔註58〕參見（日）井出季和太著，郭輝編譯，《日據下之台政》，臺灣叢書譯文本第三種（臺
　　　　北市：臺灣文獻委員會，民國 45 年 12 月），頁 782～784。

林志》，以及纂修者不詳之《嘉義管內采訪冊》四部，尚採傳統方志之類目外，其餘志書類目多與傳統方志有所不同。至於在志書纂修體裁方面，根據王世慶對日治時期三十七種官撰史志之研究指出，除《臺灣歷史考》、《臺灣史料》二種，以及《陸軍幕僚歷史草案》等四種，在纂修體裁上兼採史論體、紀事本末體，與編年體之外，其餘三十三種志書、市史，均採中國傳統志書之紀傳體。（參見表 2-5）亦即是說，日治時期官撰志書的類目雖有創新之議，但清代臺灣府、州、廳、縣志通用的紀傳體，仍為日治時期官撰志書之最主要、最通用的體裁〔註59〕。

表 2-5：日治時期臺灣官撰志書一覽表

志書種類	志 書 名 稱	編 纂 者 名 稱	出版時間
全臺史志	臺灣誌	參謀本部編纂課	一八九五年
	臺灣形勢一斑	拓殖務省南部局	一八九七年
	臺灣歷史考	拓殖務省文書課	一八九七年
	臺灣史料	臺灣守備混成第一旅團	一九〇〇年
	臺灣總督府陸軍幕僚歷史草案	臺灣總督府陸軍幕僚	一九〇三～一九〇六年
	臺灣統治綜覽	臺灣總督府	一九〇八年
	臺灣史料（稿本）	臺灣總督府史料編纂會	一九二九年
	施政四十年之臺灣	臺灣總督府官房調查課，三島文平	一九三五年
	臺灣統治概要	臺灣總督府	一九四五年
縣廳志	臺南略志	臺南縣	年代不詳
	新竹縣志初稿	鄭鵬雲、曾逢辰	一八九七年
	嘉義管內採訪冊	編者不詳	年代不詳
	雲林沿革史	臺中縣斗六辦務署	年代不詳
	臺南縣志	臺南縣志編纂委員	一八九七年
	南部臺灣誌	臺南廳	一九〇二年
	明治臺北廳志	菊池末太郎，臺北廳總務課	一九〇三年
	桃園廳志	桃園廳	一九〇六年
	新竹廳志	新竹廳	一九〇七年
	大正臺北廳志	臺北廳	一九一九年

〔註59〕參見王世慶，前揭〈日據時期臺灣官撰地方史志的探討〉，頁 345～346。

郡市史志	苑裡志	蔡振豐	一九〇二年
	樹杞林志	林百川、林學源	一九〇三年
	臺北市十年誌	臺北市役所	一九三〇年
	臺中市史	臺中市史編纂委員	一九三四年
	高雄市制十週年略志	高雄市役所	一九三四年
	嘉義市制五週年紀念誌	嘉義市役所	一九三五年
	臺北市政二十年史	臺北市政二十年史編纂委員會	一九四〇年
	大溪誌	大溪郡役所，富永豐	一九四四年
街庄誌	大嘉義	嘉義街役場	一九二六年
	新竹街要覽	新竹街役場	一九二六年
	中和庄誌	海山郡中和庄役場，劉克明	一九三一年
	板橋街誌	板橋街役場，張鴻機	一九三三年
	龜山庄全誌	龜山庄役場	一九三三年
	蘆竹庄誌	蘆竹庄役場	一九三三年
	大園庄誌	大園庄役場，徐秋琳	一九三三年
	桃園街誌	桃園街役場，岸藤次郎	一九三三年
	鶯歌鄉土誌	鶯歌庄役場，今澤正秋	一九三四年
	三峽庄誌	三峽庄役場	一九三四年

資料來源：王世慶，〈日據時期臺灣官撰地方史志的探討〉《漢學研究》，第三卷第二期，民國 74 年 12 月，頁 322～345。

　　其次，在方志纂修的取向方面，日治時期所修的志書，大多具有「地方史」的特性。蓋一般對「史」、「志」的定義，多以「志爲橫書，史以縱述」之說來區分二者在記述方法上之差異〔註60〕。所謂「志之大原，起於爾雅」〔註61〕，係指「志」之爲體，乃是橫分類目，分目排纂，依類成編的一種纂輯體裁；在編纂的

〔註60〕有關「史」、「志」之間的異同，歷來學者的討論頗多，林衍經於〈史志關係論〉一文中，對諸家立論之分析，頗爲詳盡。參見林衍經，〈史志關係論〉《中國地方志》，1994 年第三期，頁 14～20。

〔註61〕參見（宋）鄭樵撰、王樹民點校，《通志二十略·總序》，中華書局新校本（北京：中華書局，1995 年 11 月初版），頁 5。然章學誠認爲爾雅雖標分品目，以類相從，實不足盡綱紀天人之義，故名物訓詁當繫之以官禮之義。參見章學誠，《永清縣志·吏書》，收錄於《章學誠遺書》，頁 457；〈釋通〉《文史通義》，收錄於《章學誠遺書》，頁 35～37。

取向上，和縱論歷史之變遷，以成一家之言的著作「史」體有所不同。此所以志取記注之體，重在廣博蒐羅；史尚撰述之體，尤貴獨斷別裁。而中國傳統之方志率多重史料之記注與考證，相對地較忽略史事之撰述。雖自章學誠主張「志乃史裁」，強調撰述之體在方志纂修中的地位，然方志之所以稱方志，似仍以重記注之體，而與「地方史」有所不同。日本自奈良時代起，即仿中國方志纂修「風土記」上呈天皇〔註62〕，這種由地方官廳向朝廷匯報的形式，頗似中國在隋唐時期「普詔天下諸郡，條其風俗、物產、地圖，上於尚書」的「圖經」〔註63〕，而其記載之內容則包括郡縣地名、物產種類、土壤肥沃的狀態、山川原野名稱的由來，以及故老相傳的傳說舊聞。江戶時期，各諸侯蕃國多仿「風土記」編訂地志。明治新政之初，為有利政府統治，對地方志的纂修工作亦極為重視。一八七二年（明治五年），在太政官少內史冢本明毅的建議下，在正院設立「地志科」，通令各地蒐集相關資料、地圖，以利皇國地志編寫工作，其後亦逐漸轉為各都道府縣、郡市區町村等各地方自治體獨立編志〔註64〕。然據日本學者犬井正之研究指出，明治時期日本的地方志書業已多稱為「史」，即使仍有部份以「志」為名的地方志書，實際上也已經是「地方史」而非「地方志」〔註65〕。齊藤博並指出，此一轉變的過程，是從明治時期鄉土志研究教育運動開始，逐漸演變為與地方史的學術研究，乃至於地方經濟史與地域社會史相關之研究〔註66〕。因此，日治時期官方所修之地方志書亦多具有「地方史」之取向，當可視為一種新的修志傳統。惟此一傳統究竟在當前臺灣方志纂修中，佔有何種之影響地位，尚待進一步評估。儘管如此，日治時期臺灣方志纂修工作，不論在修志的行政體系、纂修體例、纂修數量各方面，均具有承先啟後的意義。再者，由於日本殖民當局對地方史志纂修工作的重視與提倡，也培養出一批經驗豐富的修志人才，為戰後臺灣方志纂修事業的發展，奠定良好的基礎。

〔註62〕參見（日）犬井正，〈關於關東地方史志類中「志」與「史」的若干考察：來自與中國「方志」關聯的角度的探討〉《中日地方史志研究》（天津：南開大學出版社，1996年），頁310。

〔註63〕參見（唐）魏徵等撰，《隋書‧經籍志》，卷三三，中華書局新校本，頁988。

〔註64〕參見（日）犬井正，前揭〈關於關東地方史志類中「志」與「史」的若干考察：來自與中國「方志」關聯的角度的探討〉，頁310。

〔註65〕同上註，頁299～327。

〔註66〕參見（日）齊藤博，〈市史編寫問題——兼談地方史研究諸潮流的成果與缺陷〉，收錄於《中日地方史志研究》（天津：南開大學出版社，1996年），頁286～290。

第二節　戰後臺灣的修志概況

　　民國三十四年九月，八年抗戰勝利，日本無條件投降，暌違中國五十年的臺灣，隨著抗日勝利，重歸中華民國所屬。臺灣在戰後之初，百廢待興，政府爲弘揚民族文化，於保存文獻資料方面，不遺餘力；加之地方縉紳倡議修志〔註 67〕，遂有設立臺灣省通志館之議。民國三十七年四月二十四日，在首任省主席魏道明指示下，臺灣省政府公佈「臺灣省通志館組織規程」，並於六月一日成立「臺灣省通志館」，由林獻堂就任館長，林忠爲副館長。同年六月八日，省政府復公佈「臺灣省通志館顧問委員會組織規程」，設「臺灣省通志館顧問委員會」，聘任黃純青爲顧問委員會主任委員，以協助及計畫臺灣省通志館業務進行事宜，並審議通志館編纂之志稿〔註 68〕。臺灣省通志館之設置，其主要工作爲編纂《臺灣省通志》，該館成立之後，同年七月，隨即召開顧問委員、編纂聯席會議，籌畫編纂省通志事宜，以決定工作計畫，省通志編纂年代劃分、起迄年代，編纂年限，確立史觀等事項；同時要求省政府將原臺灣總督府檔案移館保存，以備修志，並委託楊雲萍草擬「臺灣省通志體例綱目」〔註 69〕。該草擬體例綱目至是年九月完成，擬定大綱三十六篇，提交編纂委員會討論修訂，嗣後迭經修改，發表「臺灣省通志假定綱目」，計三十六編，另加資料、索引二編，共三十八編〔註 70〕。綱目初定，遂開始蒐集資料整理彙編，爲纂修省通志奠定基礎。

　　民國三十七年六月，省主席陳誠以文獻之意涵廣大深遠，非一通志所能完全涵蓋，且中央政府於民國三十五年，亦已頒佈「各省縣市文獻委員會組織規程」，明訂志書纂修僅爲文獻委員會任務之一。今臺灣省通志館雖爲纂修省通志而設，然其不可僅以纂修省通志爲唯一之業務，尚須兼負文獻資料徵集、調查、整理、保管、典藏之責任，遂於民國三十八年七月一日，依「臺灣省文獻委員會組織規程」，改組「臺灣省通志館」爲「臺灣省文獻委員會」，仍以林獻堂爲主任委員，

〔註 67〕最初提出設置省通志館者，係民國 35 年 11 月 8 日，臺北縣長陸桂祥邀集地方人士黃純青、楊雲萍、林佛國、連溫卿、李梅樹等二十餘人，召開「臺北縣修志委員會會議」，會中決議「建議公署纂修省誌」，此爲倡議纂修省通志之先聲。參見高志彬，〈民國臺灣省通志稿〉《臺灣文獻書目解題・方志類一》（臺北市：國立中央圖書館臺灣分館，民國 76 年 11 月），頁 111～112。

〔註 68〕參見莊金德，〈臺灣省文獻委員會設立沿革〉《臺灣文獻》，第十九卷第四期，頁 145～147。

〔註 69〕參見王世慶，〈參與光復後臺灣地區修志之回顧及對重修省通志之管見〉《臺灣文獻》，第三十五卷第一期，頁 8。

〔註 70〕參見楊雲萍，〈臺灣省通志假定綱目〉《臺灣省通志館館刊》，創刊號，頁 6～20。

另以黃純青為副主任委員，進行徵集文獻與纂修通志之工作〔註71〕；並於七月二十五日舉行第一次委員會議，商討修志事宜。民國三十九年，由當時副主任委員兼總編纂林熊祥重新擬定「臺灣省通志凡例綱目」，計凡例二十一則，以元代至元年間設立澎湖巡檢司，迄民國三十九年十月二十五日止，為通志纂修之年代斷限。綱目除卷首（分上、中、下三冊，含序、凡例、綱目、圖表、疆域、史略、大事記）、卷尾（分上、中、下三冊，含志餘、資料、索引）之外，共分十一卷十一志五十八篇。其後屢次修改增減，但大致上此篇凡例綱目仍為《臺灣省通志稿》綱目的依據〔註72〕。民國四十年五月，臺灣省文獻委員會奉令核定「臺灣省通志凡例及綱目」，分為十三卷十一志六十二篇〔註73〕。

臺灣省通志稿凡例及綱目既經擬定，遂以林熊祥任主修，積極展開志稿纂修之工作。惟志稿篇目之繁多，門類之專門，實非臺灣省文獻委員會現有的工作人員所能躬竟其事，故必須徵求若干專業性的外稿，始克完成臺灣省通志之纂修。嗣經多方徵詢物色，延攬纂修《臺灣省通志稿》之學者專家共計六十二人（另有文獻會助修四人），其中會內編纂十七人，會外特約編纂四十五人，其中二十二人為臺灣大學教授，二人為省立師範學院教授，另有故宮博物院、臺灣銀行、華南銀行等專家二十一人，多為當代各學科領域一時之選〔註74〕。就各纂修人員學術養成背景而言，有日治時期在臺灣接受教育，或赴日求學者，如林熊祥、黃水沛、王詩琅、曾天從等，對臺灣之文獻掌故與歷史變遷，有相當之瞭解；亦有在大陸接受教育，隨政府遷臺者，如杜學知、廖漢臣、毛一波等，對民國以來所提倡之新方志，有其獨到之處；或有留學歐美者，如衛惠林等，對西方標榜之「科學方法」，有所認知。此輩專家學者不論對中國傳統學術，或是對西方學術，均有其專精之處。由是可知，《臺灣省通志稿》之纂修，不僅是清代臺灣方志纂修傳統之沿襲，同時也受到日治時期地方史志編纂的傳統，以及民國以來大陸地區所提倡新方志之影響。

《臺灣省通志稿》之纂修，自民國四十年五月內政部核定通志之凡例綱目起，原擬於民國四十二年年底完成。由於部份會外撰稿人因自身事務繁忙，未能按時交稿，致使省通志之纂修無法如期完成，直到民國四十九年各篇始陸續成稿，共

〔註71〕參見黃文瑞，〈臺灣省文獻委員會沿革〉《臺灣文獻》，第四十五卷第二期，頁204。
〔註72〕參見王世慶，前揭〈參與光復後臺灣地區修志之回顧及對重修省志之管見〉，頁1～18。
〔註73〕參見盛清沂，〈臺灣省通志稿整修擬目之商榷〉《臺灣文獻》，第十八卷第四期，頁28～35。
〔註74〕參見王世慶，前揭〈參與光復後臺灣地區修志之回顧及對重修省志之管見〉，頁9～10。

計修成志稿凡十志十一卷、五十九篇，分訂六十冊（參見表 2-6），並依照地方志
稿纂修辦法之規定，於民國五十年一月先後檢送修成志稿凡四十八冊呈內政部審
核。內政部地方志書審核委員會之審核意見在二年內，分爲四批發下，並函請省
政府轉知辦理。其審核綜合意見大致有三：其一，要求省通志稿纂修之斷限應延
至民國五十年；其二，應多記述光復後政府在臺之各項設施；其三、全志在體例
上應力求統一完整〔註 75〕。各項審核意見中，尤以第一項意見最爲重要，因此在
志稿審理期間，內政部復於民國五十年八月，函請省政府轉飭省文獻委員會，將
《臺灣省通志稿》之斷限改爲民國五十年，要求臺灣省文獻委員會儘速蒐集資料，
對原有志稿加以增訂，隨時送部審核。臺灣省文獻委員會在接到通知之後，立即
遵照指示，指定人員，研擬增修計畫。並於是年十一月，檢送「臺灣省通志稿增
修計畫」一份，呈請省府鑒核〔註 76〕。增修計畫中，共計增修志稿二十六篇，負
責志稿增修的人員，除林朝棨、蔣丙然二人爲會外人士，其餘十一位均爲會內之
編纂或組長。（參見表 2-7）其後又因事實之必要，原擬增修的志稿復有所增減，
共計增加地方自治一篇（張雄潮），取消建置、匡復二篇，索引暫緩增修，並在原
行政篇中增列役政、地政、人事行政三章，全部增修志稿於民國五十四年完成。

表 2-7：《臺灣省通志稿》增修篇目及纂修人員

完 成 年 度	卷	志・篇	纂 修 者
民國五十二年度	卷五	教育志・教育制度沿革篇	莊金德
	卷五	教育志・教育設施篇	莊金德
	卷四	經濟志・礦業篇	林朝棨
	卷四	經濟志・林業篇	陳漢光
	卷三	政事志・保安篇	張雄潮
	卷四	經濟志・水產篇	曹　建
	卷四	經濟志・工業篇	張奮前
	卷三	政事志・社會篇	盛清沂
	卷三	政事志・建置篇	廖漢臣

〔註 75〕參見莊金德，〈臺灣省通志稿纂修的經過與送請審核〉《臺灣文獻》，第二十卷第一
　　　　期，頁 152。
〔註 76〕莊金德，〈臺灣省通志稿增修的經過與整修計畫的擬訂〉《臺灣文獻》，第二十卷第
　　　　二期，頁 167。

	卷三	政事志・制度篇	張雄潮
民國五十三年度	卷五	教育志・文化事業篇	毛一波
	卷三	政事志・行政篇	王詩琅
	卷四	經濟志・交通篇	張奮前
	卷三	政事志・水利篇	廖漢臣
	卷四	經濟志・農業篇	陳漢光
	卷四	經濟志・金融篇	黃玉齋
	卷二	人民志・人口篇	莊金德
	卷三	政事志・財政篇	黃玉齋
	卷一	土地志・氣候篇	蔣丙然
民國五十四年度	卷四	經濟志・物價篇	黃玉齋
	卷五	教育志・教育行政篇	莊金德
	卷四	經濟志・商業篇	張奮前
	卷首　下	大事記	陳漢光
	卷三	政事志・衛生篇	莊金德
	卷十一	匡復志	廖漢臣
	卷一	土地志・地理篇（地名沿革）	王世慶
	索引		

參考資料：莊金德，〈臺灣省通志稿增修的經過與整修計畫的擬訂〉《臺灣文獻》，第二十卷第二期，民國 58 年 6 月，頁 168～169。

　　《臺灣省通志稿》增修部份完成後，修志工作本可告一段落；然志稿纂修前後歷經十餘年，既有原修與增修之分，兩部志稿上下不貫，互有牴牾，且執筆者多達七十餘人，文出多手，內容不齊，體例綱目幾經修改，致使志稿多有缺失。臺灣省文獻委員會有鑑於此，乃有整修志稿之議〔註77〕。民國五十五年，由李汝和、盛清沂、王詩琅三人成立整修小組，由盛清沂總閱志稿，草擬整修計畫。該整修計畫於民國六十二年完成，計十卷、卷首卷尾各一卷、七十八篇、一記、一表，一百四十六冊，刊印成書即為現今之《臺灣省通誌》〔註78〕，而原志稿因其未經內政部審定，故仍題為《臺灣省通志稿》〔註79〕。

〔註77〕同上註，頁 176。
〔註78〕參見簡榮聰，〈臺灣省文獻委員會推動全面修志概述〉《臺灣文獻》，第四十六卷第三期，頁 85～86。
〔註79〕參見高志彬，前揭〈民國臺灣省通志稿〉《臺灣文獻書目解題・方志類一》，頁 112。

第三節　《臺灣省通志稿》之體例與纂修方法

　　方志之良窳，端視該志體例之制訂是否得其法，以及修志者所持纂修之法是否得當。首先就體例而言，一般談方志的「體例」，多與「義例」、「凡例」同稱，所指涉的內涵不甚明確。按「體例」一詞，最早見於《春秋穀梁傳集解》，指的是體現微言大義的春秋筆法〔註80〕。清代章學誠則將方志之「體例」視爲方志纂修所應包含「紀」、「譜」、「傳」、「考」的體裁〔註81〕。近人陳捷先在《清代臺灣方志研究》一書中，將方志所屬「門目體」、「分志體」、「正史體」的綱目形式，稱之爲「體例」；而將方志纂修的義法稱爲「義例」；來新夏對方志「體例」的看法，與陳捷先同，皆認爲方志之體例係指方志纂修的綱目形式而言〔註82〕。陳三井認爲體例是「處理內容，安排章節詳略的一些記述性問題」，其與「討論或闡揚某些大經大義的高層次問題」的義法，合稱「義例」〔註83〕。高志彬則認爲體例者云，係指編纂體裁與纂述義法而言，包括綱目、體型、義例、書法〔註84〕。諸家見解雖略有差異，但大抵有其相通之處。所謂「體」者，係指志書編纂的體制形式，包括有文體（古文、駢文、白話文等）、體裁（編年體、紀事本末體等）、綱目形式（分志體、門目體、正史體等）、門類（經濟、社會、人物、學藝等）等；「義」者，指志書纂修的義理，包括褒貶、鑒戒、教化等。所謂「例」者，係指志書編纂標準的範例，是以「體例」即指呈現編體標準的範例，「義例」則爲呈現義理判斷標準的範例。志書的形式不同，其「例」各自不同；纂修的義理不同，「例」亦有所不同。體與例雖常合稱，然其一爲形式，一爲範例，二者本屬不同之概念。是以論方志之體例，必自體、例二方面著手，其分析之法，大抵是依其體而論其例，討論該部方志之「體」是否合理，「例」是否恰當，合「體」與「例」二部份，則爲志書之纂修方法。「體例」如此，「義例」亦然。

　　其次，就史書纂修的方法而言，中國最早的歷史記載，當可追溯至殷商時期的甲骨文，惟此多屬片段而不完整的記錄。至於有系統的歷史文獻，則屬周代的《尚書》；此後，中國史學不斷發展出新的記載方法與形式。按《尚書》記事，

〔註80〕參見王曉岩，《方志體例古今談》（四川：巴蜀出版社，1989年8月），頁1。

〔註81〕參見章學誠，〈答甄秀才論修志第一書〉《方志略例》，收錄於《章學誠遺書》，頁137。

〔註82〕參見來新夏，前揭《中國地方志》，頁19～20。

〔註83〕有關陳三井對「體例」一詞之見解，參見陳捷先，〈論清代臺灣地區方志的義例·（陳三井）講評〉，《漢學研究》，第三卷第二期，頁232。

〔註84〕參見高志彬，〈臺灣方志之纂修及其體例流變略述〉《臺灣文獻》，第四十九卷第三期，頁193～194。

多因事立篇，本無成法，直到《春秋》事繫於年，遂有成法〔註85〕。惟《春秋》僅記條目，須至《左傳》之編年紀事，方為定例。所謂之「成法」、「定例」，皆史法也，孟子稱《春秋》者「其事則齊桓晉文，其文則史，其義則丘竊取之」，其中「事」為史料，「文」為史書，取事成文之「義」為史義，合史義與史法即為史學，就此史料、史學、史書之區別，俱已出現。從《尚書》到《左傳》的發展，是史學從「無成法」到「有定例」的過程，而此過程即是在「網羅天下放失舊聞」的記事成法上，加上了編列年代的定例。其後，從《左傳》到《史記》，則是從編年記事發展到傳人敘事的另一過程。歷史寫作因《史記》傳人敘事的體裁，包融了記事與編年二體，漸趨成熟，而達「善敘事理」之境界〔註86〕。其中，以編年為主，是強調古今之變遷，以人物為中心，是重視天人之分際；《史記》之作，正欲由此「究天人之際，通古今之變」，以「成一家之言」。進一步來說，傳人敘事是為史法，欲運此史法達善敘事理，必有別裁之學；而一家之言即為史義，欲識此史義成一家之言，必有獨斷之能，《史記》正合此史法與史識，乃有別於《尚書》、《春秋》之「記錄性史學」，而為「論述史學」之代表〔註87〕。惟傳統方志之纂修，自周官外史所掌四方之志，至隋唐繪圖載言的圖經，其與歷史著述最大之差異，即在於方志纂修之主旨乃據實記事，以在實際政事上，作為資治鑒戒之用，故帶有濃厚的官書性質〔註88〕，並非如司馬遷欲求「成一家之言」，

〔註85〕此即章學誠所謂「書取足以達隱微，通刑名而已矣，因是命篇，本無成法」，以及「三代以上記注有成法，而撰述無定名。三代以下撰述有定名，而記注無成法」之說。參見章學誠，〈書教上〉《文史通義》，收錄於《章學誠遺書》，頁2。

〔註86〕同上註，頁3。另見錢穆，《中國史學名著》（臺北市：三民書局，民國82年1月七版），頁85。

〔註87〕參見雷家驥，《中古史學觀念史》（臺北市：臺灣學生書局，民國79年10月初版），頁2～4。

〔註88〕一般認為方志具有官書性格，主要從二點立論；其一，方志纂修自宋元以後而大行，其體例亦自宋元以後而確立，主要是因為官方纂修全國性總志與一統志所致。其二，則認為「晉乘、楚檮杌、魯春秋、百二十國寶書」，皆為古之方志，亦皆屬王官之學，是以方志自始即帶有一種官書的性格。前者大抵仍承認宋元以前方志纂修方法與理論，仍有接受官方纂修傳統以外之影響，如翁同文，前揭〈從社會文化史觀點論方志的發生發展〉，《漢學研究》，第二卷第三期，頁39～57；陳捷先，〈論清代臺灣地區方志的義例〉《漢學研究》，第二卷第三期，頁159。後者則更積極的指出方志的本質屬性為官修性，方志存在的功用與目的係為官方服務而纂修，如鄧建平，〈試論方志的性質、內容、義理〉《中國地方志》，1998年第二期，頁11～15。更甚之，還有人以方志為政府服務的官修性質，在某種程度上否認學術求真與存史的意義。如何萍，〈也談方志是什麼書——兼同資料書說商榷〉《中國地方志》，1998年第五期，頁32～36。

具有史識的獨斷之學。就此而言，傳統方志較爲注重方志在政治實際面上的功能，其纂修的方法當以資料性編排爲主，亦即是章學誠所謂的纂輯比類〔註89〕。纂輯比類之書雖不尚獨斷之能，但仍重別裁之學。別裁者，裁篇別出，不僅要事備始末，亦求略此詳彼，整齊故事，以存一代舊物。

《臺灣省通志稿》之纂修，如前所述，先有楊雲萍爲之草擬體例綱目，嗣後迭經修改，復由林熊祥繼之，負起草擬省通志稿綱目凡例之重任。楊氏所擬，其言修志體例之部分已佚，今僅存綱目而已；而林熊祥所擬之綱目凡例，大抵即爲《臺灣省通志稿》所本。林氏既爲《臺灣省通志稿》之主修人，且志稿的凡例綱目亦出自其手，是以林氏對《臺灣省通志稿》之纂修，當具有相當程度的重要性。

就戰後臺灣首部省志《臺灣省通志稿》的凡例、綱目，以及負責各篇志稿的纂修者而言，可知該志稿纂修之取向，乃在於廣泛採用社會科學方式修志，確實具有民初以來諸多方志學家所提倡「新方志」的特性〔註90〕。然就其纂修體式而言，編年記事有「大事記」，人物記載有「傳」，事類敘述有「志」，統計有「表」，疆域有「圖」，又似與傳統方志「正史體」之綱目形式無異。惟其所定志篇及章節，「容有與向來志例參差之處」；在各志內容纂修上，「各門由其專家自理」、「力求科學方法以肇修之」〔註91〕，可知《臺灣省通志稿》纂修之門類與纂修方法，確實與傳統方志不盡相同。進一步來說，《臺灣省通志稿》的類目篇章，大致可分爲與政治類相關者，如「政事志」、「教育志」；與自然環境與社會經濟類相關者，如「土地志」、「人民志」、「經濟志」、「同胄志」；與歷史及人物相關者，如「學藝志」、「人物志」、「革命志」、「光復志」。其中，「政事志」、「土地志」、「學藝志」、「人物志」、「經濟志」五志，乃傳統方志類目所有者〔註92〕；「教育志」、「人民志」、「同胄志」、「革命志」、「光復志」五志，則屬民國以來新創的方志類目；「經濟志」中屬傳統方志所有者，如賦役、物產，亦有傳統方志所無者，如金融、物價、水利等。由此觀之，《臺灣省通志稿》之綱目的確與傳統志書有參差之處。

就《臺灣省通志稿》的纂修體裁而言，「人物志」屬人物列傳，「革命志」與「光復志」爲歷史敘述，二者係承自於傳統史志之「編年體」與「紀事本末體」，

〔註89〕參見章學誠，〈答客問上〉《文史通義》，收錄於《章學誠遺書》，頁37。

〔註90〕參見林熊祥，《臺灣省通志稿‧凡例》，卷首上（臺北市：臺灣省文獻委員會，民國39年12月），頁1。另見林熊祥，〈臺灣修志的理論和實際〉《臺灣文獻》，第十卷第四期，頁6。

〔註91〕同上註。

〔註92〕參見鄭喜夫，〈「刪輯臺灣省通誌」綱目之試擬〉《臺灣文獻》，第三十卷第二期，頁143～144。

惟其內容所重與纂修方法與傳統史志略有不同；「政事志」、「教育志」、「土地志」、「人民志」、「經濟志」、「同冑志」、「學藝志」之纂修，採近代學術所重的「專題研究」形式，其纂修方法雖與傳統志書有異，然其因事立篇的精神，則與傳統分類記事的「書志體」自有其相因襲處。再者，近代史學的研究取向多借重社會科學之方法，對歷史現象從事有系統的專題研究，其基本的精神大抵較重視能有所創獲之歷史撰述。反映在方志纂修的形式上，即是以「專題志」取代傳統的「書志體」的撰述形式，且在方志類目的比例上，專題志的綱目與篇幅，似有大幅增加的趨勢。就各志記載的篇幅而言，人物傳記與歷史記載在傳統方志中向來佔有相當重的比例，然《臺灣省通志稿》中屬於人物傳記與歷史記載者僅「人物志」、「革命志」、「光復志」三志，以及卷首「史略篇」一篇，共計九篇八冊，在整部《臺灣省通志稿》十志五十九篇六十冊中，所佔篇幅相對較少，此亦顯示方志纂修的取向逐漸趨向於注重「政治」、「經濟」、「社會」等方面。

　　從林熊祥對方志纂修的觀點來看，林氏云：「原夫方志之始修也，其主要目的，在欲以供爲政者參考……顧既挾其特殊目的，其研究之範圍及所取之態度與現代科學，時有逕庭」，是知林氏認爲傳統方志以資治爲目的，已不足爲現代方志所取。在林氏所訂之《臺灣省通志稿‧凡例》中，每多提及「科學」一詞，可知林氏認爲現代方志的纂修方法，應隨史學之發展，與現代科學並行。是以現代新方志之內容，應「包括一切自然與人爲事物」；其表現的形式，「凡圖表、統計標識、Graph 等皆屬焉」〔註93〕。至於方志記載之價值，當爲「依科學方法求得諸事物之眞值」；而衡量方志纂修內容的標準，是「根乎理性，水準懸於現代文化，即眞理爲主，褒貶爲副」〔註94〕。亦即是說，現代之方志之纂修取向，不再沿襲傳統重視資治、鑒戒的道德標準，而應以現代科學研究法爲主。

　　方志記載之內容既既應包括自然之部與人爲事物二項，在方志纂修的類目上，則各有所取。林熊祥於〈纂修臺灣省通志之方法的討究〉一文中指出：「事即一切事實，包括自然界與人爲事物……自然之部照現代科學分類，分成各編，就區域範圍，搜討事實……人文之部，事過跡留，尋現前之跡，求往古之實……」，可知林氏主張《臺灣省通志稿》之綱目，在自然科學方面，採取現代科學分類法分門，在人文方面，則依歷史發生的時間爲先後〔註95〕。至於用於人爲事物的科

〔註93〕參見林熊祥，〈纂修臺灣省通志之方法的討究〉《文獻專刊》，創刊號，頁3。
〔註94〕同上註，頁3～4。
〔註95〕參見林熊祥，前揭〈纂修臺灣省通志之方法的討究〉，頁4。

學方法，則取歷史研究之分期，依歷史發展之先後分述〔註96〕。林熊祥在《臺灣省通志稿》中所列之綱目，何者屬於「自然科學」，又何者屬於「人文事物」，據《臺灣省通志稿》凡例第四條載：

> 當科學昌明之今日。此次纂修，不特餘天象、地質、動、植物等，
> 於自然科學本門，由專家求其極致。人文科學部門自人民志以下諸篇，
> 亦以科學方法爲其準繩以整理之。

可知有關天象、地質、動、植物者，係屬自然科學之屬。天象、地質、動、植物爲「土地志」之章節，故「土地志」爲自然科學者。而人民志以下各志，悉爲「人文事物」之屬。

　　《臺灣省通志稿》既分爲自然之部與人文之部，林熊祥所主張之《臺灣省通志稿》纂修方法，乃有二種：其一，有關自然科學者，係依現代科學分類法分門別類，各門之纂修係「由專家求其極致」，故其纂修方法，當本諸自然科學之專題研究法。而此種依事類性質分門記載者，遠紹中國傳統類書以事爲經，分門敘述之法，近取西方百科全書之學，是以林氏嘗謂：「方志誠在敘述，誠小大不捐而臚陳之，則不幾等於其區域之內之百科全書乎」〔註97〕。其次，有關人文事物者，悉以西方歷史學方法爲之。此處所謂之「西方歷史學」，從其強調歷史的獨特性，反對歷史哲學，推崇德國西南學派〔註98〕，大抵可知林氏其實是以德國歷史主義（Historicism）之學說爲本；其所重視者，乃於歷史事實的客觀描述，以求趨近於歷史眞實，是故林氏於方志修志之法，所提倡者爲「重證據」、「除偶像」、「極務客觀敘述」、「定界線」四項〔註99〕。林氏既重歷史事實之描述，則於人文事物之記載方法，當以歷史敘述爲主，此與重視比類纂輯之傳統方志，頗不相同；方志所載若以歷史敘述爲主，則漸趨近於地方史，此乃日治時期臺灣方志纂修的特色之一。

　　儘管《臺灣省通志稿》之類目係標榜「以科學方法分門」〔註100〕，然林氏於此僅能標舉「現代科學分類」之名，卻未能指出「現代科學分類」之實際內容，致使本志稿在制訂各篇門類時有其不當之處。所謂「現代科學分類」者，大抵是指西方的知識分類學（Taxonomy）而言。根據美國圖書館學學者李查遜（Ernest Cushing Richardson）的研究，西方的知識分類體系，自柏拉圖以來，直到一九一

〔註96〕同上註。
〔註97〕參見林熊祥，〈方志當把握時代性而舉其簡要〉《方志通訊》，第二卷第二期。
〔註98〕同上註，頁3。
〔註99〕參見林熊祥，前揭〈纂修臺灣省通志之方法的討究〉，頁5～6。
〔註100〕同上註。

○年爲止，共有一六二種﹝註101﹞。這些分類體系主要是依據「同類相聚、異類相斥」的原則，對自然界的事物加以分類﹝註102﹞。自然界的事物所以能被分類，主要是因自然界事物具有「外延性」（Extension）與「內涵性」（Intemsion）二種特性。某一事物因「內涵性」所包含的殊相，而被分類（Classifying），同時也因其「外延性」與其他事物的共相，而被歸類（Grouping）。這種事物以同合，因異分的原則，即是分類法（Classification）上的「分合性」（Analytico-Synthetic）﹝註103﹞。進一步來說，在分類的過程中，從下層的各「目」結合爲上層的「類」，「類」與各「目」之間因共相而合，故必具「相容性」；自上層的「類」析分爲下層的各「目」，「目」與「目」之間因殊相而分，故具有「互斥性」；此不同層次的類、目相容，與同一層次的各目相斥，即具有分類法上的「層級性」（Hierarchical）。事物分類之所以有「層級性」，主要是因爲各事物間之區分係以其特徵爲分類標準，由於事物的特徵皆具多樣化的性質，不同的特徵均可視爲不同的分類標準。根據任一項描述事物特徵的標準，可作爲一組事物的第一層分類，其後每增添一項特徵描述，則各往下或往上增加一層分類﹝註104﹞。至於分類標準的先後次序，則視分類本身之目的來決定。

以《臺灣省通志稿・經濟志》爲例，該志係以時代先後作爲第一層次的分類標準，除第一章緒論之外，分爲「原始經濟與華人移墾」、「荷西竊據時期之經濟」、「明鄭時代經濟開發」、「清朝經濟發展」、「日據初期經濟措施」、「日據中期經濟開發」、「日據末期經濟之崩潰」、「光復後之接收與經濟復甦」等八章。第二層次的分類標準則各章略有不同，如第二章「原始經濟與華人移墾」，仍以時間先後爲標準，先後記載「原始經濟狀況」，與「華人移墾沿革」二節；而第七章「日據中期經濟開發」，則採經濟項目爲分類標準，分述資金、電力、農業、林葉、水產業、商業、金融業等節。各章因時間先後有別，彼此記載的內容便自不同；各章與該章下各節所載的時代一致，故記載內容彼此相關。同一章下的各節或因時間先後有差，或因經濟類目不同，記載之內容便彼此相斥。然不同章下之各節內容雖有不同，但若因分類原則相同，則彼此記載之性質，則有相似的情形，如第五章「清

﹝註101﹞ Richardson, E. C. , *Classification, Theoretical and Practical*. 3rd ed. Hamden, CT: Shoe String Press, 1964, pp. 89 - 148.

﹝註102﹞ 參見何光國，《圖書資訊組織原理》（臺北市：三民書局，民國 79 年 6 月初版），頁 107。

﹝註103﹞ 參見李德竹編，《圖書館學暨資訊科學字彙》（臺北市：漢美圖書公司，民國 74 年），頁 10。

﹝註104﹞ 參見何光國，前揭《圖書資訊組織原理》，頁 151～163。

朝經濟發展」係以經濟項目爲分類標準，分爲「理番開墾與水利建設」、「農工礦業之發展」、「交通之開闢」、「商業貿易之發展」四節，其中有關商業、貿易、農工礦業，與第七章「日據中期經濟開發」之各節相若。就此而言，本志稿經濟志的類目，頗符合科學分類之原則。

以此科學分類之精神，檢視《臺灣省通志稿》各志類目，可以發現本志稿各志亦有不符科學分類原則者。首先就有關政治事務之記載而言，《臺灣省通志稿》載政治事務一項者爲「政事志」，「政事志」下分建置、行政、司法、財政、社會、衛生、保安、防戍、外事九篇，各篇均屬政事性質之一端。有關政治事務的性質是否僅包含此九類，姑且不論，然其依同一分類原則，各類彼此互斥，可謂符合科學分類法之原則。惟政事志於上述九篇之外，又別立制度一篇，係另採政治事務的內容爲分類標準，與其他九篇之分類原則不同，斯爲不當。且制度者，行政有之，曰行政制度，司法有之，曰司法制度，財政、社會亦均有之，舉凡政事之類，均有其制度，以分類法之相容性而言，制度本當置於各篇之下，專述各類政事之制度，而非可獨立爲篇者。今若以制度爲分類之屬性，則政事志之分類標準當取各類政治事務之共通處，如組織、機構、設施、管理、財務、政務等，使其屬性一致。是以政事一志，在同一層次中分採二種不同標準的分類體系，實不當稱「以科學方法分門」之謂。

在疆域沿革之記載方面，方志所載不外人、事、地、物四大項，傳統方志在記「地」一項，多重疆域沿革，例冠全志之首，以明全志之範疇。本志於記「地」一項，僅標列「土地志」，記載「地理」、「氣候」、「勝蹟」等篇，而未列「疆域志」，與舊志之法相違，其優缺得失，尚屬仁智之見。然其將「疆域沿革」分載於土地志地理篇之「地名沿革」，以及政事志行政篇之「行政區域」，復於卷首以「方位與面積」、「明鄭以前之臺灣」、「明鄭時代政區之建立及疆域之開拓」、「清代之區域經營暨乙酉光復前之行政區分」四章載之，各志篇內容屢屢重複，亦屬不當。

復次如歷史沿革之記載，傳統方志多以「紀體」爲之，體採編年，以鋪敘周詳，爲全志之綱領，收經緯貫穿之效。《臺灣省通志稿》於臺灣歷史沿革之記載，雖首列「史略」，然體非編年，已難見同年併事之利；「史略」記載疏漏，復益之以「大事記」，雖稱爲「記」，實爲「表體」，「表體」屬詞簡略，綱領難備，其與「史略」所載，不僅未能相得益彰，反有疊床架屋之弊〔註 105〕。「史略」與「大事記」之外，復有「革命」與「光復」二志，所載事蹟均爲「史略」所有者，惟

〔註 105〕參見盛清沂，前揭〈臺灣省通志稿整修擬目之商榷〉，頁 36。

詳略不同而已。按此同屬歷史敘述之綱目,分列數志,其性質相同,不僅有記載
冗贅之弊,且有違科學分類法所應有的互斥性原則。

　　各志類目會出現不符科學分類之標準,實因本志稿強調各科內容係由「專家
求其極致」,而各專家之間,若遇有一事,兼見諸門者,卻不能「咸經執筆者商略
裁定,避其重複,求其貫通」所致〔註106〕。由此可知,林氏在制訂《臺灣省通志
稿》綱目凡例之際,對各篇記載內容之釐定,已見矛盾;加上實際纂修之時,各
篇執筆者,對方志纂修的認知,亦與林氏有所差距,其所訂定之凡例,實無法收
到規範之效,徒為具文而已。

　　根據本章之研究,臺灣的修志傳統,大抵可追溯自清領時期方志纂修之發軔、
日治時期修志工作的推展,以及中央政府遷臺之後所推動的修志事業三個階段。
清代臺灣方志纂修體例之變遷與發展,和中國傳統方志學一樣歷經「圖經體」、「分
志體」、「正史體」的過程;其後,雖因乙未割臺致使傳統方志纂修因而中斷,然
臺灣修志工作卻未嘗因此而稍戢,在日本殖民統治下,反而建立了新的修志傳統。

　　戰後臺灣在政府積極的推動下,修志之事業得以蓬勃發展。隨著中央政府播
遷來臺,民國以來所提倡的科學新方志,對臺灣方志之纂修有所影響。加上清代
修志事業、日治時期修志工作二大傳統,使得臺灣方志纂修事業得到進一步的發
展。惟戰後臺灣新修方志當此新舊傳統交替之際,在體例、內容與纂修方法等方
面,雖有所創新,但卻未建立一完整的方志纂修體系。本文第四、五、六章,將
以「革命志」、「學藝志」、「人物志」三志,作為論述的主題,進一步探討此三志
在編纂體例、編纂方法、編纂內容等方面的問題。

表2-1:清代纂修臺灣方志表

時　　期	年　代	纂　修　者	方　　志
康熙時期	十八年	季麒光	《臺灣郡志稿》
	二十二年	杜臻	《澎湖臺灣紀略》
	二十三年	林謙光	《臺灣紀略》附澎湖
	二十三年	季麒光	《臺灣紀略》
康熙時期	二十三年	蔣毓英纂	《臺灣府志》
	二十七年	王喜	《臺灣志稿》
	三十四年	高拱乾	《臺灣府志》
	三十六年	郁永河	《稗海紀遊》

〔註106〕參見林熊祥,前揭《臺灣省通志稿・凡例》,卷首上,頁1。

	四十九年	周元文、宋永清增修	《增修臺灣府志》
	五十六年	周鍾瑄主修、陳夢林總纂	《諸羅縣志》
	五十八年	王珍主修、陳文達總纂	《鳳山縣志》
	五十九年	王禮主修、陳文達纂	《臺灣縣志》
雍正時期	二年	黃叔璥	《臺海使槎錄》
	十年	尹士俍	《臺灣志略》
乾隆時期	元年	周于仁	《澎湖志略》
	五年	胡格重修	《澎湖志略》
	五年	劉良璧重修	《重修福建臺灣府志》
	十一年	范咸、六十七重修	《臺灣府志》
	十七年	魯鼎梅主修、王必昌纂	《重修臺灣縣志》
	二十五年	余文儀	《續修臺灣府志》
	二十八年	朱仕玠	《小琉球漫志》
	二十九年	王瑛曾纂輯	《重修鳳山縣志》
	三十一年	胡建偉	《澎湖紀略》
	三十八年	朱景英	《海東札記》
嘉慶時期	十二年	薛志亮修，鄭兼才、謝金鑾纂	《續修臺灣縣志》
	十二年	謝金鑾	《臺灣志略》
	不詳	謝金鑾	《蛤仔難紀略》
道光時期	不詳	姚瑩	《噶瑪蘭紀略》
	九年	姚瑩	《東槎紀略》
	九年	姚瑩	《埔里社紀略》
	九年	陳壽祺重纂	《道光福建通志臺灣府》
	九年	蔣鏞修、蔡廷蘭輯	《澎湖續編》
	十年	陳國瑛採輯	《臺灣採訪冊》
	一十年	李廷璧主修、周璽總纂	《彰化縣志》
道光時期	一十八年	陳淑均	《噶瑪蘭廳志續補》疑與咸二年本同
	一十九年	柯培元	《噶瑪蘭志略》
	二十九年	陳淑均纂、李祺生續輯	《噶瑪蘭廳志》
咸豐時期	二年	陳淑均	《噶瑪蘭廳志》疑與道光十八年本同
同治時期	九年	陳培桂	《淡水廳志》
	十二年	丁紹儀	《東瀛識略》
	不詳	龔柴	《臺灣小志》

	四年	蔡麟祥主修、林豪纂輯	《澎湖廳志》
	一十年	盧白主人	《臺灣小志》又名《基隆淡水臺灣小志》
	一十八年	薛紹元（疑為蔣師轍）	《福建臺灣通志》
	一十八年	潘文鳳修、林豪纂輯	《澎湖廳志》稿
	一十九年	林豪纂輯、薛紹元刪補	《澎湖廳志》
	一十九年	沈茂蔭	《苗栗縣志》
	二十年	屠繼善	《恆春縣志》
	二十年	汪金明	《恆春採訪冊》
	二十年	盧德嘉	《鳳山採訪冊》
光緒時期	二十年	倪贊元	《雲林採訪冊》
	二十年	陳朝龍	《新竹縣採訪冊》
	二十年	胡傳纂輯	《臺東州採訪修志冊》
	二十年	蔡國琳	《安平縣採訪冊》
	二十年	王廷楷	《埔里社（廳）採訪冊》
	二十年	吳鸞旂	《臺灣縣採訪冊》
	二十年	吳德功	《彰化縣採訪冊》
	二十年	楊士芳	《宜蘭縣採訪冊》
	二十年	不詳	《基隆廳採訪冊》
	二十年	不詳	《淡水廳採訪冊》
	二十一年	薛紹元	《臺灣通志》

資料來源：《臺灣文獻叢刊》（臺北市：臺灣銀行經濟研究室，民國 46～61 年）。盧胡彬，《清代臺灣方志之研究》，中國文化大學史學研究所所碩士論文，民國 74 年 6 月。

表 2-6：《臺灣省通志稿》綱目表

卷數及志名	篇　　名	纂修及助修者	簡　　歷	備註
卷首上	凡例綱目	林熊祥	時任省文獻會副主委兼總編纂	
	圖表	施鶴翔	時任省文獻會組員	
	疆域	楊錫福	時任省文獻會編纂	
卷首中	史略	林熊祥	時任省文獻會副主委兼總編纂	
卷首下	大事記	陳世慶	時任省文獻會協纂	

卷1 土地志	地理篇（地形）	林朝棨	國立臺灣大學教授	
	地理篇（地質）			
	地理篇（地名沿革）	王世慶	時任省文獻會組員	
	氣候篇	陳正祥	國立臺灣大學教授	
	生物篇（動物）	陳兼善	國立臺灣大學教授	
	生物篇（植物）	林崇智	時任省文獻會委員	
	勝蹟篇	陶文輝 曹甲乙	省文獻會協纂 省文獻會組員	
卷2 人民志	人口篇	陳紹馨	臺大教授兼文獻會委員	
	氏族篇	廖漢臣	省文獻會編纂	
	語言篇	吳守禮	國立臺灣大學教授	
	禮俗篇	何聯奎	國立臺灣大學教授兼省 文獻會特約編纂	
	宗教篇	李添春	國立臺灣大學教授	
卷3 政事志	制度篇	涂序瑄 董鐸	教育部編審	
	建置篇	黃水沛 雷一鳴	時任省文獻會編纂 時任省文獻會編纂	
	行政篇	郭海鳴 王世慶	時任省文獻會協纂 時任省文獻會組員	
	司法篇	蔡章麟 戴炎輝 洪遜欣 陳世榮	國立臺灣大學教授 國立臺灣大學教授 國立臺灣大學教授 國立臺灣大學教授	
卷3 政事志	財政篇	汪孝龍	國立臺灣大學教授	
	社會篇	何建民	新竹習藝所所長	
	衛生篇	李騰嶽	時任省文獻會委員	
	保安篇	賀嗣章	時任省文獻會編纂	
	防戍篇	趙良驤	立法委員	
	外事篇	賴永祥 卜新賢 張美惠	時任臺大圖書館主任 國立臺灣大學助教 國立臺灣大學助教	

	綜說篇	李裕	經濟新聞社社長	
	水利篇	徐世大	國立臺灣大學教授	
	農產篇	陳正祥	國立臺灣大學教授	
		黃啓章	國立臺灣大學教員	
		楊景文	國立臺灣大學教員	
		王棨柱	國立臺灣大學教員	
		張鼎芬	國立臺灣大學教員	
卷4 經濟志	林業篇	李亮恭	國立臺灣大學教授	
	水產篇	葉屏候	鹽務局秘書	
	礦業篇	林朝棨	國立臺灣大學教授	
	工業篇	陳華洲	國立臺灣大學教授	
	交通篇	林平祥	臺灣鐵路搬運公司 副總經理	
	商業篇	林恭平	華南銀行高級專員	
	金融篇	吳輝耀	臺灣銀行研究員	
	物價篇	葉子謀	華南銀行研究員	
		蘇震	臺灣銀行研究員	
卷5 教育志	教育制度沿革篇	張易	省立師範學院教授	
		王錦江（詩琅）	臺北市文獻會編纂	
	教育行政篇	張易	省立師範學院教授	
		曹先錕	省立師範學院教授	
	教育設施篇	張易	省立師範學院教授	
	文化事業篇	黎澤霖	中學教員	
卷6 學藝志	哲學篇	曾天從	國立臺灣大學教授	
		林熊祥	省文獻會副主委	
	文學篇	徐坤泉	省文獻會協纂	
		廖漢臣	省文獻會協纂、編纂	
	藝術篇	杜學知	教育部編纂	
		王白淵	詩人	
		顏水龍	畫家	
		王世明		
		吳瀛濤	民俗學家	

卷7 人物志	明延平郡王三世篇	黃水沛 雷一鳴	省文獻會編纂 省文獻會編纂
	歷代人物篇	王詩琅	臺北市文獻會編纂
	特行篇	王詩琅	臺北市文獻會編纂
	表		
卷8 同冑志	綜說篇	衛惠林	國立臺灣大學教授
	泰雅族篇	余錦泉	國立臺灣大學教授
	賽夏族篇	林衡立	中央研究院副研究員
	布農族篇	張耀錡等合編	中央書局總經理
	曹族（一）阿里山 曹族篇		
	曹族（二）沙魯族篇		
	曹族（三）卡那布族篇		
	排灣族篇		
	魯凱族篇		
	卑南族篇		
	阿美族篇		
	雅美族篇		
	平埔族篇		
卷9 革命志	驅荷篇	黎仁	掃蕩日報主筆
	拒清篇	毛一波 黎仁	省文獻會委員 掃蕩日報主筆
	抗日篇	黃旺成	新竹縣文獻會主委
卷10 光復志	第一篇:收復臺灣之先聲與準備工作	郭海鳴	省文獻會協纂
	第二篇：臺灣受降		

資料來源：林熊祥主修，《臺灣省通志稿》，卷首上・綱目，(臺北市：臺灣省文獻委員會，
　　民國40年3月出版)。高志彬，《臺灣文獻書目解題》，第一種方志類（一），頁
　　117～123。

第三章　論《臺灣省通志稿・革命志》之纂修

　　西元一三六〇年（元至正二十年），元順帝在澎湖設立巡檢司，臺灣地區始入中國版圖。數百年來，臺灣治權頻易，期間之事蹟，幾爲漢民族與其他民族接觸之歷史。是以臺灣之修志，於此一興一廢間，政治之張弛、文化之盛衰、民德之厚薄、民生之菀枯，發生劇變，非尋常方志所可得而比者〔註1〕。連橫有云：「史者民族之精神，而人群之龜鑑也。代之盛衰、俗之文野、政之得失、物之盈虛，均於是乎在」〔註2〕。臺灣光復之初，當局有鑑於先民之富冒險精神，與外族接觸而百折不撓，保持固有傳統文化，使之日益發揚光大，故於纂修《臺灣省通志稿》之際，特立〈革命志〉，於民族精神，三致意焉〔註3〕。

　　《臺灣省通志稿・革命志》（下稱本革命志）共分「驅荷」、「拒清」、「抗日」三篇，十二章（各篇章節目次參見表3-1），分別由黎仁（驅荷、拒清）、毛一波（拒清）、黃旺成（抗日）擔任各篇編纂。纂修的體裁主要係採「紀事本末體」，篇章之順序則按歷史發展先後安排，分別記載清代以前、清代，以及日治時期，臺灣人民對抗異族統治的奮鬥史。

　　由於本篇記載之性質係屬歷史事件之敘述，其所重者在於資料之徵引是否得當，史料之考證是否精審，撰述之義理是否合宜，內容之記載是否詳恰。茲就「驅荷」、「拒清」、「抗日」三篇之記載，分述如次。

〔註1〕參見林熊祥，《臺灣省通志稿・凡例》，卷首上（臺北市：臺灣省文獻委員會，民國39年12月），頁1。

〔註2〕參見連橫，《臺灣通史・自序》，臺灣文獻叢刊第一二八種（臺北市：臺灣銀行經濟研究室，民國51年2月初版），頁15。

〔註3〕參見林熊祥，前揭《臺灣省通志稿・凡例》，頁1。

第一節　驅荷篇之體例與內容

　　元代以前，諸史傳中雖偶見臺灣的記載，然其所載荒蕪難稽，簡略之極，歷代多憑想像而自成傳說。元代雖於澎湖置巡檢司，惟汛守之地猶未及於臺灣；明清之際，臺灣與大陸之交通逐漸頻繁，加之地理大發現以來，葡、西、英、荷諸國，往來於東西洋間，臺灣之地位日益重要，其地、其人自當見諸於史傳之中，惟清代方志多未載之。自高拱乾《臺灣府志》始，各志所載內容，僅隸有清一朝，其於荷人據臺、鄭氏復臺之事，多以島夷、海寇視之，闕而弗錄。是故欲於清人之記載中求清代以前之臺灣大勢，無異是「以管窺天、以蠡測海，其被圍也亦巨矣」〔註4〕。獨連橫以為臺灣之史，實「荷人啟之、鄭氏作之、清代營之」〔註5〕，遂於《臺灣通史》中，首列「開闢紀」，次列「建國紀」，記載清代以前之事蹟，致使臺灣歷史不至於日後晦暗難明。《臺灣省通志稿》能師法前賢，在革命志中首記「驅荷」事蹟，不特彰先人之精神，亦使臺灣歷史得以傳誦於後世。

　　《臺灣省通志稿・革命志》驅荷篇（下稱本革命志驅荷篇，或稱本篇）由黎仁執筆撰寫，以記載鄭成功驅荷復臺之史事為主，內容分為「荷西之殖民爭奪」、「驅荷運動」、「延平郡王受降」三章（各章節目次參見表3-1），分述如下。

表3-1：《臺灣省通志稿・革命志驅荷篇》章節目錄

章　次	節　次	目　次	項　次
第一章 荷西之殖民地爭奪	第一節 明末之時代背景	甲、宦官流寇加深內憂	
		乙、倭寇清兵為禍中國	
	第二節 荷西之東侵	甲、荷蘭侵入臺澎	
		乙、西班牙侵入北部	
	第三節 荷西之割據	甲、割據前國人在臺之活動	
		乙、荷蘭竊據之情形	一、擴充政區、擴展侵略
			二、獎勵墾殖、從中剝削
			三、橫征暴斂、經濟侵略
			四、利用宗教、羈縻番人
		丙、西班牙經營之情形	

〔註4〕參見連橫，前揭《臺灣通史・自序》，頁15。
〔註5〕同上註，頁15。

第一章 荷西之殖民地 爭奪	第四節 荷西之角逐	甲、荷西在臺利益之衝突	
		乙、荷人之挑釁	
		丙、戰爭之進行	
		丁、戰爭之終結	
第二章 驅荷運動	第一節 沈有容論退荷蘭人	甲、澎湖之形勢	
		乙、首次驅荷之失敗	
		丙、沈有容之強硬作風	
	第二節 南居益與俞咨皐	甲、荷人再犯澎湖	
		乙、俞咨皐擒斬荷酋高文律	
	第三節 沈鐵等建議抗荷	甲、沈鐵與郭造卿之建議	
		乙、何楷傅元初陳靖海之策	
	第四節 先住民奮起抗敵	甲、目加溜灣社之奮起抗敵	
		乙、先住民與漢人之聯合抗荷	
		丙、麻豆等三社團結驅荷	
		丁、卑南土人殺死荷蘭商務員	
		戊、臺灣北部驅荷運動之流產	
	第五節　郭懷一之革命		
	第六節　山地族對西班牙之鬥爭		
第三章 延平郡王受降	第一節 鄭招討晉封延平王	甲、起義之經過	一、亂世出英雄—鄭成功
			二、鄭成功誓師海上
			三、鄭成功之閩海攻略
		乙、北伐之成績	一、首次出師—風阻舟山
			二、二次北伐—功敗垂成
			三、北伐之總評論
			四、北伐之餘波

參考資料：《臺灣省通志稿・革命志》（臺北市：臺灣省文獻委員會，民國 43 年 1 月～49 年 6 月）。

一、荷西之殖民爭奪

　　本革命志驅荷篇第一章「荷西之殖民爭奪」，共分為「明末之時代背景」、「荷西之東侵」、「荷西之割據」、「荷西之角逐」四節。就該章記載的節次而言，近人撰述臺灣史，率多仿連橫《臺灣通史》例，始自傳統史書所載之「東鯷」、「夷洲」

〔註6〕。本革命志驅荷篇一改常例，捨「夷洲」之傳說，而首列以殖民時代之討論，可知纂修者頗能掌握《臺灣省通志稿》所注重之民族精神。而其論荷西殖民之帝國主義，能與明末衰亂的時代背景結合，亦見纂修者之識見〔註7〕。惟其在記載內容方面仍有可議之處。

　　按「明末之時代背景」一節，主要記載明末天災人禍頻仍，政治腐敗異常之情形；歸結其由，明代政治之敗壞，實因宦官之干政。斯其宦官也，「以之監市則倭寇入，以之監礦則礦盜起，以之監稅則弊端多，以之監鹽監珠則國庫空，以之監軍則叛亂起，以之監民則流寇愈熾」。此外，「以之禦清則通敵，以之典鎮則降賊，卒至無所不監而亦無所不亂。不惟不克挽政權狂瀾於既倒，反而加深政權之腐敗，並加速崩潰」。（頁6）因此，當荷西勢力東侵之際，明廷自救已然無力，遑論抗之，至是「荷西乘此時機，乃大得志」。（頁2）就此結論而言，本革命志驅荷篇之纂修者能知宦官干政、貪鄙之弊，能知其敗壞政治，致使海防不彰，能論明代因此「自救且感無力，難怪其對外政策多採消極，而置沿海及臺澎於荒廢」，是其有識。然在宦官敗政之外，尤其要者，乃宦官干政之事實與導致海防不彰有直接相關者。再者，論宦官、流民、礦賊紛擾，與東南沿海海防失利有何利害關係，亦當就實際發生之史實而言。該節於此部份之論證，往往言之不明，述之不詳，其因果之關係亦復缺乏邏輯性；其載天災人禍頻仍，只說明明代因此而亡，卻不能證明天災人禍與宦官干政有必然之關係；宦官干政導致天災人禍，已然述之不詳，更遑論明政腐敗與東南沿海海防不彰之間的關係。是以該節所載，無一可為海防不彰導致西力乘隙東進沿海，進佔臺澎之直接證據。

　　再者，明代政治良窳與明末外國勢力乘隙東侵雖有所關係，然有關此一部份之敘述，乃明代政治史或國史層面之問題，實非方志所當記載者。就臺灣方志的層面而言，應當以臺灣為論述之本位，記載外國勢力入侵之時，中國官方之因應措施；如有必要，對其措施得當與否作進一步之論述，亦無不可，但切不可述之過詳，以致有喧賓奪主的情形；至於官方面對外力侵凌之對策是否失當，與明代整體政治之腐敗是否相關，則非方志所當致意之處。即使有記載之必要，亦當簡略記述即可，實不須以一整節之篇幅論述之。該章以十頁，六千二百餘言，屢述

〔註6〕參見連橫，前揭《臺灣通史・開闢紀》，頁1。
〔註7〕按本志載：「吾人於敘述荷西東侵，入據臺澎之前，非先瞭解明末之時代背景不可。其時代背景為何？即當時之內憂外患是也。蓋以此，有明已感殫精竭力，自顧不暇，甚且國祚因之以終，遑論遠懸海外之臺澎得失乎？亦以此，海防廢弛，門戶洞開，荷西乘此時機，乃大得志。」按此之言，實篤論也。參見本革命志驅荷篇，頁2。

宦官當權、流寇竄擾、倭奴劫掠等與臺灣歷史無直接相關之事，未免有冗贅之嫌。

第二節「荷西之東侵」、第三節「荷西之割據」與第四節「荷西之角逐」，分載荷人入侵臺灣南部與西班牙入侵臺灣北部之事蹟、荷西入侵前漢人在臺之活動，以及荷西二國經營臺灣與相互角逐之情形。就本革命志所主張的民族精神而言，其纂修之法大抵有二；其一正面彰顯民族精神之所在，其二反面披露異族在臺之侵奪。欲以民族精神為標榜，便須強調荷西入侵前，已有漢人在臺活動；欲證臺灣之開拓與漢人息息相關，則必視嘯聚閩海，稱雄臺灣之顏思齊、鄭芝龍等人，為開荒闢地之民族英雄。此連橫《臺灣通史》以來之一貫立場，《臺灣省通志稿》承之，本不足奇，然此乃史觀，並非史實。該節於顏鄭之史實記載，不免有矯飾之意，如頁二六，載顏鄭諸人謀奪日本國政事蹟，論其動機曰：「旋思齊等見幕府中秉政官吏專橫太甚，乃謀以華人之力量，推翻幕府暴政，以及專橫無道之官吏」。據《臺灣外紀》所載，顏鄭一黨所以謀奪人國，主要是楊天生見日本一地地廣物豐，四通八達，據之足以自霸，乃唆使鼓動眾人；眾人亦以為與其終年波浪逐馳而無所獲，不如鋌而走險〔註8〕。該章於此不以私心圖謀大事，為顏鄭一黨之本意，而以日人殘暴專橫為由，似待商榷。又，該章記載多引《臺灣外紀》一書，按該書乃筆記小說之屬，其間所載雖多可信，然畢竟有其徵引之限制。本志稿驅荷篇引是書所載顏、鄭二人之出身，猶未稱錯；然頁二六，載顏鄭之徒結黨立盟之事；頁二七，述顏鄭諸人自日本逃竄而出，聽從陳衷紀建議來臺發展一事，所引者皆屬筆記小說之言也，已難徵信；頁二八，載顏思齊病亡後，鄭芝龍以擲筊得盟主位，更是稗官野史、鬼神傳奇之事，以此入史志之正傳，實為失當。

其次，在反面披露異族在臺侵奪方面，該章所載亦多有待斟酌之處。如本革命志驅荷篇頁三五，載荷人在臺所設立之各項稅則頗為繁重，本志以「無所不徵、無所不重」，論其「殖民地政策之本來面目，至此以暴露無遺」。然荷人係以重商主義為主之商業社會，此不殆言，故其所設立之稅則，係以商業社會為主，較之於農業為主之漢人社會自然不同。無稅不徵並不能落掠奪之口實，惟須以稅率苛重之「徵無不重」方能論其剝削之本質。本志不及於此，立論實無可證之處。

又頁三六，載荷人苛徵暴斂，在臺之收入雖甚豐厚，然其在臺殖民所用之經費，「反嚴令極力撙節，而充實武備及國防之龐大費用，更無由實現」。此處亦未說明荷人何以極力撙節殖民經費，如何撙節經費，撙節何種經費，那些必要之武備經費遭到擱置，諸此重要之事實，均未記載；其文所載，無考、無證、非述、

〔註8〕參見（清）江日昇，《臺灣外紀》，臺灣文獻叢刊第六十種（臺北市：臺灣銀行經濟研究室，民國49年5月初版），頁5～6。

非論，僅草率交代一句虛言浮詞，似欠妥當。

另如同頁所載，「雖儘謂傳道成績斐然，惟行政竟未克完全配合」，「尤以當時從事行政及貿易之官吏執事，薪俸微薄，勢難養廉，必至無所不為，甚至枉法舞弊。雖平日以宣揚文化，清高自許之牧師，亦在所不免」云云，用以證明荷人貪贓枉法、徇私舞弊，乃至行政效率低落，政事不得推行之事實。然纂修者於此僅引用 C.E.S.著《被忽視之臺灣》一書之記載，來批評荷人之貪鄙。殊不知 C.E.S.大抵即為遭鄭成功驅離臺灣之荷蘭臺灣長官揆一，揆一於離臺之後，因失臺之責遭到多方非難；《被忽視之臺灣》一書，即在此不平之心情下所成，因此主觀批判在所難免。吾人並非否定該書之史料價值，惟其引用之時，當多加斟酌。大抵而言，一般史實性之史料記載，多可參引，而評論性之論述，則當有所斟酌，以避免落入該書之主觀立場中。

再如頁三七，論荷人利用宗教，羈縻原住民，該章認為荷人所以採行宗教教化之政策，在於「荷人確信此誠長治久安之基，富源開發之坦途也」。然此指責完全無視西方自地理大發現以來，在宗教方面之將基督教化推行至全世界之熱誠。儘管有若干不肖教士，如 C.E.S.所述，亦無可抹煞其傳教之初衷，此不可不知也。

是以，荷人之在臺，殖民掠奪是實、重商剝削是實，然其開發拓墾、教化傳教亦是實，執筆載史者，切不可偏執一端，厚此而薄彼。夫史志以紀實為貴，原不須太多之價值判斷。惟史重撰述，縱偶有論證評述，猶未失當；而志主記注，過論則不免失體。本志纂修者既有預設之立場在前，其論述荷人施政，自然一切以重商、剝削、掠奪為由；是以荷人設稻社以徵番產，是為掠奪（頁 35）；設學傳教，是為控制思想（頁 41）；開臺灣評議會，優獎原住民長老，是思收買其心，以備華人之反側（頁 40）；至若為拓地墾荒所設之「牛頭司」，亦不免有「控制畜力之意」（頁 34）。至此，荷人之作為，不論善意或惡意，除殖民主義之批判外，均無存在任何之意義。

至於該章記載內容有待斟酌處，如下：

1、年代記載不清者，如頁十二，載明萬曆九年（1581），荷蘭脫離西班牙之羈絆，合其北部而成一獨立國家之後，「旋為伸張國力計，乃組設一向外發展之貿易機關，稱為荷蘭聯合東印度公司（Vereenigde Nederlandshe Compagnie），為其侵略東方之工具。……，明萬曆十一年（1902），遷至巴達維亞（Batavia）」。該段記載包括荷蘭建國之年代，與荷蘭聯合東印度公司遷至巴達維亞之年代，然卻未載荷蘭聯合東印度公司創設之年代，此其一失也。又如頁三一，載荷人在臺強迫漢人從事墾荒工作，「會閩大旱，芝龍言於巡撫熊文燦，以舶徙飢民數萬至臺灣，人

給三金一牛，使墾荒島，漸成邑聚」。按此為臺灣墾拓發展史上之一要事，當詳列年代較妥。再如頁四九，載荷人在勸降無效之後，熱蘭遮城第七屆總督樂伊志，擬遣軍征討北臺之西班牙領地，此處亦未記載事件發生始末之確切時間。

2、年代記載矛盾者，如頁二四，載西班牙人入據北臺灣，於公元一六三二年三月，「更從淡水河溯流上，進入臺北平原」，「翌年（即 1633 年），有自馬尼拉至柬埔寨之商船一艘，欲風漂流至臺灣東海岸之蛤仔難（一名噶瑪蘭，即今之宜蘭），船員五十八人，全為先住民所殺害。西人乃率馬尼拉兵前往討伐之，……，終未得逞。旋彼輩為謀海上交通安全計，無已，乃毅然使用武力進入宜蘭、蘇澳、奇萊方面，……」，此知西班牙人入宜蘭在 1633 年）。然頁四三，則引方豪《臺灣天主教史略》一書，稱「公元 1632 年，西班牙人攻入蛤仔難（即今之宜蘭），殺害土番」。前後所稱不同，未知何者為是。

3、記載不全者，如頁二六，載顏思齊在日結黨二十八人，《臺灣外紀》所載二十八人姓名俱全，而該節僅載楊天生、洪升、陳德、張宏、陳衷紀、陳勳等人，餘則姓名不詳。按此未全列載人名之例，與連橫《臺灣通史》之例同，惟連橫通史所載乃二十六人，此一疑也〔註9〕；又，連橫通史不載二十六人之姓名，乃因其書之為史，所重者在撰述，在明事蹟，其意在彼而不在此，故未詳列諸人姓名，猶可行也；而方志之作，重在存一方之人物、事蹟，其於顏鄭黨徒二十八人，本當一一詳列名姓，庶幾於史可謂無所遺漏。本志不及於此，亦為一失。

就該章資料徵引之格式而言，尚稱周詳，如頁二一，引阿諾達斯（Arnoldus Montanus）《日本誌》（Atlas Japannesis）論臺灣地位之重要，其引文有作者、書名、出版項、原文參照，頗合新式著錄之規矩。又如頁十五，載荷人勾結李旦，據澎湖以求互市，徵引明史卷三三五外國傳荷蘭條，則據引卷數，亦為正確引文之一例。惟外國傳荷蘭條乃卷三二五，而非卷三三五。其餘資料徵引合於規矩者，茲不贅錄。至於引文失當處，如頁一九，載「哈鄂文書館」之決議錄，「哈鄂文書館」一詞未附原文；頁三二，引威爾斯氏所著之《臺灣島史》，於人名、書明處，均未標著原文；同頁，引伊能嘉矩《台灣誌》一書，然其僅稱「具伊能所著之台灣誌」，其未據伊能嘉矩之全名，而簡稱為「伊能」；同頁，稱「舊記亦云」，亦不詳其「舊記」何所指；頁四九，載一六四一年，荷人招降西班牙領地，西班牙人「自接獲此最後通牒，基隆城內，立起反應：滿城風雨，人心惶惶，西人之多種記錄中，亦均言及此事」，其中所謂「西人之多種記錄」，亦不知何所指。

〔註 9〕參見連橫，前揭《臺灣通史》，頁 727。

二、驅荷運動

　　本革命志驅荷篇第二章「驅荷運動」共分為「沈有容論退荷蘭人」、「南居益與俞咨皋」、「沈鐵等建議抗荷」、「先住民奮起抗荷」、「郭懷一之革命」、「山地族對西班牙之鬥爭」等六節，記載鄭氏入臺前，明朝官方對抗荷人侵擾與臺灣人民抵抗荷西統治之活動。

　　就該章記載之方法而言，頗得史法。以第一節「沈有容論退荷蘭人」為例，該節敘事多先綜合諸家論述，成其敘述，間以舊志之記載為證，文末對「沈有容論退紅毛番碑」，復加按考，亦有對今人實地採訪所得之言。其先述後證，有按有考，頗得舊志章法；其重視採訪徵實，亦具新式史學之例。又如第五節「郭懷一之革命」，其記載敘事清晰，論理詳恰；敘事之後復引舊文記載，以證其陳述之意見，此先述後證，夾敘夾議，亦頗合史法，足見纂修者深富史學素養。

　　儘管該章所載頗得史法，然其記載之本意，仍不脫強調民族主意之窠臼。如頁八四，記載國人自古以來即對暴政強權，多有反抗之情事，其「有膽量者，乃紛紛起而開始革命，從事武力鬥爭矣；不能舉兵反抗者，又多逃於海外，以避強權壓力之欺凌」。由上引可得二觀點，其一為漢人所具有潛在之反抗強權意識，另一則是漢人歷長年之動亂，早已有逃入臺灣開墾定居者，是以臺灣之最早移民者當為漢人。前者肯定漢人反抗非漢人統治政權作之必然性，後者則確立漢人權利之正當性，二者皆為漢人在臺之地位作合理化之解釋。然本志以此作進一步推論，認為「五胡亂晉，國都南遷，宋、齊、梁、陳繼起南朝，國分南北，內戰不息，生靈塗炭，民不聊生」，故「當此之時，誰能斷定無有求生海上之難民漂流至臺灣者」。按此推論實為「想當然耳」之極，惟歷史之為學，所重者事實也，證據不足，則行之以史料考證，不若文學所重者，意像也，意像不達則運之以虛構想像。要之，文史之別，端在於此「想當然耳」而已。在此「想當然耳」之推論下，乃有「漢民族與臺灣既有如此久遠之關係，且又佔總人口之絕大多數，……，故稱漢民族為臺灣主人翁，實毫無疑問」之語。今姑不論臺灣與漢人有何關係，元明以前之臺灣係屬所謂之「傳聞時代」〔註10〕，因無確切之文獻記載，實不可強言漢人與臺灣間有必然之關係；元明以後，由於漢人大量移民入臺灣，致使臺灣地區迅速漢化（或稱閩南化），迄今無可否認臺灣與漢人間具有密切關係。惟臺灣與漢人之間的關係，終究是近四百年來之情事，吾人若追溯四百年前之歷史，不論是漢人、西班牙人或荷蘭人，其浮海過臺，開墾經商，復與原

〔註10〕參見黃秀政，〈論臺灣史料的利用〉，八十八年冬令臺灣史蹟研習會講義彙編（臺北市：臺北市文獻委員會，民國88年2月初版），頁282。

住民爭地奪利，當此草萊初闢之際，主權之誰屬，猶未可知。是以用現今漢人與臺灣之關係，驟論四百年前漢人與臺灣之關係，實不免爲後起之見，且亦偏離了四百年前眞實之歷史情境。也因以此預設立場作史，故其言荷人示好漢人，是籠絡漢人以達剝削之目的；荷人善待原住民，是挑撥漢人與原住民之情感；而原住民通好荷人，則爲原住民不知信義，甘爲荷人之鷹犬，諸此云云，眞不知其所謂也。事實上，若以荷人之立場觀之，則如頁八十，引《巴達維亞城日記》所載，漢人之與原住民通好，乃爲漢人欲煽動原住民反抗荷蘭統治者，藉以保護自身之利益。如此兩方各執一端，歷史眞相何得能明，史家撰史，豈能不愼。

再就其纂修法言之，按《臺灣省通志稿》之纂修，所標榜者乃新式方志之纂修法，亦即林熊祥所謂「力求用科學方法以肇修之」〔註11〕。方志纂修新舊法間較明顯之差異，在於舊志敘事多未見徵引，僅在論述之時方有引證；而新志之纂修，則不論是敘事或論述，均重「無一字出於己」之史學規範，其於敘事之際，如何可證其敘事覈實，較之論事有理更爲重要。因此新式方志（乃至於新史學）多在文中標附註釋，以證其所載爲信而有徵。該章所載雖重舊史先述後證之法，然其於夾敘夾議中，僅議論處有所引證，而於敘述處多未徵引史料；且其於議論之引證處，其法亦有可議之處。茲就該章引論不當處，分述如下：

1、頁五九，引《澎湖廳志·山川篇》論澎湖各島形勢，其中廳志所引「省志海防考稱，三十六島如排衙」、「府志又稱迴環五十五島」，以及標注「蔣氏續編」，均不知其「省志」、「府志」與「蔣氏續編」所指爲何書，本志既引澎湖廳志，於此當詳加考索，以明其言之所由出。

2、頁七七，載臺灣先住民之原始，茲引南洋馬來人種與東北琉球群島二說，惟此二說均當附之以學說來源，以爲徵信。

3、頁七八，載荷人於一六二四年初抵臺灣，徵調原住民協助建築工事，其云荷人對待原住民以威嚇、斥責，如驅牛馬，如役奴婢，於是「荷人與先住民之間，乃時起齟齬，繼之以動武，酋長出而排解，反遭凌辱」，終至原住民各族合力對抗荷人。惟此段發展過程之敘述，雖言之鑿鑿，卻不知何書所載。其後雙方發生衝突，交戰之際，事件發生之經過，亦不知是否眞確。而本志於雙方衝突過程之描述，歷歷如親見，然未標註資料徵引出處，此不啻是太史公所載項羽之別虞姬，何人知其眞僞。

至於該章其他記載尚待斟酌者，如頁四一，載西班牙人進駐臺灣北部之後，

其對待北部凱達格蘭族原住民，亦採宗教教化之法，本志云：「於是西人乃效法荷人，利用宗教以馴致遠近番民，收效頗宏」。按基督教之世界教化，乃伴隨地理大發現而來，西班牙實為此先驅，荷人乃相繼於後，何來西人效法荷人之說。又如頁六八，載西元一六二四年，明俞咨皋率師攻克澎湖時，轟沈之荷人城樓，即今之「虎井沈城」遺跡，該段敘述並附以周凱所作之詩文為證，此以詩證史，誠謂雅致，惟詩出何處，未詳加標示；且其載周凱為「清翰林院編修富陽周凱」，按周凱，嘉慶十六年進士，道光十三年以興泉永道署任臺灣兵備道，時值澎湖大飢，乃至澎湖賑災，民均沾其惠〔註12〕。此詩當為是時所作，故其署名應為兵備道銜，而非翰林編修。三如頁八三，載西元一六四五年荷人將反動之華人遣戍北臺，以示懲戒，時值西班牙撤離臺灣之初，西人勢力有意圖反攻之意，遂遣陶肯入北臺灣，聯絡原住民部落，密謀反抗荷人之統治。後因事機不密，陶肯遭荷人逮捕並處決。按此一事件，實為荷西之殖民地爭奪，本當入第一章第四節「荷西之角逐」，本志將之歸於原住民反抗事蹟，亦似不合史實。

三、延平郡王受降

　　本革命志驅荷篇第三章「延平郡王受降」共分為「鄭招討晉封延平郡王」、「延平王東征前後」、「延平王安平受降」三節，記載鄭成功抗清義舉，以及東征臺灣降服荷人之事蹟。按該章標題既題為「延平郡王受降」，記載之內容便當以鄭成功東征臺灣事蹟為主，舉凡鄭成功東南抗清之經過、受封王爵之始末，其與臺灣史事無關者，悉當省去。然本革命志驅荷篇纂修者黎仁於第一節「鄭招討晉封延平郡王」，以五十七頁，三萬五千餘言，記載明末三王偏安江南、鄭芝龍薙髮降清、鄭成功誓師海上、北伐南京等事蹟，誠屬冗贅，且未能切題；又，此節標題稱鄭成功為鄭招討，亦似有所不當。再者，該節載鄭氏入臺前之作為，與臺灣歷史無關，已屬不當，而該節丙目「晉封王爵始末」，復載自隆武元年鄭成功隨父入朝，受唐王封為「御營中軍都督」，賜國性，儀同駙馬，後累封「忠孝伯」、「威遠侯」、「延平公」、「漳國公」，至永曆十二年桂王封之為「延平郡王」之經歷；按此故事於該節甲、乙二目（起義之經過、北伐之成績）已然載之，實不須另立一目，重複記載。或曰修史纂志者，所貴者在於能「別裁」與「獨斷」，所謂「別裁」者，裁篇別出也，該節於鄭氏抗清之事蹟，獨分出鄭氏封爵稱藩之經過，是取其「別裁」之意。殊不知，能裁篇別出者，必有其在內容上不能強合為一篇記載之情事。

〔註12〕參見（清）薛紹元，《臺灣通志・列傳政績》，臺灣文獻叢刊第一三○種（臺北市：臺灣銀行經濟研究室，民國51年5月初版），頁485。

按鄭成功晉爵封王之事，與其初受隆武青睞倚之爲長城，繼而誓師海上舉復明之大纛，旋以孤師抗清軍於東南，西奉桂王正朔，北聯魯王義師，十年生聚，千里經營，終揮王師北伐金陵，以圖匡復既傾之明廷，諸此事蹟均有相關係之處，非可裁篇別出，另立一目記載者。

就該章記載明顯失當之處，在於記事浮誇，考審不精，立論偏頗，以及引用資料未標出處。就其記事浮誇而言，如頁一五五，載何斌因在臺負債二十萬，無以償還，遂陰圖投奔鄭成功。方其時，何斌謀之於通事郭平，欲先探鹿耳門水道深淺，以爲說服鄭成功征臺之資。按其此二人之對話，革命志驅荷篇纂修者標注引自《臺灣外紀》，然此對話直如小說家言，有失嚴謹；且此段對話僅何斌與郭平二人知之，外人從何而知，又爲何得信。又如頁一六五，載永曆十三年，荷人聞鄭成功將進軍臺灣，一時風聲驟緊。是年「臺灣曾發生連續二十餘日之大地震，據老番謂：相傳久震爲天怒，必生災殃；又在近海發見人魚；而熱蘭遮城之戍兵，常於夜間忽聞空中一時如千軍萬馬襲來之聲；或見城上砲臺驟有青煙飛騰，繼而火焰升上；又城中營房幽暗處，每夜輒聞有人呻吟嘆息之聲」。諸此荒誕災異之說，雖引自〈被忽視之臺灣〉一文，然豈地方史志所當載，宜去之。三如，頁一七八，載鄭氏攻臺之際，荷人最初以爲鹿耳門水淺，鄭軍艦隊必不得入，及其忽見鄭軍登陸，始大驚慌。按其引《小腆紀年》載當時之情形曰：「先數夕，風潮驟起，聲震雲霄，揆一王率諸酋登城望海，一人襆頭紅衣騎長鯨，由鹿耳門游漾紆回，見其繞赤崁城而末」〔註13〕。類此記載亦屬荒誕神仙之說，實不當載；縱令載之，亦當附之以考辨，以明闕疑之義。又，此一事蹟，於《臺灣外紀》亦有相同之記載〔註14〕，由於《臺灣外紀》較《小腆紀年》成書猶早，雖不敢必稱《小腆紀年》於此處係據《臺灣外紀》所載，然本志未引《臺灣外紀》，反而徵引較晚成書之《小腆紀年》，不知其意爲何。

該章考審不精處，如頁九七，載清兵入南京，「會鎮海將軍鄭鴻逵，總兵鄭彩自京口收兵至時，……，二鄭與（唐）王遇」，遂擁唐王聿鍵入閩，奉之爲監國；頃之，復從鴻逵議，進而即帝位。按鄭鴻逵乃鄭芝龍弟，崇禎十六年任副總兵〔註

〔註13〕參見（清）徐鼒，《小腆紀年》，臺灣文獻叢刊第一三四種（臺北市：臺灣銀行經濟研究室，民國51年11月初版），頁949。

〔註14〕參見江日昇，前揭《臺灣外紀》，頁159。

〔註15〕按《靖海志》所載：「癸未（崇禎十六年），冬十一月，設南贛兵三千，以副總兵鄭鴻逵統之」，可知鄭鴻逵於崇禎十六年時任副總兵。參見（清）彭孫貽，《靖海志》，臺灣文獻叢刊第三五種（臺北市：臺灣銀行經濟研究室，民國48年1月初版），頁6。

15〕，福王即位後，始掛鎮海將軍印〔註16〕。順治二年（弘光元年）清兵南下之時，鄭鴻逵任鎮江總兵，率水師與鄭彩共禦清軍於京口。然據《明史》（唐王聿鍵傳及張肯堂傳）、陳衍《臺灣通紀》（福王弘光元年條，頁7）、徐鼒《小腆紀傳》（卷十，順治二年閏六月丁亥條，頁486）所載，均未言鄭彩亦為總兵官。另據徐鼒《小腆紀傳·鄭芝龍傳》載：

> ……南都陷。鴻逵自鎮江入海，道遇隆武帝，遂奉以入閩。時鴻逵官總兵，次芝豹及從子彩並為水師副將〔註17〕。

是知當時京口禦清主將，為任鎮江總兵之「靖魯伯鎮海將軍」鄭鴻逵，而鄭彩僅為水師副將，並非總兵官。至於鄭彩之生平，考諸各家所載，多未見相關記載，惟《南天痕》有傳云：

> 鄭彩，芝龍族姪也。劍眉長髯，儀狀魁碩；有智略，與諸將異。鴻逵奉命守江，彩亦以總兵官守采石。隆武立，遣守杉關，封永勝伯〔註18〕。

鄭彩為總兵之說，大抵由此出。然謝國楨《晚明史籍考》斥《南天痕》多抄襲《南疆逸史》，所載內容實不足信〔註19〕。本志不察，仍稱鄭彩為總兵，似有所誤。

就立論偏頗而言，該章亦如第二章過分強調民族精神，以致其載荷人施政盡為暴虐，載鄭氏治臺，則皆曰善政，期間論斷似略失公允。如頁二一六，載鄭氏治臺時期之屯田政策與田賦稅率，認為其「配給耕牛農具，聚教群習」，於是農業驟興，物產倍增，「短期內即復興臺灣」，「上下莫不歡欣鼓舞」。然較諸本篇第一章第三節，有關荷人農業政策之記載，則其載荷人設置「牛頭司」，謂之「控制畜力」（頁34），載荷人招募漢人墾耕土田，則謂之「強其墾荒」（頁31），論其賦稅，則曰「橫徵暴斂、經濟侵略」（頁34），按本革命志驅荷篇頁三三，引《諸羅雜識》所載荷人徵收之田賦稅則、鄭氏在臺徵收之稅則，與清代臺灣稅則，如表3-2：

〔註16〕按《東南紀事》，鄭鴻逵傳，載：「福王嗣位，……（鄭鴻逵）以左軍都督領水師，挂鎮海將軍印，封靖魯伯」可知。參見（清）邵廷采，《東南紀事》，臺灣文獻叢刊第九六種（臺北市：臺灣銀行經濟研究室，民國50年1月初版），頁157。

〔註17〕參見（清）徐鼒，《小腆紀傳》，鄭芝龍傳，臺灣文獻叢刊第一三八種（臺北市：臺灣銀行經濟研究室，民國52年7月初版），頁891。

〔註18〕參見（清）西亭凌雪，《南天痕》，臺灣文獻叢刊第七六種（臺北市：臺灣銀行經濟研究室，民國49年6月初版），頁411。

〔註19〕參見謝國楨，《晚明史籍考》（臺北市：藝文印書館，民國57年）。

表 3-2：臺灣田賦稅則表：　　　　　　　　　　　　　　　　　　　　單位：石‧斗

等　　則	上　　則		中　　則		下　　則	
稅種（每甲）　　　稅　　名	田	園	田	園	田	園
荷蘭王田	18	12.2	16.5	8.1	12.2	5.4
鄭氏官田	18	10.2	15.6	8.1	10.2	5.4
鄭氏私田	3.60	2.24	3.12	1.62	2.04	1.08
清制一例稅則	8.8	5	7.4	4	5.5	2.4

參考資料：《臺灣省通志稿》，革命志‧驅荷篇，（臺北市：臺灣省文獻委員會，民國 43 年 1 月），頁 33。

　　由上表可知，荷、鄭二時期之官田賦稅似無太大之差距，反而是清代稅制較荷、鄭二時期減少一半。就此而言，該章所謂荷人苛徵，與鄭氏之德政，不啻是二種價值判斷之標準，與史實不符。

　　就資料引用不當而言，除了引文未標出處外，還有引文不全。引文未標出處如，頁一○九，載永曆七年鄭芝龍差李德勸降鄭成功，鄭成功報父以示大義之家書；頁一一三，載永曆八年清廷禁錮鄭芝龍，鄭成功之報父書；頁一一八，載永曆十年明鄭降將黃梧所獻「平海五策」；頁一二二，永曆十二年鄭成功北伐南京前，頒布「出軍嚴禁條例」；頁一二七，載永曆十三年鄭成功二次北伐時，於舟山重申約法之傳諭，以及駛船泊宿機宜諭；頁一三○，載明鄭北伐軍駐焦山，祭告天地，誓師北進，鄭成功之賦詩二首；頁一四七，載永曆七年鄭成功大破清將固山金礪，永曆帝晉封漳國公制文；頁一九九，引黃宗羲「送羅子木往臺灣」、「舟山感舊」二詩，以及引全祖望所載張煌言反對鄭成功東征之言；頁二○○，載張煌言反對鄭成功東征之「上延平王書」等，均應載其徵引文獻之出處。又如頁一七二，載永曆十五年鄭成功進軍臺灣之前夕，荷人巴達維亞當局所派遣之支援艦隊離臺後，情勢頗險，「據當時文獻之記錄載稱：『此際臺江中之荷艦，僅有赫士亞號、鄂禮維蘭洛號二艘，……』」。此處所稱之「當時文獻之記錄」，不知為何種文獻，當詳為標注較妥。

　　引文不全，致使史事不明者，如頁一六五，載西元一六五六年，新任之荷蘭臺灣長官揆一，與原臺灣長官後升任新公司長之富爾堡對臺灣防務有所爭執一事。本志認為二人爭執之因，在於「一方自恃己功，譸張為幻，誇示游揚；一方則據理申辯，小事必爭」。按該章於此悉引魏清德編譯〈被忽視之臺灣〉之記載，

然其中僅引用有關揆一任職後，即關心明鄭之來犯，嘗數度上書巴達維亞，請求未雨綢繆，預之爲備一事，故有關「一方據理申辯，小事必爭」之詞，大抵可知。至於荷蘭東印度聯合公司長官富爾堡何以「自恃己功，譸張爲幻，誇示游揚」之詞，則難解其意。考諸〈被忽視之臺灣〉一文，始知富爾堡對揆一上書請援之事，大加誚責，「斥不當以胸中畏怖之事告人，曷不借鏡於臨事鎮靜，措置裕如，前哲至剛至大之典型。忖其意虞拉斯維堡（即富爾堡）殆欲將平定郭懷一之變以爲己功譸張爲幻，誇示游揚，一則曰『臨事鎮定』，二則曰『措置裕如』，三則曰『至剛至大』」〔註20〕。本志未引此部份，以致「自恃己功，譸張爲幻，誇示游揚」一詞，不知所謂，似有不當之處。

至於其他記載有疑義者，如頁一六四，載荷蘭東印度公司在郭懷一事件之後，「亦曾許臺灣太守增築城堡於斗安（按即熱蘭遮城）及臺灣分水道對岸，地名赤崁，四隅疊磚。公元一六五三年竣工，自茲防禦頗稱堅固」。考〈被忽視之臺灣〉一文，對此事之記載大致與該章相同〔註21〕，惟其於結論有所差異，云：「一六五三年城就，名普羅維舍。是城亦僅足備華農土番，不足以禦大軍砲火，後此國姓爺來襲時，普羅維舍城先陷」。C.E.S 稱荷蘭之防備「不足以禦大軍砲火」，而本志則稱「防禦頗稱堅固」，二種說詞有所差異，本志所載「防禦頗稱堅固」一詞，不知何據。另如頁一七五，附「鄭荷兩軍交綏圖」，圖中於安平之下繪有「億載金城」，按「億載金城」乃清光緒年間沈葆楨所建，鄭荷交戰之時，焉有此城。

綜上所述，本革命志驅荷篇之纂修，重要的缺失有二：其一，過分標榜革命精神、民族大義，致使史事之記載，往往有曲筆矯飾的情形。其二，資料引用多有失當，或因考審不精，引文未注，致使內容記載未能盡信；或因務求博雅，致使猥濫繁雜，盡皆入志。

以標榜民族精神，而致有因義害史的情形，不僅驅荷篇有之，本革命志通篇所載均有同樣的問題。至於在引用資料適當與否，則關係方志存在之價值。按方志作爲嚴謹、徵實的資料性科學文獻，必須做到言必有徵，「無一言出於己」的標準。所謂志屬信史，其價值便在於徵引資料之可信可考；若稽古而不核，非陋則冗；諏今而不審，非梦即謬。是以章學誠謂：「纂輯之史，則以博雅爲事，以一字必有按據爲歸，錯綜排比，整練而有剪裁，斯爲美也」〔註22〕。是以方志之纂修

〔註20〕C.E.S.著，魏清德編譯，〈被忽視之臺灣〉《文獻專刊》，第三卷第三、四期（臺北市：臺灣文獻委員會，民國41年12月），頁68。

〔註21〕同上註，頁68。

〔註22〕參見章學誠，〈報廣濟黃大尹論修志書〉《方志略例》，收錄於《章學誠遺書》，頁127。

為符合此一標準，其於引文處，必有所考證，且此考證，唯有通過註釋的形式方能入志。此所以章學誠云：「志體記取詳贍，行文又貴簡潔，以類纂之意，而行紀傳之文，非加自注，何以明暢」〔註23〕。然本革命志驅荷篇於史事之記載，與資料之徵引，往往缺乏詳密的考證；且其所徵引之文獻資料，亦多未予標註出處，此對本志稿的學術價值，不免有所影響。惟本篇於篇末附有主要參考書目，為本革命志其他二篇所無，值得肯定。

第二節　拒清篇之體例與內容

　　《臺灣省通志稿‧革命志》拒清篇（下稱本革命志拒清篇，或本篇），記載清廷遣師攻佔臺灣，臺灣反清思想之醞釀，鄭氏在臺抗清，以及清領時期臺灣地區抗清運動等事蹟。共分「清軍進佔臺灣」、「拒清思想」、「拒清運動」三章，共六節，（各章節目次參見表3-3）由黎仁與毛一波擔任纂修。

表3-3：《臺灣省通志稿‧革命志拒清篇》章節目錄

章　　次	節　　次	目　　次
第一章 清軍進佔彭湖	第一節 清人奪取臺灣之營謀	一、復臺後之鄭清態勢
		二、清荷聯合攻鄭
		三、海禁令與遷界令
		四、鄭清和議
		五、施琅攻臺計劃
	第二節 清軍進佔臺灣之經過	一、鄭軍防守臺澎之部署
		二、清軍初攻澎湖失利
		三、澎湖決戰
		四、清師入臺及其善後
第二章 拒清思想	第一節 民族革命思想之形成	一、民族革命思想之先驅
		二、明末清初之民族思想
	第二節 民族革命集團—天地會	一、天地會組織及其活動
		二、天地會與明鄭

〔註23〕參見章學誠，〈答甄秀才論修志第二書〉《方志略例》，收錄於《章學誠遺書》，頁139。

第三章 拒清運動	第一節 明鄭時代之革命運動	一、拒清運動之醞釀
		二、拒清運動之經過
		三、拒清運動敗滅之檢討
	第二節 清人治下之革命運動	一、拒清運動之因由
		二、吳球、劉卻之役
		三、朱一貴之役
		四、吳福生之役
		五、黃教之役
		六、林爽文、莊大田之役
		七、陳周全之役
		八、蔡牽及朱濆之役
		九、高夔之役
		十、林永春之役
		十一、許尚楊良斌之役
		十二、張丙之役
		十三、郭光侯之役
		十四、李石、林恭、吳贌之役
		十五、戴潮春之役
		十六、施九緞之役
		十七、結論

參考資料：《臺灣省通志稿·革命志》（臺北市：臺灣省文獻委員會，民國 43 年 1 月～49 年 6 月）。

　　就本革命志拒清篇的章節而言，首論清軍進佔臺灣，次論拒清思想，末論拒清運動。其中，第三章「拒清運動」，分載鄭氏抗清事蹟，以及清領臺灣時期，臺灣人民之抗清運動二事蹟。觀其章節編排之用意，似乎是以為先有清軍之侵略，乃有漢人民族意識之勃興，待拒清之思想出現後，拒清運動遂隨之而興。此觀念雖言之成理，然用之於臺灣一地則待商榷。首先，就拒清之思想而言，明鄭入臺之前，其於東南從事抗清活動時，已見拒清思想之興起，因此不可謂先有清軍之侵臺，而後有拒清之思想；故論臺灣之拒清也，自必先論拒清之思想，而後始有臺灣拒清之事蹟。其次，就拒清之實際活動而言，清軍進佔臺灣之前，臺灣既有鄭成功抗清復明之事實，臺灣收歸清朝之版圖後，復有抗暴拒清之事蹟。前者之抗爭關係明朝之存亡，其所求者是以滅清復明為宗旨，其性質是二個對等政

權之爭鬥；後者則多屬百姓抗暴之奮鬥，其目的大抵在除暴政以善民生，是一種下對上的反抗運動。儘管前後二時期之拒清運動，均有拒清思想與之相始終，然二者之性質實不相同，不可一概而論。本革命志拒清篇，既首記清廷攻臺之謀策與經過於第一章「清軍佔領澎湖」，復將鄭氏抗清之史實置於第三章第一節。如此是將「鄭氏抗清」同一性質的史實割裂為二，分載不同章節；並將二種不同性質之「抗清活動」，合併為一章記載，就此而言，本革命志拒清篇之章節編排，似有不妥之處。

一、清軍進佔臺灣

本革命志拒清篇第一章「清軍進佔臺灣」分為「清人奪取臺灣之營謀」、「清軍進佔臺灣之經過」二節。就該章記事體裁而言，第一節「清人奪取臺灣之營謀」，分為「復臺後之鄭清態勢」、「清荷聯合攻鄭」、「海禁令與海遷令」、「鄭清和議」、「施琅攻臺計畫」五目，記載形式係屬依事類區分之紀事本末體。第二節「清軍進佔臺灣之經過」，分述「鄭軍防守臺澎之部署」、「清師初攻澎湖失利」、「澎湖決戰」、「清師入臺與善後」四目，係以清廷攻臺一事為主，按時間順序分論攻臺始末，兼具編年敘事之意。

就該章之節次名稱而言，第一節「清人奪取臺灣之營謀」，其節名之主格當為「清人」。然第一目「復臺後之鄭清態勢」，缺乏主格，語意不詳，若不加「鄭氏」二字為主詞，作「鄭氏復臺後之鄭清態勢」，恐有誤認為「清廷復臺後之鄭清態勢」之情形。又，第四目「鄭清和議」所載「初期之議和」與「復臺後之議和」二項，似當改為「鄭清之初期和議」（或「鄭氏復臺前之鄭清和議」）與「鄭氏復臺後之鄭清和議」較佳。

就該章之記載內容而言，本革命志拒清篇首記清廷攻取臺灣之營謀與經過，該段歷史敘述，係接續驅荷篇篇末所載鄭成功驅荷復臺後之故事，惟二處記載頗有重複之處。其中，驅荷篇第三章第三節甲目「延平王入臺後之佈置」之記載，係以鄭氏在臺之民政設施為主，而拒清篇第一章第一節第一目「復臺後之鄭清態勢」甲項「明鄭之設施」之記載，則以鄭氏在臺抗清之軍事佈置為主，然有關軍屯之實施、營制之設置等，均屬重複記載。故「明鄭之設施」一項可刪之，該項所載之內容當加以剪裁，置於第一章前作一「小序」，以作為本篇之緒論。

就資料徵引而言，該章共計引書十八種，二十八次，其言大抵皆有所證，可稱其善。然其引用相關之言談議論，以及多篇書信奏疏之文獻，仍有未見標示出處者，計二十一處，參見表3-4：

表 3-4：《臺灣省通志稿・革命志》拒清篇第一章徵引史料一覽表

頁一	載鄭成功與其部將有關寓兵於農之言。
頁五	載永曆十七年清荷聯軍襲取金廈，洪旭勸說鄭經速過臺灣之語。
頁六	載荷將波爾特提督致書閩督李泰率，議清荷聯軍攻臺之語。
頁一四	引 Navarette 與 Foreman 二氏之言論遷界令。
頁一六	引李芝芳評遷界令之失，按該文出自李芝芳上奏之疏文，《臺灣外紀》有載。
頁一七	載鄭成功論清廷招撫用心叵測之言。
頁一九	載永曆十七年清鄭和議，鄭經主依照朝鮮事例之言。
頁二〇	載永曆二十一年清鄭和議，明珠致書鄭經之言，以及復書祖澤沛之書信內容。
頁二一	載永曆二十一年清鄭和議，鄭經復書明珠之書信內容。
頁二二	載永曆二十一年清鄭和議，鄭經復書耿繼茂之書信內容。
頁二三	載永曆二十七年清鄭和議，清康親王傑書寓書鄭經所提招降之言，以及鄭經復書峻拒之言。
頁二四	載清寧海將軍喇哈達致書鄭經招降之言，及馮錫範陳言堅拒之言。
頁二五	載清貝子賴塔致書鄭經招降之言。
頁二六	載永曆二十一年施琅上疏詳陳臺灣撫剿事宜。
頁二八	載施琅奉旨進剿臺灣之言，以及施琅密陳臺灣剿撫機宜疏。
頁三一	載永曆三十五年，康熙以鄭經亡，乃詔進取臺灣之言；及施琅密陳專征疏之疏文內容。
頁三五	載永曆三十七年施琅密陳宜乘機進剿疏之大要。
頁三七	載永曆三十七年清軍征臺，明鄭守將邱輝請襲清軍之言。
頁四二	載永曆三十七年清鄭澎湖之役，鄭軍大敗，守將吳潛自刎赴義之言。
頁四三	載永曆三十七年清軍征臺，明鄭澎湖兵敗，鄭克塽、馮錫範、劉國軒無計抗敵，對泣求撫之言。
頁四四	載永曆三十七年清軍征臺，明鄭兵敗，齎降表，祈還居閩南事。

　　該章之記載，除上述若干引用文獻，以及言詞議論處，未加標示出處外，其於一般史實之記載，多能有所依據，堪稱翔實。惟其於歷史評論之處，仍不免具有民族主義之立場，如該章第一節第五目「施琅攻臺計畫」，分載施琅所上之〈詳陳臺灣撫剿機宜疏〉，〈陳海上情形疏〉，並於析論臺灣攻剿事宜；本篇纂修者據此二疏，總評之為「上疏所述計畫，堪稱狠毒備至」（頁 31）。「狠毒備至」之評語，

似爲不當。按二國征戰交鋒，所行之謀策，務以克敵致勝爲上，主事者如雄獅，如豺狼，其所作爲，已非「道德」之概念所能框限。方其時，清鄭對峙海上，各論戰守，〈詳陳臺灣撫剿機宜疏〉、〈陳海上情形疏〉二疏，分論如何建軍操練之事、用兵調度之法，乃至於因剿寓撫之計，乃勢所必然，無可厚非之事，實不知有何「狠毒」之處，故該章以此嚴厲之詞責之，似有過當之處。

其他如頁二五，載清鄭第十次議和，文載姚啓聖遣副將黃朝「入車寧」，爲「東寧」之誤。諸此手名之誤，茲不贅述。

二、拒清思想

本革命志拒清篇第二章「拒清思想」分爲「民族革命思想之形成」、「民族革命團體—天地會」二節。第一節「民族革命思想之形成」，首論「民族革命思想之先驅」，次論「明末清初之民族思想」，第二節「民族革命團體—天地會」，則分「天地會組織及其活動」、「天地會與明鄭」論之。

該章之纂修體例既非編年紀事，亦非紀事本末，而是有關清代臺灣拒清之史考與史論，就其纂修之形式而言，大抵是屬於與「拒清思想」（或稱民族主義）相關之專題研究。按該章之論述，其於所述，必有所考；其之爲論，必有所引；其之所引，亦必標其出處。較之拒清篇之其他各章，乃至於驅荷篇各章，均爲嚴謹，不失爲良志之典範。

就該章記載之內容而言，其論臺灣抗清之民族運動，皆出自於民間秘密會黨之天地會，天地會之組織係由抗清復明之鄭成功所創，而鄭成功拒清之民族思想遠紹明初抗元之際，近則與明末清初諸儒一脈相承。就其論述而言，論民族思想之形成，則引朱元璋〈討元檄文〉、《東華錄》、《投筆集》、《讀通鑑論》，以及呂留良之詩文；論天地會與鄭成功之關係引羅香林輯校《劉永福歷史草》、陶成章《教會源流考》、連橫《臺灣通史》、方豪《臺灣民族運動小史》、蕭一山《清代通史》、江日昇《臺灣外記》、溫雄飛《南洋華僑通史》諸書；論天地會之組織與活動引陶成章《教會源流考》、方豪《臺灣民族運動小史》、羅香林輯校《劉永福歷史草》、連橫《臺灣通史》諸書。其引文頻率之高，爲本革命志拒清篇所載三章之最。〔註24〕至於本文記載有誤者，如頁五六，載「溫飛雄說天地會爲陳永華所組織」，當爲「溫雄飛」之誤。

〔註24〕本革命志拒清篇各章引文次數，第一章共四十五頁，二萬五千餘言，引書計十八種，二十八次；第二章共十一頁，六千餘言，引書計十五種，二十次；第三章共八十八頁，五萬五千餘言，引書計二十七種，二十七次。由此觀之，第二章爲引文頻率最高者。

三、拒清運動

本革命志拒清篇第三章「拒清運動」分為「明鄭時代之革命運動」與「清人治下的革命運動」二節。第一節「明鄭時代之革命運動」分述「拒清運動之醞釀」、「拒清運動之經過」、「拒清運動敗滅之檢討」三目。前二目分述「明鄭拒清之準備」、「三藩事變之形成」、「鄭師轉戰於耿尚之間」、「「鄭耿棄盟之演變」、「鄭師逆轉連失五府」、「鄭師軍事再抬頭」、「拒清運動步入低潮」七項。據此七項之記載，可知該節一、二目係採紀事本末的方式纂修史事發展之經過。惟項目之名稱甚不雅訓，頗類章回小說之回目。第三目「拒清運動敗滅之檢討」則屬史論式的文章。又，該節記載之內容與第一章「清軍佔領澎湖」相近，似有不妥之處，本文於前已就臺灣拒清運動之性質，有所論述。此處再就鄭氏抗清的角度，略陳己見。按明鄭之抗清事業，與臺灣相關者，乃鄭成功入臺後之事蹟。方其時，雖有清、鄭之對峙，以及荷蘭為謀重奪臺灣，轉與清廷合作，致使臺灣始終處於緊張之局勢中；然在鄭成功逝世後的十年內，除了永曆十七年曾有耿精忠聯合荷蘭人襲取金廈二島，與永曆十九年復有施琅、周全斌征臺遇風而返二次事件外，清鄭之間並無大規模之直接衝突。清鄭之間再次衝突，實導源於永曆二十七年的吳三桂事件，鄭經欲藉此機會，匡復中原，明鄭抗清的第二階段遂展開焉。就此而言，臺灣第二階段之抗清活動，與鄭成功時期抗清活動的宗旨當無二致，仍是以反清復明為宗旨之有組織具規模抗清事業，與清領臺灣時期的拒清活動相較，不論在起因、規模、組織、目的等各方面，均不盡全然相同。是以將該節與第二節「清治下的革命運動」同置於一章之下，似有不妥，置於第一章則反較為佳。

第二節「清人治下的革命運動」，首論「拒清運動之因由」，其後分述清領臺灣時期所發生之十五次拒清事件（參見表 3-5），末附其餘未載事蹟之二十四次拒清事件的主要首腦（參見表 3-6），並以「臺灣之變非民自變也，蓋有激之而變也」為結論。就該節之目次而言，首目「拒清運動之因由」係屬一篇歷史因果之專題史論，其中還包括對前人所謂「臺民好亂」之聞，加以剖析批判，是兼屬「史評」之性質，與其他記載動亂事件的紀事本末，內容與性質皆不相同。因此，該節首目「拒清運動之因由」與第十七目「結論」，可不必列為該節之目次，僅作前言與結尾式的一般敘述即可。而該節之目次則以各次拒清事件為主，俾求各目性質之一致。

該章第二節所載清領時期之拒清事件，敘述多取自連橫《臺灣通史》，惟其文字稍作剪裁，間雜以諸家記載而已。其論清領臺灣時期，所以常有動亂，主要之因在於「其民族精神與意識使然。蓋臺人本係中土義民，其反強權，反異族之意

識，自有其先天之遺傳，非偶然也」。（頁 80）按本志纂修者以「民族精神與意識」解釋臺灣多動亂猶可，然將臺灣人民素有反對強權宰制之意識，歸因於「自有先天之遺傳」，則有淪於「宿命論」之危機。如此論述，實非主張客觀立場之史家所能接受，亦非方志記載之所當為。

　　由於此種強調「民族精神與意識」的主觀立場，致使該章之記載，在徵引典籍之時，每有舊文剪裁不當，或衍文不實之處。如頁八五，載劉卻拒清事件，稱其「素抱民族大志，四方英豪多附之」。考之於連橫《臺灣通史》則未言其「素抱民族大志」，不知此言從何來。又所謂「四方英豪多附之」，《臺灣通史》則謂「四方無賴群附之」。再者，《臺灣通史》指出：

　　　　當是時，明室雖亡，而種性之念，尚濡人心。且臺自歸清後，視之
　　亦不甚惜，守土官又無能為，卻甚輕之〔註25〕。

按連橫認為當時臺灣致變之因有三，即漢滿之分、朝廷不重視臺灣，官吏庸儒；而本志僅載「時守土官吏多庸儒無能之輩，劉卻甚輕之」，僅言一而捨其餘，強言劉卻之義行，卻不知「四方英豪多附之」之語，有何依據，此豈載史修志者之能也。

　　再就剪裁史文不當而言，《臺灣通史》載劉卻於秀水莊遭清兵圍捕，云：

　　　　二月上旬，至秀水莊，為官兵偵知。卻執棒立門外，上下飛擊，當
　　者莫不辟易。乃火其居，奪圍出，中彈仆，禽（擒）之〔註26〕。

其載栩栩如在目前，亦可輝映其前所載劉卻「精技擊，以武力雄一鄉」之言。然本志刪裁後，云：

　　　　後於康熙四十二年（1703）二月，致北港秀水庄為官兵偵知，劉卻
　　自恃豪雄，邇者莫敢近。惟終以眾寡不敵被擒。

二者描寫之情境，相差何以道里計。

　　又如頁八七，載朱一貴事件之起因，云：

　　　　康熙六十年，鳳山知縣出缺，知府王珍兼攝之，委政次子。稅斂苛
　　虐，濫捕結會集私伐山林者二百餘人，處以極刑，人民怨憤。

據《臺灣通史》所載，則為「以風聞治盟歃者數十人，違禁入山伐竹數百人」〔註27〕，按所謂「濫捕結會」係指會眾未必犯事，官府仍捕之，是謂「濫捕」，然其所逮捕者，仍屬會黨徒眾；而「風聞治盜」，則指被捕者猶未必為會黨中人，二者皆稱「濫捕」，惟其所指略有不同。至於「私伐山林」係指官府禁民伐山林，「違禁入山伐竹」則指

〔註25〕參見連橫，前揭《臺灣通史》，吳球、劉卻列傳，頁 774。
〔註26〕同上註，頁 775。
〔註27〕參見連橫，前揭《臺灣通史》，頁 776。

官府禁民入山之意，二者亦稍有差別。此修改文字之失也。又，同頁載：

> 臺灣府總兵歐陽凱令游擊周應龍、副將許雲政攻之，許戰死。一貴
> 陷鳳山縣城，殺歐陽凱，進迫府城。

按「副將許雲政」為「副將許雲」之誤；許雲，福建海澄人，康熙五十七年任臺灣水師副將〔註28〕。《重修臺灣府志》、《臺灣通志稿》、《臺灣通史》皆有傳〔註29〕。據舊籍所載，朱一貴軍起之初，先是杜君英襲破鳳山，清右營游擊周應龍兵敗赤山，朱一貴近迫府城，許雲率水師五百會總兵歐陽凱於春牛埔；鎮兵敗，歐陽凱為叛將把總楊泰刺死，許雲衝突血戰，矢窮砲盡，遂陣歿。由是可知，當日春牛埔一戰，總兵歐陽凱遇刺在先，許雲力戰歿於後；清軍兵敗於春牛埔，朱一貴始入府城。並非如該節所載，許雲先戰死，朱一貴陷鳳山，殺歐陽凱後，進迫府城。此乃剪裁文字之失，致使史事未明也。

徵引舊籍所載，而剪裁不當，致使前事未能昭明者，不過是史才方面的問題而已。然若因本志素持民族主義之立場，致使所記載者僅限於拒清陣營之人物，而對清廷一方所載多有簡陋，致使前事未能存者，則纂修者於學、識二者皆有可議處。如朱一貴事件中，施世驃、藍廷珍率軍攻鹿耳門一役，朱一貴部將蘇天威等人據險抵抗，清軍前鋒林亮往來衝突，陷陣破敵之事，《臺灣通史》載曰：

> 天威率兵據險，砲臺亦發砲以拒，別以小舟往來奮擊；清軍前鋒、林
> 亮以六巨舟冒死進，發砲還攻。兩軍合戰，血濺聲喧，迄未勝負。亮望砲
> 臺火藥堆積，彈中其中，轟然大震，烈焰燔空。天威退安平……〔註30〕。

該段記載對戰況之描寫，頗為深刻，對朱一貴或是清軍，未嘗稍作偏袒之情。然本志於此僅載：

> 天威據砲臺以守，別以小舟往來奮擊，於焉兩軍合戰。血濺聲喧，
> 未分勝負。旋砲臺彈藥為清軍林亮所擊中，烈焰燔空，天威始退據安平」
> （頁88）

觀此記載，多著墨於朱一貴守軍之奮戰，而對清軍之奮戰，僅以「旋砲臺彈藥為清軍林亮所擊中」，以解釋蘇天威退據安平乃不得已爾，顯示纂修者僅對蘇天威存有偏好之心。又，清軍登陸後，朱一貴命江國論襲西港仔，施世驃聞訊，遣林亮

〔註28〕參見（清）范咸、六十七，《重修臺灣府志・武備二》，臺灣文獻叢刊第一○五種（臺北市：臺灣銀行經濟研究室，民國50年11月初版），頁318。
〔註29〕參見范咸、六十七，前揭《重修臺灣府志》，頁355～356。薛紹元，前揭《臺灣通志》，頁578。連橫，前揭《臺灣通史》，頁785～786。
〔註30〕參見連橫，前揭《臺灣通史》，頁780。

往拒，藍廷珍以西港仔地近敵人陣營，恐林亮遭伏，急晤施世驃，說以利害，並率軍援林亮，西港仔一役，始大獲全勝。而藍廷珍知敵機先，本志亦未見載〔註31〕；此一勇一智，均不得見於青史之所載，史家之失莫此為甚。

　　再如頁一三一，載張丙事件，福建陸路提督馬濟勝將兵援臺，師次茅尾港，與張丙交戰之事，云：

　　　　初七至茅港尾，遇股眾二千，敗之。翌日股眾再以五、六千人來撲，

　　濟勝戒忽（勿）動，俟其懈，開壁出擊，陣斬數百。

按此段記載與《臺灣通史》全同，惟《臺灣通史》在「遇股眾二千，敗之」之後，尚有「濟勝曰：『此地可戰』，壘土為營以待」之詞〔註32〕。由此句記載觀之，既可知馬濟勝之善於用兵，亦可知清軍此一堅壁以守，待敵疲弊之策，實為爭勝之關鍵。本志刪裁陶鑄舊志之文，卻未能取其要者為之，裁汰之結果，反使史事不得昭明，實有不妥之處。

　　又，本革命志拒清篇所載清代臺灣人民拒清運動，不僅對清廷一方之作為有隱其善者，對拒清的一方亦有諱言其惡者。如頁八七，載朱一貴稱制後：

　　　　法令嚴明，舉凡劫掠財物者，得知即殺，民由人或交自行撲殺（似

　　應作「或交由人民自行撲殺」），無人敢與偏袒，故頗得民心。

按朱一貴之嚴法典確有其事，如「國公」戴穆強娶民女，「太師」洪陳私鬻官箚，均殺之〔註33。〕 然「國公」杜君英驕蹇，掠婦女七人，中有「國公」吳外之戚屬，朱一貴請杜君英釋吳外戚屬，不從，遂討之；杜君英兵敗，率粵人數萬北走虎尾溪。由此可知，朱一貴黨羽紀律之劣，擾民亦甚，雖朱一貴嚴令斥之，亦無能制〔註34〕，本志略而不載，似有隱惡之嫌。且此一事件造成朱一貴與杜君英反目，影響雖鉅，然本志於頁八九載：

　　　　一貴走灣裡溪，清軍追之，乃走下茄苳。時駐紮虎尾溪北之杜君英

　　降清，反攻朱一貴。一貴之敗，此其主因。

亦似與史實不符。按朱、杜反目，杜君英出走虎尾溪，乃施世驃與藍廷珍援臺前之事；清軍登陸臺灣後，一月之內，朱一貴即兵敗被俘，此康熙六十年閏六月之事，距其四月十九日起兵，不過三月；而杜君英之降清乃七月之事〔註35〕，何得

〔註31〕同上註，頁781。
〔註32〕同上註，頁870。
〔註33〕同上註，頁779。
〔註34〕同上註，頁779～780。
〔註35〕同上註，頁783。

「降清，反攻朱一貴」之語。

由此可知，本革命志拒清篇之纂修者，實有意彰顯清廷官吏之昏瞆腐敗，而將清代臺灣拒清運動之領導者，塑造爲英勇、仁德，抱持民族大義之英雄式人物。其所記載，在史事敘述方面，除有刪裁不當，與過渡修飾之嫌外，甚至有對歷史人物作不實之評論者。如頁一一七，載陳周全之起事，係「因民人之怨憤，藉天地會之潛勢力而起事」，然陳周全初與天地會會友蘇葉起事於福建，事敗，復與陳光愛謀，發展天地會；「是彰屬此時米價高昂，商船爭集，民情不穩。陳周全乃乘機糾合會友謀再舉，搶奪米糧，而有司竟不敢過問。」（頁 118）如此行徑實與盜賊無異，焉得稱爲「因民人之怨憤」而起事。又所謂「有部份領袖不明大義，群起攬權，且各行其是，眾意紛紜。」云云，其所謂之大義，不過是在「米價高昂」之時，乘機糾眾，「搶奪米糧」而已。陳周全以會黨之名，行強盜之實，本志稿卻欲以爲拒清之民族英雄，實有待斟酌。

致若蔡牽、朱濆，海盜艇匪也，焉能入革命志。然本志稿革命志拒清篇，頁一二○，載蔡牽稱「鎮海威武王」，建號「光明」，遂以「光明」之號，解蔡牽等人有「光復明朝」之意；以朱濆之名，解作「濆」者「抱朱明之憤」也；又頁一二一，載「然以其護商漁行事觀之，似又近於革命」，遂皆得入革命志。按蔡牽既爲海盜，本志頁一二二亦載：

　　　嘉慶八年（1803）夏六月，牽劫臺米數千石，以之分享朱濆，遂與合夥。

又，頁一二一載：

　　　嘉慶十一年（1806）五月十七日，蔡牽復攻鹿耳門，劫商船。

諸此行徑，怎稱其爲保商護漁，歷史撰述若可如此任意解釋，豈能得歷史之真相。

再如頁一○四，載黃教事件，云黃教極好客，有孟嘗風，亡命多歸之；與旁人爭，旁人訴於官，有司不敢治之，後訴於閩浙總督，始緝黃教，黃教遂起事。據此所載，可知黃教乃聚眾抗官之地方豪強，平素魚肉鄉民，此由《臺灣通史》所載，「近村以盜牛告者月十數起」可知〔註36〕。本志於記載黃教事件之文末，復載「或謂黃教僅爲豪強而已，非革命份子也。妨錄之。」亦可知本革命志拒清篇也不認爲黃教是具有民族大義之革命份子；然其所以將黃教之事蹟強載入志，實因此處若不載黃教，則無處可載其事蹟；斯史不存，亦非方志所當爲，如此取捨兩難，乃因本志以「革命」之名強立在前，造成歷史事件難以分類安頓所致。

另就史實考證不實，以及記載有誤者，分述如下：

〔註36〕同上註，頁 819。

1、頁九三，載雍正九年吳福生事件，「尋總兵官王郡率師抵陣頭，檄（張）玉出戰」。按王郡，陝西人，據《續修臺灣府志·武備》載，雍正六年任臺灣鎮總兵，呂瑞麟，雍正九年任臺灣鎮總兵〔註37〕；另據王郡傳云，吳福生起事之前，王郡已授水師提督，故非臺灣鎮總兵〔註38〕。《臺灣通史》亦載為「原任總兵王郡聞變，命中營游擊黃貴留守，初四日，率軍夜發，辰至陣頭」〔註39〕，是知本志所載之誤。

2、頁一〇七，載林爽文居於彰化縣藍興堡大里杙莊，其中，大里杙似非隸屬藍興堡轄下，且藍興堡之設置時間亦似有誤。按大里杙為今臺中縣大里市之舊名，「大里」一名可能譯自臺灣中部平埔族洪雅族之原住民社名。該地因居大肚溪流域，具舟楫之利，清代漢人移墾臺灣中部之時，多溯溪上行，匯集於此地，以「杙」（繫舟船的木椿）繫舟，故稱「大里杙」〔註40〕。據乾隆五年劉良儀《重修福建臺灣府志·卷四疆域》所載，清初大里原屬諸羅縣轄區，雍正元年，清廷於半線設彰化縣，下轄十保，一百一十莊，貓霧捒保即為其一，其下轄藍張興莊、涼傘樹莊等十八莊，涼傘樹莊即今大里市東興里、樹王里、祥興里一帶，當時尚無大里杙莊〔註41〕。洪敏麟《臺灣舊地名之沿革》第二冊，根據林氏族譜指出，大里地區之開發始於康熙末年，以福建省漳州府平和縣人林瑞芸為最早，雍正末年與乾隆初年，林江與林石繼之，其後始建為大里杙莊〔註42〕；按林石即為林爽文的父執輩尊長，因林爽文事件所累，族人四散，長媳攜子移居阿罩霧，是為霧峰林家之開臺始祖，但洪氏於此處仍未明確指出大里杙建莊時間。另據《平臺紀事本末》所載，稱林爽文的父親林勸，於乾隆三十八年來臺，定居於大里杙莊〔註43〕。據前所述，大致可知雍正年間尚無大里杙，大里一帶原屬貓霧捒保，大里杙設莊的時間約在乾隆中晚期以後之事。至於清乾隆年間，大里杙是否隸屬於藍興堡，則須考證藍興堡設置的時間。藍興堡之開墾

〔註37〕參見（清）余文儀，《續修臺灣府志》，臺灣文獻叢刊第一二一種（臺北市：臺灣銀行經濟研究室，民國 51 年 4 月初版），頁 390。

〔註38〕同上註，頁 449。

〔註39〕參見連橫，前揭《臺灣通史》，頁 818。

〔註40〕參見洪敏麟，《臺灣舊地名義沿革（第二冊）》（臺中縣：臺灣省文獻委員會，民國 73 年 6 月初版），頁 103。

〔註41〕參見劉良璧，《重修福建省臺灣府志·卷四疆域》，臺灣文獻叢刊第七十四種（臺北市：臺灣銀行經濟研究室，民國 50 年 3 月初版），頁 79。

〔註42〕參見洪敏麟，前揭《臺灣舊地名義沿革（第二冊）》，頁 104。

〔註43〕不著撰人，《平臺紀事本末》，臺灣歷史文獻叢刊，（南投縣：臺灣省文獻委員會，民國 86 年 6 月），頁 1。

始於康熙四十九年，南澳鎮總兵張國於今臺中市南屯區附近地區招墾取租，稱爲張鎮莊；康熙五十八年，閩浙總督覺羅滿保毀棄張鎮莊，驅散佃民，開除課額〔註44〕；康熙六○年，朱一貴事件之後，南澳鎮總兵藍廷珍令管事蔡克峻往招佃戶，改稱藍張興莊，即爲藍興莊〔註45〕。據乾隆二十九年余文儀《續修臺灣府志》卷二規制所載，乾隆中期以前，藍張興莊僅爲貓霧捒東保轄下之一莊〔註46〕，其行政等級當與大里杙莊相當；道光年間周璽所纂之《彰化縣志》，僅載貓霧捒保及其轄下之大里杙，並無藍張興莊或藍興保之記載〔註47〕。光緒元年，清廷調整臺灣行政區域，裁淡水廳、宜蘭廳，改設新竹縣與宜蘭縣，並增設臺北縣、淡水縣。當時彰化縣轄下有二十八保，原本貓霧捒保分爲藍興保、貓霧捒東保、貓霧捒西保三保，自此始有藍興保之名稱。是故本革命志拒清篇稱林爽文爲大里杙人，則可；稱林爽文爲藍興堡大里杙人，則不可。

3、頁一○八，載林爽文陷諸羅縣城，「知縣董啓埏以下皆被戮」，按董啓埏係攝縣事，非知縣〔註48〕。

4、頁一一四，載福康安於乾隆五十二年十一月二十四日統軍直搗大里杙，二十五日林爽文不敵，攜眷逃集集埔，「十二月五日又爲清軍所敗，爽文父林勸、母曾氏、妻黃氏、弟壘均爲所獲，獨爽文與同志數十人逃竄於水沙蓮北港之番埔里社，據小半天山而固守」。按本志所載，似指乾隆五十二年十二月五日，林爽文再敗於集集時，家屬即爲清軍所捕獲。此處記載大抵與《臺灣通史》所載同，據《臺灣通史》所載，清軍攻克集集後，「爽文走小半天，匿孥番社。社丁杜敷縛其父林勸、弟林壘、母曾氏、妻黃氏以獻。清軍復逐之，爽文竄埔里社山中」〔註49〕。然據《平臺紀事本末》所載，林爽文初自大里杙敗逃時，即攜父母妻子走內山，「官兵追之急，乃以家屬託杜敷」，藏匿於水里社。清軍於「丁酉（初四日），攻克集集埔」（與本志所載爲十二月初五日不同），福康安即遣人入山詔諭陷賊百姓自首；杜敷欲以立功贖罪，遂於丙午（十三日），擒林爽文家屬以獻清軍，授千總職銜。時林爽文仍率眾據守小半天，直至辛亥（十

〔註44〕參見莊吉發，〈故宮博物院現藏清代臺灣檔案舉隅〉《臺灣地區開闢史料學術論文集》（臺北市：聯經出版事業公司，民國85年6月初版），頁18。

〔註45〕參見蔡采秀，〈臺中地區的客家聚落與產業開發〉《臺灣開發史論文集》（臺北縣：國史館，民國86年12月初版），頁61。

〔註46〕參見余文儀，前揭《續修臺灣府志·卷二規制》，頁73。

〔註47〕參見周璽，《彰化縣志·卷二規制》，臺灣文獻叢刊第一五六種（臺北市：臺灣銀行經濟研究室，民國51年11月初版），頁41、50。

〔註48〕參見連橫，前揭《臺灣通史》，頁821。

〔註49〕參見連橫，前揭《臺灣通史》，頁825。

八日），清軍始攻下小半天〔註50〕。由此知本革命志拒清篇與《臺灣通史》所載，俱誤。

5、頁一一八，載陳周全入彰化縣，「殺同知朱慧昌，其他文武官憲概死於難」。考《臺灣通史》載，陳周全「三月朔，襲鹿港，殺同知朱慧昌。鹿港營游擊曾紹龍、外委任向標均戰歿。署北路副將張無咎在彰聞變，令游擊陳大恩馳救。途次聞耗，還屯八卦山，無咎逃，署知縣朱瀾亦棄城走。明日，周全攻城，先擊八卦山，都司焦光宗赴援，未至而破。大恩自焚死，張、朱皆被戕〔註51〕。」是知朱慧昌之死係在陳周全襲取鹿港之時，而非破彰化之時。

6、頁一一八，載陳周全「以洪棟為軍師，禡旗為糾旅，至者數千人」。按禡旗，無此人。禡者，《禮‧王制》：「禡於所征之地」，注：「禡，師祭也，為兵禱」〔註52〕，是知「禡」乃為古代征伐行軍時所行之祭禮。至於舉行禡禮之時機，《詩‧大雅》：「是類是禡」，傳：「於內曰類，於野曰禡」，疏：「初出兵之時，於是為類祭；至所征之地，於是為禡祭」〔註53〕。「禡旗」者，即出師祭旗之義。考《臺灣通史》所載云「以洪棟為軍師，禡旗糾旅，至者數千人」〔註54〕，亦無稱之為「禡旗為糾旅」。

7、頁八四，載吳球、劉卻之役「會有吳球之妹倩陳樞來訪」，據連橫《臺灣通史》載，當作「妹婿」。頁一○九，載「時林軍以攻下南投貓務揀等地」，按「貓務揀」應作「貓霧捒」，地當今之霧峰一帶，屬彰化縣。同頁，「海壇總鎮郝壯猶自淡水繼進」，按「郝壯猶」當為「郝壯猷」。諸此均屬手民之誤。

　　本革命志拒清篇主要記載明鄭時期鄭氏在臺之抗清活動，以及清領時期臺灣人民之拒清運動二部份。有關拒清篇所載鄭氏在臺抗清活動，與驅荷篇多有重複，是為不當之處，前文已有所論。按鄭成功事蹟雖與臺灣歷史有相當之關係，然卻無一恰當之篇章可完整載之，今既於革命志中分載於驅荷與拒清二篇，復於人物志中載延平三世事蹟，又於史略中略有敘述，如此一事多載，失於冗贅。

　　其次，本革命志拒清篇欲以民族精神與清廷貪污腐敗為由，駁斥臺民多桀傲好亂之說。其論「清有臺灣以後，革命運動，層見錯出，多屬政治性質，以推翻

〔註50〕不著撰人，前揭《平臺紀事本末》，頁60。
〔註51〕同上註，頁839。
〔註52〕（漢）鄭玄注，（唐）孔穎達疏，《禮記注疏‧王制》，卷十二，（清）阮元《十三經注疏》刻本（臺北市：藝文印書館，民國82年9月十二刷），頁574。
〔註53〕（漢）鄭玄注，（唐）孔穎達疏，《毛詩》，卷十六之四，〈大雅‧文王之十‧皇矣〉，（清）阮元《十三經注疏》刻本，頁475。
〔註54〕參見連橫，前揭《臺灣通史》，頁838。

滿清統治為宗旨」。（頁 133）論清人治下之革命運動，「其成就雖有軒輊之分，然大旨則一，且無一不以拒清復明為前提及號召也」。（頁 145）細按其說，乃據連橫所謂「臺灣之變非民自變也，蓋有激而變也」之說〔註 55〕，加以推演發皇，遂至得此結論曰：「一旦事變起，官兵則濫捕慘殺，善良者被戮，強者走山林，且舉事之村莊，一概以火焚殺，並縱兵劫掠。於是哀鴻遍野，民無以維生矣。試思烈火漫天之下，男女老幼哭泣於途，無家可歸而流落荒野，熱血志士何忍坐而不救，故事變於焉起矣。此即為臺灣拒清之民族精神所由來」。（頁 146）然臺灣所以動亂頻生，除因民族精神之發揚，與吏治不彰所激變外，清廷治臺政策亦有極大之關係。是以臺灣多變亂之源，民族精神有之，此鄭成功以反清復明為依歸之故；吏治不彰有之，此士人視宦臺為畏途之故；兵民衝突有之，此汛兵輪防之故；民風剽悍有之，此渡臺禁令之故。然未可以僅以貪污腐敗，官激民變，而謂治臺無善政，為政者皆腐懦貪官也。若果以此，是置陳璸、姚瑩、曹謹之輩於何地，舊志記載中，又焉得有循吏入列傳。是以向來論臺灣之多動亂，必論其渡臺禁令，始知臺灣社會之不調，民風遂至剽悍，吏治乃為不彰。論者不及於此，每以吏治貪鄙解之，似非史家之能也。

第三節　抗日篇之體例與內容

《臺灣省通志稿》革命志抗日篇（下稱本革命志抗日篇，或稱本篇）係由黃旺成執筆，擔任纂修。全篇共分為「臺灣民主國」、「義民武裝抗日」、「反日行動」、「思想運動」、「政治運動」、「臺胞在祖國之運動」六章，三十一節。（各章節目次參見表 3-7）

表 3-7：《臺灣省通志稿・革命志抗日篇》章節目錄

章　　次	節　　　　　　次	
第一章 臺灣民主國	第一節	中日戰爭與澎湖
	第二節	唐景崧就任總統
	第三節	日軍登陸澳底
	第四節	日軍南侵
	第五節	劉永福內渡

第二章 義民武裝抗日	第一節	抗戰在北部
	第二節	抗戰在中部
	第三節	抗戰在南部
第三章 反日運動	第一節	北埔事件
	第二節	林圯埔事件
	第三節	土庫事件
	第四節	羅福星革命
	第五節	六甲事件
	第六節	余清芳事件
	第七節	眾友會事件
	第八節	霧社事件
	第九節	冤獄三起
第四章 思想運動	第一節	臺灣同化會
	第二節	臺灣文化協會
	第三節	臺灣農民組合
	第四節	臺灣勞工團體
第五章 政治運動	第一節	反對六三法
	第二節	請設臺灣議會
	第三節	臺灣民眾黨
	第四節	臺灣地方自治聯盟
第六章 臺胞在祖國之活動	第一節	北京臺灣青年會
	第二節	上海臺灣青年會
	第三節	閩南臺灣學生會
	第四節	中臺同志會
	第五節	廣東臺灣革命青年團
	第六節	臺灣民主黨

參考資料：《臺灣省通志稿・革命志》（臺北市：臺灣省文獻委員會，民國43年1月～49年6月）。

　　本革命志抗日篇之體裁，第一、二章採編年紀事體，記載甲午戰後，清廷割臺，臺灣一地官方與民間之抗日運動；第三、四、五、六章採紀事本末體，記載日治時期臺灣各地的民間武裝抗日與政治運動，以及臺胞在中國反對殖民主義之活動。就記載內容而言，本革命志抗日篇收錄許多日治時期的重要史料，其中包括民間筆記箚記、戰時軍方日記，以及日本官方檔案等資料，對史料的保存，具

有相當之貢獻。惟本篇記事在徵引資料及引用文獻方面，概不標注出處，此乃與革命志其他二篇記載，在纂修方法上明顯之差異，亦爲本篇較爲嚴重的疏失。就記載的方式而言，本篇記事除第三章記載略帶議論之詞外，其餘各章多注重歷史事件發生的過程，於民族精神方面的相關論述，則較少以專文論之，爲本革命志各篇記載內容，較持客觀立場者。年代記載方面，均採用中國之年號，間附以日本年號。在中國年號的使用上，有關第一章「臺灣民主國」抗日運動，悉用滿清年號，載爲清光緒某年；第二章「義民武裝抗日」以下，均採中華民國年號，載爲民國前某年）。至於月份與日期，則採西曆記日，並附以農曆日期。本革命志抗日篇於日期記載方面之錯誤，多屬新曆與舊曆換算錯誤，參見表3-8。

表3-8：《臺灣省通志稿‧革命志》抗日篇日期勘誤表

頁數	日　　　期　　　辯　　　誤
9	載邱逢甲等人勸進唐景崧爲「光緒二十一年舊曆五月初二日，即明治二十八年新曆五月二十六日」，按光緒二十一年五月初二日，實爲新曆五月二十五日。
11	載「五月三十一日（舊曆五月初七日），九份以連勝軍右營，與向瑞芳進攻之日軍遭遇」。按新曆五月三十一日當爲舊曆五月初八日。
11	載張兆連「於六月二日（舊曆五月初九日）侵晨，發基隆，馳赴瑞芳」，按新曆六月二日當爲舊曆五月初十日。
12	載「基隆於六月三日（舊曆五月初十日），即爲日軍攻陷」，按新曆六月三日當爲舊曆五月十一日。
12	載林朝棟「五月三十日（舊曆五月初六日）撤兵返霧峰」，按新曆五月三十日，乃舊曆五月初八日。
13	載唐景崧奔赴滬尾，乘德船亞沙號，潛逃廈門，「時爲六月六日（舊曆五月十三日）」，按新曆六月六日當爲舊曆五月十四日。

茲就本革命志抗日篇記載之「臺灣民主國」（第一章）、「義民武裝抗日」（第二章）、「反日行動」（第三章），以及「社會運動」（包括第四、五、六章）〔註56〕，分別討論其記載內容之得失。

〔註56〕由於本革命志抗日篇第四、五、六章之內容，係以《台灣總督府警察沿革誌》爲重要之參考史料，且該三章之記載內容，亦大抵以《台灣總督府警察沿革誌》爲主要之架構。王詩琅指出日人對包括政治、經濟、社會、思想、文化等有目的意識的反抗、革命及改革運動，通稱爲「社會運動」。故本文採用王詩琅之說，以「社會運動」一詞，包括日治時期的非武裝抗日運動。參見王詩琅譯，《臺灣社會運動史：文化運動‧序說》（臺北市：稻鄉出版社，民國77年5月初版），頁2。該書係王氏翻譯《台灣總督府警察沿革誌‧第二編領台以後の治安狀況（中卷）台灣社會運動史》所成。

一、臺灣民主國

本革命志抗日篇第一章「臺灣民主國」共分五節，第一節「中日戰爭與臺澎」記述甲午戰爭原委、馬關條約簽訂經過及內容，以及臺灣人民對清廷決定割臺的反應；第二節「唐景崧就任總統」，係從民主國的立場，記述光緒二十一年五月初二（新曆五月二十五日）臺灣民主國成立與備戰經過，以及日軍登陸後，至五月十三日（新曆六月六日）唐景崧逃離臺灣，民主國瓦解之前，抗日軍與日軍交戰之過程。其中包括五月初六日（五月二十九日）日軍登陸澳底，初七三貂嶺之戰，初八小粗坑之戰，初九九份、瑞芳之戰，初十一獅球嶺、基隆之戰；第三節「日軍登陸澳底」，從日軍之立場記述日本近衛師團來臺接收，與李經方完成交割手續，登陸澳底，進佔三貂嶺、基隆、臺北，並舉行「臺灣始政紀念日」；第四節「日軍南侵」，記載日軍南下，在新竹、臺中與抗日軍交戰，以及攻入臺南的過程；第五節「劉永福內渡」，記載劉永福在臺灣民主國與乙未割臺運動中之地位。

就該章各節之記載而言，第二節「唐景崧就任總統」與第三節「日軍登陸澳底」，均記載日軍自澳底登陸，與臺灣民主國守軍交戰，至佔領臺北之事蹟。其記載之角度雖分別由民主國與日軍之立場著眼，然其疊床架屋，實為贅述，按此二節當合併為一章述之較妥。

其次，就該章記載內容所佔篇幅比例而言，記載內容所佔之篇幅，北部抗日一節，約一千八百餘字；中部、南部抗日共一節，計八千餘字；劉永福事蹟與南部抗日又一節，約一千五百餘字。在北部抗日史事之記載方面，主要著重在臺灣民主國之成立，以及戰守雙方之軍事衝突；惟其於臺灣民主國之文武官員、戰守部防，以及日軍侵臺軍力部屬之情形，並未加以妥善記載，致使該章記載於人、事、時、地等處錯誤屢見。有關臺灣民主國文官一覽表，參見表3-9；北部軍事部署概況，參見表 3-10；日軍侵臺陸軍兵力表，參見表 3-11。大抵而言，有關中、南部抗日事蹟之記載較詳，錯誤亦較少，不似北部抗日記載，錯誤較多。由於該章記載的體裁，係屬編年紀事，編年記事所重者，不外年代與史事的正確性，本革命志抗日篇有關乙未抗日運動之史事記載多有謬誤，實為不當。有關該章記事錯誤之處，本文另於第三章第四節中，專篇討論，此不贅言。

除了歷史事件之記載，多有所誤之外，其載人物姓名之時，亦有僅載其姓而略其名，或僅稱名號之情形。按方志所載本重存史，姓名不詳，史事何得傳焉。如頁一五，載李經方與日方交割臺灣之事，「李全權一行，在艦上簡略完成授受臺澎使命」，此不載其名而逕稱其職稱者，乃文人之文，非史也。稱其職稱或字號已屬不妥，遑論僅稱其姓而已，此一情形以日人姓名之記載尤甚。由於本革命志抗

日篇所載日人之事蹟，悉引自日方史料。惟日方記載，於人名初次出現處，多能標列全名，其後再次出現，始用簡稱。本志纂修者不察，於轉引人名事蹟時，未能詳查其原始出現之全名，是為一失。有關僅記姓而未載名者，參見表3-12。

表：3-12：《臺灣省通志稿》革命志抗日篇人名勘誤表

頁數	人　名　辨　誤
14	日軍常備艦隊司令長官「有地海軍中將」當作「有地品之允海軍中將」。
15	「近衛師團長能久親王，即命今橋大佐、與參謀明石大尉，從三貂灣之澳底方面，開始登陸」，其中能久親王之本名為北白川宮，「今橋大尉」乃為「今橋正吉」，「明石大尉」即是「明石元次郎」，且其級職為陸軍少佐而非大尉。
15	「三木大隊長進至水返腳」，「三木大隊長」者，乃近衛師團第一旅團第一聯隊第一大隊大隊長，陸軍少佐「三木一郎」。
16	「日軍佔領臺北之後，淡水守衛軍，聞風潰散。空留砲臺，無所作用。日本福島大佐軍隊，於六月九日即登陸滬尾」，「福島大佐」為大本營參謀陸軍大佐福島安正。
16	「近衛師團長能久親王，分其所統率混成一個旅團，為二個梯團。第一梯團令其屬於川村旅團，於六月七日，已發向臺北。」「川村旅團」係指陸軍少將川村景明所統率之近衛師團第一旅團。
18	「日軍阪井支隊長」進攻新竹一役，「阪井支隊長」係指日軍近衛師團第一旅團第二聯隊聯隊長，陸軍大佐阪井重孝。
19	「日軍山根支隊長，急派精銳步兵……」，「山根支隊長」係指日軍近衛師團第二旅團旅團長，陸軍少將山根信成。
19	「能久親王，六月二十三日，派出小島聯隊中之步兵三中隊、騎兵一小隊、工兵一中隊，編成聯絡支隊；以騎兵大隊長澀谷中佐為司令官，著手補修鐵路」。「小島聯隊」係指近衛師團第一旅團第一聯隊聯隊長，陸軍大佐小島政明所轄之部隊；「澀谷中佐」則指近衛師團直轄騎兵大隊大隊長，陸軍中佐澀谷在明。
20	「近衛師團下令：山根支隊、內藤支隊、松原支隊；各率步兵、騎兵、砲兵、齊赴三角湧」，「山根支隊」如前述為陸軍少將山根信成麾下之近衛師團第二旅團；「內藤支隊」為近衛師團第二旅團第四聯隊聯隊長，陸軍大佐內藤政明所轄部隊；「松原支隊」為近衛師團第一旅團第二聯隊第二大隊大隊長，陸軍少佐松原暖三郎所轄部隊。
21	「十三日日軍川村少將與山根大佐，分率兵隊……」，「川村少將」即前述川村景明，「山根大佐」為前述陸軍少將山根信成之誤。

資料來源：《台灣省通志稿·革命志》，抗日篇，（臺北市：台灣省文獻委員會，民國43年12月）。

再者，日軍部隊之記載方式上，或以部隊長之姓稱之，或以部隊番號稱之，或以駐防地點稱之，或以「支隊」稱之，無一定式，頗見混淆。如日本陸軍少將川村景明所領之近衛第一旅團，頁一六稱「川村旅團」，頁二一稱「川村支隊」；

又如日本陸軍中佐澀谷在名，爲近衛師團騎兵大隊大隊長，頁一九則載「騎兵大隊長澀谷中佐」，其後又載爲「澀谷支隊長」；再如頁四六，載「雲林守備軍佐藤少佐」，頁四七載「率鹿港守備隊往救彰化之吉弘少佐」，頁四七載「臺中守備隊另派益田中佐，帶步兵一聯隊入斗六街」等，均以駐地爲部隊稱謂，部隊稱謂莫衷一是。其載「支隊」、「聯隊」、「大隊」，亦均未能明確標示日軍部隊調遣之實際數量，如頁二○載光緒二十一年（1895）七月間，日軍在三角湧一帶之「掃攘計畫」，本志所載執行任務之部隊爲「山根支隊、內藤支隊、松原支隊；各率步兵、騎兵、砲兵、齊赴三角湧，協力攻打民軍」。按「山根支隊」指近衛第二旅團長山根信成少將，「內藤支隊」指近衛第二旅團第四聯隊長內藤政明，「松原支隊」指近衛第一旅團第二聯隊第二大隊長松原暖三郎；其中內藤政明係山根信成麾下的聯隊長，若內藤政明之第四聯隊獨立執行任務，則山根信成之第二旅團便非以滿額編制執行任務，於此當有必要說明近衛第二旅團實際執行任務之編組與部隊單位，以避免混淆。又，頁二一載「小島聯隊與川村支隊，同日會師大甲街」亦然。又，頁一九「遞騎小隊長以下一小隊」，所謂「遞騎」一詞，或稱「遞騎哨」，係指日軍偵察聯絡之哨兵，而非人名，此一誤也。

　　再如頁二一，載：

　　　　二月十一日（當爲二十一日之誤）山根支隊長受命，由山路攻向葫

　　蘆墩，小島聯隊與川村支隊，同日會師大甲。

「川村支隊」係指川村景明所率領之近衛師團第一旅團，而「小島聯隊」是近衛第一旅團轄下之第一聯隊，聯隊長爲小島政明。本志分別記載川村支隊與小島聯隊之行動，似有川村旅團與其麾下小島聯隊是獨立執行任務之意。然於川村支隊何以與小島聯隊分兵進擊，而後會師於大甲，則未述及。按當時日軍在三角湧、大料崁遭受抗日義軍頑強抵抗，因此日軍乃執行「掃攘計畫」，以肅清反抗勢力；惟該計畫僅分日軍爲山根信成、內藤政明與松原暖三郎爲「掃攘」的三支隊，並未提到小島聯隊〔註57〕。若小島聯隊之運動僅是川村旅團軍事行動下的一部份，那麼僅需記載「川村支隊進攻大甲」即可，此亦可對應同爲旅團等級的「山根支隊」之軍事活動，並不需分別記載川村支隊麾下各單位之軍事活動。諸此之失，通篇所見即多，造成歷史記載有主從難分之情形。

二、義民武裝抗日

　　本革命志抗日篇第二章「義民武裝抗日」分爲「抗戰在北部」、「抗戰在中部」、

〔註57〕參見台灣總督府警務局編纂，《台灣總督府警察沿革誌》第二篇（上卷），頁89～93。

「抗戰在南部」三節，敘述臺灣民主國之抗日運動失敗，日軍佔領臺南，劉永福離臺後，臺灣北、中、南各地義民「義不臣倭」，爲反抗日人之統治，所發動的武裝抗日活動。此一武裝抗日活動始於吳得福奪在臺北的反攻，終於林少貓在後壁林之敗亡，前後七年，對日本在臺灣的早期殖民統治，予以嚴重的打擊。各路武裝抗日義軍，尤以北部簡大獅、中部柯鐵、南部林少貓最著。

歷史事件的記載方法可採三種方式，一爲編年紀事，按時間發生先後，順序記載；一爲分地紀事，依地區分布分別記載；一爲依人紀事，依據各抗日領袖所統率之義軍系統，分別記載。三者各有優缺點，均可作爲記載敘事之法，但切不宜三法並用，造成時序混亂，敘事無章。

該章第一節「抗戰在北部」，記載方式係採逐年紀事，將重要的抗日事件，依時間發生之先後，分別記述；按此法之優點在於歷史事件能依循時序性排列，以建構一個完整的當代歷史概念，然其缺點在於對歷史事件之割裂。若干事件之發生雖有先後之分，然究其實，乃同一人所領導之一連串抗日事件，若按時間先後敘事，勢必將同時期的其他事件，穿插其中，造成一事割裂、多事錯雜之弊，致使一事未完而一事復起，各個事件之原委始終，未能一目盡知。若能將一時序性排列的歷史事件，以編年表格處理，另將各歷史事件之內容，用紀事本末撰寫，則綱舉目張，既能昭明史事，亦便於檢索。

該章第二節所載，中部柯鐵等人之抗日活動，始自民國前十六年六月十四日（1896 年，農曆五月初四日）鐵國山大會，然據《瀛海偕亡記》載雲林大坪頂一帶，亂時民多避入，或劫日商、或劫兵署，日軍曾深入討伐，未果；「丙申四月，日軍聚眾復攻大坪頂」〔註58〕，可知日軍至遲在四月即已派兵圍剿鐵國山，柯鐵等人之抗日亦當推至四月以前。而六月十四日以後的抗日活動，係大坪頂豪強張考，因憤族人遭日軍屠殺，乃出資聚眾以助柯鐵，張大猷、張呂赤皆張考之族屬也〔註59〕。再者，柯鐵，號鐵虎，方志敘事當以其「柯鐵」之名爲主，而不應以其號「鐵虎」稱之，該節載及柯鐵事蹟，多稱「柯鐵虎」，實爲一失。

第二節「抗戰在中部」之記載，比之於第一節「抗戰在北部」，在編纂的方法上，尤較混亂。第一節之載北部抗日事蹟，記事雖多有割裂，惟因其大抵依循時間之先後，分別記述，對整段歷史之演進，尚能作一完整有序之記載，雖不得見樹之枝葉，猶可見林之形廓，不失爲記載之良法。第二節敘事之法，係先採編年記事之法，首列某年某日，某人在某地起事抗日，並對該事件略作敘述，有類紀

〔註58〕參見洪棄生，前揭《瀛海偕亡記》，頁 24。

〔註59〕同上註，頁 25～26。

事本末之法；惟其於紀事本末之「事」，往往未能確實掌握，作全面而一貫之記載；致使該節所載，只是將某事之經過略加敘述，對於該事之本末始終，未能加以詳述，而是採取另起一段之記述方式，使一事割裂爲二，而不自知。如頁四六，載民國前十六年（1896）六月十四日，各路義軍會於鐵國山，日軍聞訊，先遣兵偵察，復派兵圍剿，均無功；其間，在六月十五日，鐵國山義軍分兵圍攻南投街；六月二十九日，集集一帶義軍起而響應鐵國山；六月三十日簡義自率部份義軍突襲雲林，將日軍驅離雲林，是爲抗日史上之一大捷，各地義軍聞訊紛起抗日；七月三日日方援軍抵南投，圍攻南投義軍遂撤退；七月八日，簡義部下劉獅等人攻佔鹿港；七月十三日，簡義自雲林撤返鐵國山，各路義軍亦漸次撤回鐵國山。此諸多戰役乃同一事件之連續發展；該節所載，係先述六月十四日義軍會於鐵國山，而日軍遣兵偵察一事則未述；其次，記載六月十五日義軍圍攻南投街之事，該段僅記載日方援軍在七月三日抵南投，義軍撤退之事，有關簡義分兵攻雲林等事，均視爲另一事件，置於其他段落處理；就時間先後之順序而言，先載七月三日圍攻南投之義軍撤退，其後又記載六月三十日簡義攻雲林，而六月二十九日集集義軍響應，又置其後。如此事件分割瑣碎，已屬一失；而時間序列錯雜倒置，前後穿插併陳，同一事件之連續發展，卻彷彿是多起事件交錯發生，歷史事件之不能昭明，莫此爲甚。

　　第三節「抗戰在南部」之記載，則較第二節更形拙劣。按第二節記事雖有各式交互錯置的情形，但大抵上仍依時間先後爲記載之標準。第三節在南部主要抗日勢力黃國鎮、鄭吉生、陳發、林少貓等人之事蹟方面，不僅未能爬梳出相關之敘事主軸，使得各義軍抗日活動之記載，隨著編年紀事下，互相穿插，前後錯雜，如頁七八，載黃國鎮與林添丁之死，按黃國鎮死於民國前十年四月九日，而林添丁則死於四月七日，該節之記載未依時間發生先後記述，其先述黃國鎮之死，而後始記林添丁之死，載曰「黃國鎮是在四月九日，被搜查隊圍攻，猛烈應戰，與同志數名，同時遭難。……，至四月七日夜，林添丁潛伏在生桐腳，……，乘其不備，開槍及斃林添丁」，按時間豈能倒至，四月九日如何「至」四月七日。更甚之，其敘事除依時間序列之外，間或以地區性敘述爲主，更是增加記事編排的複雜性。如：頁六六，載林少貓於民國前十五年十一月十二日發動抗日攻勢之後，隨即回溯記載同年四月二十四日、五月十三日，陳魚、魏開等人之抗日活動。頁六九，記載至黃國鎮等人於民國前十四年九月中，圍攻日軍於嘉義東堡三層崎一事，其後卻回溯記載當地在六月一日與六月三日，程賓、林銓等人之抗日事蹟。諸此均爲該節敘事有時間倒序之疏失。

　　除了依年敘述與依地敘述二種敘事方法混雜運用之外，還有以某一抗日領袖作爲敘事之主軸，分別敘述該抗日領袖下各集團之活動。如：頁七五，載民國前十二年劉榮、張輝貫、張和尚、張六經等人，在鄭吉生死後，聚眾抗日一事，又是採取以鄭吉生抗日系統之脈絡，作爲敘事之主軸。如此記事既無一可循之模式，其記載又極瑣碎與凌亂，於史學與史才二者，實有可議之處。

　　其他記載不當之處，列舉如下。

1、頁三七，簡大獅部下盧野起事失敗，「其餘『浪』河，進入大屯山中」，按「浪河」似應爲「渡河」之誤。

2、頁四三，載民國前十四年，明治三十一年，日軍組織憲警軍，掃蕩北部義軍，義軍在燒猫寮部份，指揮者爲蔡龍，戰鬥員一百二十名；另頁四四，亦有燒猫寮庄，指揮者陳漢，戰鬥員亦一百二十名；此同一地點，相同的義軍人數，但義軍指揮者不同，疑有所誤載。

3、頁三三，載民國前十六年（1896）金包里方面義軍有簡大獅、「盧錦布」、李勇、李豹成等；頁三七，載簡大獅之部下「盧野」率眾在金包里與日軍憲兵隊遭遇，失利被捕，不曲受戮；頁三九，載民國前十五年（1897）金包里「盧阿野」率眾與日軍戰，敗退入山；頁四十，載民國前十五年（1897）「簡大獅、羅錦春，會同林大平、詹番，共率抗日義民五百餘名，集結於竹仔湖附近」；頁四一，載民國前十四年（1898），「羅錦春、徐祿、李養等，亦在石碇堡石灼庄，決議目擊抗日義民二千名攻基隆」。其中「盧錦布」或「羅錦春」，實應爲盧錦春，而舊史所載之「盧野」、「盧阿野」、「盧阿爺」等，均爲盧錦春之別號〔註60〕。本志不查，遂使盧氏一人有數種稱呼；且頁三三，既載盧錦春已死於民國前十六年，而其後盧野復活躍於民國前十五年至十四年間的抗日活動中，其載當有所誤。

4、該節在頁六七～六八，載民國前十四年抗日事蹟六則之後，又於頁六九～七一，載同年抗日事蹟十六條，曰爲「尚有足資回憶者」。該節將此二十二則抗日事蹟，分爲前後二部敘述，不知其有何用意，亦不知其區分之標準爲何。且「足資回憶者」十六條中，第一條載四月二十三日，陳魚「率義民八九十名，攻阿里港」一事（頁69），該事件於頁六六即有記載，惟頁六六所載未明示義軍領袖爲何人，且日期亦記爲「六月二十四日」，二處記載在時間上相去一日。又，第三條載七、八月間，魏開與盧石頭，「各率抗日軍二百餘名，與日軍激

〔註60〕參見台灣總督府幕僚編，《台灣匪魁略歷》，手抄本影印，按原抄本未附頁碼。

戰於楠梓坑附近。魏開、盧石頭，負傷戰死」（頁 69）；然頁六七載，十二月十四日，「魏開率抗日軍四百名，將攻臺南縣……，魏開以外二十七名同志，於此役戰死」；此中「魏開以外二十七名同志，於此役戰死」一句，敘述尤為不清楚，不知所謂戰死者，是否包括魏開；若不包括魏開，直書「是役戰死二十七名同志」即可，何須提到魏開；若包括魏開，則魏開於七八月既已死亡，何以十二月猶能率軍與日軍作戰。

5、頁七四第十五行，載民國前十三年十月二十九日，「有不明系統之抗日同志三四百名，得平埔番協力，戰敗『阿港里』憲兵隊於隘寮附近」，「阿港里」應作「阿里港」。

6、頁七七，載民國前十年，「日軍在各歸順式場，騙殺無數抗日軍，過後越三日，即五月二十八日，……」，按此處之記載，既未明確指出「騙殺」抗日軍之歸順式於何日舉行，所謂「過後越三日」，敘述詞句待斟酌。

7、前後人名稱謂記載不同者，如頁五十，載民國前十六年（1896）十月，鐵國山義軍推柯鐵為總統，義軍將領之「陳提劉」，頁五八記為「陳提」；「劉祐」，頁五八記為「劉佑」；頁五九，載黃國鎮招請義民，立誓抗日，其中「葉祐」與「蔡進」，頁六一作「葉裕」與「蔡進發」；頁五九第八行，「黃鎮國」應作「黃國鎮」。頁六一，載義軍領袖鄭吉生部下「黃國成」，頁六二作「黃玉成」；頁七二第十一行，載日軍以臺南縣囑託「富地近思」為使節，勸降林少貓；同頁第十六行，則載為「近地富思」。

三、反日運動

本革命志抗日篇第三章「反日運動」，係採紀事本末體，記載西元一九〇七年蔡清琳北埔事件，至西元一九三〇年霧社事件，二十餘年間，臺灣所發生的七次反日運動，以及其他三起冤獄。

此期的反日運動和前期武裝抗日運動的差異，主要在於此期各次反日運動的規模、組織均較小，時間亦較短，有的旋起旋滅，有的還不及起事便遭破獲。同時這些反日運動，或倡議民族精神，或假借宗教迷信，甚至還有受到中國辛亥革命之影響與鼓舞。由於此期反日運動，較前期抗日運動更顯複雜，因此各次反日運動的性質與影響，均有所不同。

以林保埔事件為例，起事者不過十餘名，論其規模及重要性，均不如北埔事件。惟林保埔事件之劉乾與北埔事件之蔡清琳，同樣具有抗日思想，且其均屬於事先籌謀之抗日運動，是以二次事件之規模與重要性雖有差異，然終不失為一有

目的之抗日運動。至於土庫事件雖爲黃朝有意糾眾起事，且託言中國將遣援軍，以助其起事，然該事件尚在籌畫期間，即爲日人知悉，最後僅以私人鬥毆結束，其影響更是不足道。且此次抗日活動不外是藉宗教迷信，聚眾結黨，其抗日之目的，不過是欲自立爲「臺灣國王」，稱之爲革命運動，似屬牽強。六甲事件的羅臭頭亦然，按羅臭頭雖「抱有驅逐日人，光復臺灣之志」（頁 98），然其決意起事，卻是因爲「一夜，占得自己有帝王之份」（頁 98），以此帝制自爲之心，稱之爲具有民族意識，猶待商榷。該章將土庫事件、六甲事件與北埔事件、苗栗事件、西來庵事件同一而論，似有不妥之處。

另如頁一一九～一二五，載西元一九二二年（民國十一年，大正十一年）之「彰化募兵事件」、西元一九三七年（民國二十六年，昭和十二年）之「華僑事件」、西元一九四二年（民國三十一年，昭和十七年）之「東港事件」等三件冤獄。按該三件冤獄似與抗日事件無直接之關係，本不當入抗日篇；惟此事件雖與抗日運動無直接之關係，但仍爲日治時期之重要事件，且在某種程度上，正可反映臺灣人之民族情節，本革命志抗日篇若不記述此事件，通部省通志，實無一可置之處。然若將此三次冤獄事件置於此處，亦不免有選例不純之譏。由此可反映出省通志稿在章節篇目制訂方面，自有其不周延之處。

再者，方志載史，當以記注爲重，記注之外，偶及撰述，自亦不妨，此章學誠三致其意之處〔註 61〕。然方志之所重，畢竟在今不在古，重纂不重著，重述不重論；要之，方志纂修係以蒐集史料、保存史料爲主要之目的，是以方志之記載當以史料爲依歸，其所述所論，必以考訂歷史眞實，述明歷史過程爲要，而非以臧否人物，論斷是非爲尚。

就方志之記載以保存史料爲目的而言，該章所載各事件相關之人物，若干處

〔註61〕所謂「記注」是欲往事之不忘，故纂輯比類，賅備無遺，以存一代之舊物；「撰述」是欲來者之興起，故筆削獨斷，抉擇去取，以成一家之著述。（文史通義・書教、答客問、報黃大俞先生書）此即劉知幾所稱「書事記言，出自當時之簡，勒定刪成，歸於後來之筆」之謂；「當時之簡」，資乎博聞實錄，「後來之筆」，貴乎雋識通才。（史通・史官建置）合「記注」與「撰述」，乃爲章氏所謂「史學之兩大宗門」（文史通義・與邵二雲論修宋史書），以今日之說法，即「史料」與「史學」。就章學誠的觀點而言，「略古詳今」、「鉅細靡遺」的方志，正因具有「地近則易覈，時近則跡眞」之二便，作爲「史學」達到「不著空言」的保證。（方志略例・修志十議呈天門胡明府）是以正史必出自於方志之記載所成，方志亦以此而爲「國史要刪」。（方志略例・州縣請立志科議）儘管方志作爲纂輯比類之書，是正史撰述著作的基礎，然志者，「於其事其文之外，必有義焉，史家著作之微旨也」。（方志略例・爲張吉甫司馬撰大名府志序）史義非識不足以斷，是以章氏認爲方志除了纂輯比類之外，必有獨斷之學；有此獨斷之學，乃成撰述著作之書。

未能全數著錄，實有失修志存史之本意。如頁一二○，載「東港事件」，日警早於該事件發生之前一年年底，即因故檢舉「吳海水、蘇泰山以外多人」；頁一二一，載「東港事件」，日警捕風捉影，共拘押二百餘人，並嚴刑拷掠，在審訊之中，「因受不起慘刑而致死者有李元瓶、黃宇廟、黃德、莊榮愿，其他不計其數」；頁一二四，載「華僑事件」中，遭日警酷刑拷掠致死者，有「臺北總會館總務易炳漢，何再來，新竹陳顯銳、藩文謨、龔邦鎮，外數名」。所謂之「以外多人」、「其他不計其數」、「外數名」云云，諸此不確定之用詞，頗有爭議。要之，各案相關人物，當製成一表，以備史料之保存；或標示資料徵引出處，亦可供檢索查閱。

　　其次，就方志記載不以論斷為尚而言，該章頁七九所載，明治四十年（1907）北埔事件，蔡清琳起而抗日，其殺戮日人之多，直如「青天一聲霹靂，日人心膽，幾為驚破」，該句用詞，似待斟酌。按蔡清琳起事之時，日人感到震驚，當無所疑，惟其是否因此而喪膽，猶未可知，如此文學性用詞，似非主張客觀之史家所當為。又，頁八一載，北埔事件平定後，日人搜捕黨人一百餘名，其中「多有無辜受嫌疑者」。按此遭日人逮捕者，是否真有「無辜受嫌疑者」，似應以實際證據作為論斷依據，豈能臆測。考《台灣匪亂小史》所載，北埔事件後，遭日方逮捕者一○九人，其中判處死刑者九人，行政廳處分者九十七人，不起訴之「無辜受嫌疑者」僅三人〔註62〕，本志所謂「多有無辜受嫌者」一詞，不僅有好議論之嫌，且其論之無據，有過論之弊。

　　其三，就該章引用史料處理不當的情形而言，如頁九三，節錄羅福星手記，知「其在逃亡期間，猶不忘革命」；按該篇手記實為羅福星被捕後，在獄中所寫之「自白書」，並非羅氏逃亡期間之手記〔註63〕。且該篇引文目前僅見於日治時期之「台灣總督府公文類纂」，有關大正二年第四十一卷第六門第二類，及大正三年第三十六卷至第三十九卷第六門第二類之相關檔案。該檔案之相關中文資料，多已轉譯成日文，於民國六十八年，由臺灣省文獻委員會重新整理，出版為《羅福星抗日革命全檔》一書〔註64〕。然該章所載之內容與「台灣總督府公文類纂」和《羅福星抗日革命全檔》頗見出入，不知該章所依據之史料為何。若該章所載係引自於羅福星之原始手記，則此一重要史料，當以全文著錄較妥，若勢不能全文著錄，

〔註62〕參見台灣總督府法務部編纂，《台灣匪亂小史》（台北：台北新報支局印刷部，大正九年），頁25～26。

〔註63〕莊金德、賀嗣章編譯，《羅福星抗日革命案全檔》（臺中市：臺灣省文獻委員會，民國66年4月初版），頁37～49。

〔註64〕同上註，編譯者弁言，頁4～6。

僅能在文中摘要而錄，則可將該文另置於藝文等志，作為附錄，以存史料之全。
又，在頁九四～九五載羅福星在獄中慷慨賦詩，該詩與「台灣總督府公文類纂」
和《羅福星抗日革命全檔》所載稍有差異，其餘大多雷同，然該詩所記，多有擷
拗難訓之處，大抵是因該詩係據日文記載，再次轉譯為中文之二手資料所致。

　　至於該章記載內容之錯誤處，分述如下：

1、頁八十載，蔡清琳「招其弟何麥榮、何麥賢密議」，按何麥榮與何麥賢為何人
　　之弟，此處恐有誤。

2、頁一○○載，西來庵事件之主要人物江定於「民前十三年即明治三十三年，曾
　　率義民，與日軍打游擊戰於嘉義廳下後大埔方面」，按民國前十三年係西元一
　　八九九年，明治三十二年）。

3、頁一○○第八行，載余清芳以西來庵為根據地，並得西來庵董事「蘇得志」、「鄭
　　和記」之協助，推展抗日之活動；頁一○二第二行則載為「蘇得志」與「鄭利
　　記」。考《台灣匪誌》與《台灣匪亂小史》二書，均作「蘇有志」及「鄭利記」
　　〔註65〕。

4、頁一一八第十二行，「猛獸成郡」當作「猛獸成群」。

四、社會運動

　　「社會運動」一詞，係指臺灣人民在政治、經濟、思想、社會、文化等各層
面之反抗、革命及改革運動〔註66〕。由於臺灣武裝抗日活動漸趨平息之後，人民
對日本殖民者之抗爭，逐漸轉往思想、政治等方面。首先引發臺灣要求自立、爭
取自決之思想運動，乃西元一九一四年（民國三年，大正三年）「臺灣同化會」
的成立，其後復有「臺灣文化協會」等對民族意識與民族文化之倡導，乃至於在
實際政治活動中，出現倡議撤廢六三法與請設臺灣議會等政治運動。本革命志抗
日篇第四章「思想運動」共分四節，第一節「臺灣同化會」，載板垣退造（當為
板垣退助）在臺發起「臺灣同化會」之始末。第二節「臺灣文化協會」，記載臺
灣知識份子在「臺灣同化會」的啟蒙下，乃有蔣渭水、林獻堂等人，於西元一九
二一年籌組「臺灣文化協會」，宣揚民族文化與民族意識方面，並與日本當局之
衝突，直至西元一九二六年以後，「臺灣文化協會」改組之經過。在「臺灣文化
協會」宣揚民族主義的努力下，有關階級意識的政治性活動，逐漸開展。第三節

〔註65〕參見秋澤烏川，《台灣匪誌》（台北：杉田書店，大正十二年四月），頁159～340。
　　　　台灣總督府法務部編纂，《台灣匪亂小史》（台北：台灣總督府法務部，大正九年二
　　　　月），頁97。

〔註66〕參見王詩琅譯，前揭《臺灣社會運動史》，文化運動‧序說，頁2。

「台灣農民組合」與第四節「臺灣勞工團體」，即記載當時農民團體與勞工團體之抗爭活動。

第四章之記載主要係依據《台灣總督府警察沿革誌‧第二編領台以後的治安狀況（中卷）台灣社會運動史》；其中，有關臺灣同化會與臺灣文化協會的事蹟，記載在該書第一章「文化運動」中，有關「臺灣農民組合」，記載在該書第六章「農民運動」，「臺灣勞工團體」，則記載在該書第七章「勞慟運動」。由此可知，該章所載內容之性質，第一、二節，係屬思想、文化運動之範疇，第三、四節則分屬社會、經濟之範疇。就此而言，該章冠以「思想運動」為名，「思想」一詞的範圍略嫌狹隘，似不足包括該章所有節次之內容，有待斟酌。進一步來說，該章所載既然涵蓋「農民運動」以及「勞工運動」等具有左傾色彩的社會運動，原當就左派社會思想詳加敘述。惟本志纂修之時，「社會主義」與「社會運動」等名詞，在當時的政治環境中仍屬禁忌；是以本革命志抗日篇之纂修者以官方修志之身分，捨「社會運動」，而將「農民運動」、「勞工運動」與「文化運動」合稱「思想運動」，是可以理解的。吾人雖不忍深責，但亦不可不知其情。

第五章「政治運動」，共分四節，第一節「反對六三法」，記載臺灣人民不滿六三法所賦予臺灣總督大權，遂有反對六三法的施行，並要求撤廢。此一撤廢運動雖與同化政策相伴隨，但在林呈祿之倡導下，同化政策逐漸轉為自治主義，撤廢六三法運動亦漸改為請設臺灣議會運動。第二節「請設臺灣議會」，記載林獻堂、蔡惠仁、林呈祿等人，自西元一九二〇年（大正九年）十二月起開始籌畫設置臺灣議會事宜，從一九二一年（大正十年）一月三十日首次提交日本國會，至一九三四年為止，十四年間共提出十五次請願。第三節「臺灣民眾黨」，記載蔣渭水等人，為求以政黨力量，謀求臺灣人的權益，遂籌組臺灣民眾黨之經過。第四節「臺灣地方自治聯盟」，記載楊肇嘉等人為實現地方自治之理想，脫離臺灣民眾黨，另組臺灣地方自治聯盟之經過。

第五章第一節「反對六三法」所載，西元一八九六年（明治二十九年）制訂的六三法，該法賦予臺灣總督律令制訂權，使總督得以透過該立法權力，制訂各種法令，以獨攬立法、司法、行政大權；同時依據「六三法」並制訂出「匪徒刑罰令」，作為懲治抗日義民之刑罰。按該法既為臺灣總督在臺遂行統治的根本大法，該節當將該法實際內容加以全文著錄；然該節並未收錄「六三法」之條文，反而是收錄「匪徒刑罰令」。「匪徒刑罰令」雖對臺灣人民反抗殖民統治方面，在實際行動上或言論思想倡導上，均有相當的控制作用，然該法畢竟是依據六三法所制訂，其歷史意義自當不如「六三法」。該章於此處詳列「匪徒刑罰令」之內容，

而忽略六三法之內容，取捨輕重之際，似有令人非議之處。

第六章「臺胞在祖國之活動」，記載臺灣同胞在大陸各地留學期間，響應臺灣民族運動，籌組社團之活動。該章第二節「上海臺灣青年會」，分別記載西元一九二三年成立的「上海臺灣青年會」、西元一九二四年成立的「臺灣自治協會」、西元一九二四年由「上海臺灣青年會」改組之「旅滬臺灣同鄉會」、西元一九二五年成立的「上海學生聯合會」及其「讀書會」等學生團體之活動、主張等。然頁二二六，在「上海臺灣青年會」、「臺灣自治協會」，以及「旅滬臺灣同鄉會」之敘述後，載：

> 民國十四年，即大正十四年十二月，有上海臺灣學生聯合會，與讀書會，兩團體之成立。兩者間之主張與見解，各執己見，殊難一致。於是乎上海臺灣青年會與上海臺灣自治協會，雖留下勇敢有光輝之活動歷史；但以後竟不再聞有任何奮鬥消息。

此處敘述之「兩者間之主張與見解，各執一詞，殊難一致」，不知何所指。按該句敘述銜接於「民國十四年，即大正十四年十二月，有上海臺灣學生聯合會，與讀書會，兩團體之成立」之後，似指上海臺灣學生聯合會與上海學生讀書會兩團體之主張是「各執一詞」；然其後又載「於是乎上海臺灣青年會與上海臺灣自治協會，雖留下勇敢有光輝之活動歷史；但以後竟不再聞有任何奮鬥消息」，又似指上海臺灣青年會與上海自治協會兩團體的見解是「殊難一致」，此為該節敘述有欠周延之處。按上海臺灣學生聯合會係由上海臺灣青年會中之左傾成員蔡孝乾、彭華英、許乃昌等人，於一九二五年十二月成立的左派學生團體；而上海學生讀書會則是中國共產黨臺籍黨員翁澤生，於西元一九二六年聯合上海臺灣學生聯合會的左傾學生所組成，以從事黨幹部的養成與訓練。〔註67〕 二會係同為左傾社會主義社團，其主張與見解，於理於實均無牴牾之處；按此處所謂的「兩者間」應指「上海臺灣青年會」（其後改組為「旅滬臺灣同鄉會」），以及「上海學生聯合會」。

再者，就記載的方法而言，本革命志抗日篇第四、五、六章，有關各結社團體之記載內容，頗不一致；對於各社團成立大會或重要集會中所提出之社團總則及會規、政黨綱領及政策、會議議程及決議案、發表宣言及旨趣書、社團組織及成員，乃至於社團會員與參與集會之成員，或詳細記載，或僅舉其要者，或全無記載；記注之無成法，令人不知纂修者取捨史料之標準為何，似有可議之處。按此三章係以《台灣總督府警察沿革誌》為主要參引資料，據《台灣總督府警察沿

〔註67〕參見台灣總督府警務局編纂，《台灣總督府警察沿革誌》第二篇（中卷），頁87。

革誌》所載，各社團與集會的相關資料，均有詳細之記錄；本志未能全載，而節錄部份，又穿雜以纂修者個人主觀之「民族情感」纂輯成文，致使本志在歷史記載的徵實性、歷史敘述的客觀性與史料保存的完整性方面，均有不足之處。

該章記載有待商榷者，分述如下：

1、臺灣民眾黨之成立，係以蔣渭水爲重要推動者，昭和三年臺灣工友總聯盟創立大會，亦爲蔣渭水發起與籌辦，然該節對蔣渭水未置一詞，似有不當。又頁一六二，載「民國十六年，及昭和二年七月，……結成臺灣工友總聯盟。以李友三爲聯盟書記長，……」，似以李友三爲該聯盟之主要發起人，亦有不妥。

2、該節對日治時期臺灣勞工運動之記載，直接從臺灣民眾黨所發起的臺灣工友總聯盟談起，對大正十年以來，臺灣文化協會在倡導五一勞動節運動的部份，未加記載，似對臺灣勞工運動之起源未與重視，似有不妥。

3、頁一六五，載臺灣工友總聯盟在「高雄淺野水泥工廠罷工事件」中，設立罷工指揮總部，刊行「爭議扭司」，發指令，播傳單，從事宣傳。按所謂「爭議扭司」，即「爭議新聞（news）」，「扭司」一詞，實爲不妥。又頁一六六，載該罷工事件在中村一造調解破裂之後，罷工團置「臺灣工友總盟淺野爭議本部」，以「湯慶榮」負責救濟部，考《台灣總督府警察沿革誌》第二編（中卷），頁一二五八所載，當爲湯慶英。

4、頁一六七，載新文化協會之連溫卿對勞工運動極爲重視，於西元一九二八年（民國十七年，昭和三年）一月一日，籌設「臺灣機械工會聯合會」，其後新文協分裂，新文協與臺灣機械工會聯合會之主導權，由連溫卿等人，轉移至謝雪紅、楊克培等人，連溫卿遂與胡柳生、薛玉虎、林清海、陳總等人，籌備別組臺灣工會臨時評議會。該段敘述似有時序顛倒或人物錯置的情形，按《台灣總督府警察沿革誌》所載，連溫卿籌組臺灣機械工會聯合會，最終目的是爲籌組臺灣總工會，因此在組織臺灣機械工會聯合會之後，隨即著手臺灣總工會規約的起草工作，並於同年六月三日召開討論會議。該次會議之中，連溫卿與王敏川在社會運動路線方面發生衝突，但仍通過以「臺灣勞動運動統一聯盟」爲名，作爲勞工運動之重心。連溫卿復於同年七、八月間籌辦「臺灣工會臨時評議會」，最終因八月「臺南墓地事件」被捕，組織運動遂終止，按此皆昭和三年之事〔註68〕。而連溫卿一派被排斥出新文化協會，以及臺灣機械工會聯合會之主導權，爲謝雪紅等臺灣共產黨員控制，係昭和四年以後之事。由此可知，該節將昭和

〔註68〕參見台灣總督府警務局編纂，前揭《台灣總督府警察沿革誌》第二篇（中卷），頁1244～1263。

三年連溫卿與王敏川在勞工運動上路線之爭，誤作連溫卿與謝雪紅之爭。

5、頁一七二，載日本學者亦有反對同化政策者，「如矢內原、山本、永井」，按此處僅稱其姓而不載其名，實有待商榷。

6、頁一九一，載一九二七年六月十七日，臺灣民眾黨籌備會與會成員，以及頁一九三載，臺灣民眾黨成立後，所選出的中央委員名單，「陳旺成」似應作「黃旺成」，（見《台灣總督府警察沿革誌》第二編・中卷，第二章「政治運動」，頁 426、435、436。）按黃旺成為本革命志抗日篇之撰稿者，而本志各處有關「黃旺成」之記載，均改稱「陳旺成」，不知是何用意。

第四節　抗日篇史事辨誤

　　《臺灣省通志稿・革命志》於抗日篇之史實記載，頗見謬誤之處。本文第三節僅就抗日篇之體例綱目與纂修方法，略作分析；並將本革命志抗日篇記載有舛誤者，特闢本節專論如次。

　　據本革命志抗日篇第一章「臺灣民主國」載，乙未割臺之初，臺灣人民聞此大變，無不憤憤難平，仕紳遂以邱逢甲為首，欲奉唐景崧為臺灣民主國總統。據本志所載，臺灣仕紳於「光緒二十一年舊曆五月初二日，即明治二十八年新曆五月二十六日（當作二十五日）……，奉呈臺灣總統金印及藍地黃虎旗」（頁 9）。考此處所載總統印信之型式，大抵引自吳德功《讓臺記》一書〔註 69〕。然據《臺海思慟錄》載：

> 印，銀質，方闊長厚與巡撫關防等，文曰『民主國總統之章』。旂，藍地黃虎〔註 70〕。

可知總統印信並非如本志所云為金印。按《臺海思慟錄》一書之作者以「生於臺、長於臺，深受臺之創鉅痛深、親見臺之同遭蹂躪而痛定思痛」，故名思痛子〔註 71〕。該書所載多詳於臺灣北部的抗日故事，且對南部守將劉永福「劃地自守」多有微詞；據此推測當割臺之日，思痛子其人或身在臺北，目睹民主國之起落興敗，故對北部之情形知之較詳。而《讓臺記》一書之記載，多詳於中部抗日義軍事蹟，

〔註 69〕據《讓臺記》載：「鑄金印一顆，文曰『臺灣民主國總統之印』……即於五月初二日，眾紳庶在臺北親送金章與唐撫帥」。參見吳德功，《讓臺記》，收入《割臺三記》，臺灣文獻叢刊第五七種（臺北市：臺灣銀行經濟研究室，民國 48 年 10 月初版），頁 35。

〔註 70〕參見思痛子，《臺海思慟錄》，臺灣文獻叢刊第四十種（臺北市：臺灣銀行經濟研究室，民國 46 年 8 月初版），頁 7。

〔註 71〕同上註，頁 1。

於北部與南部則多疏漏；此逮因吳德功世居彰化，乙未軍興之時，嘗應黎景嵩之請籌設軍餉，親身參與中部抗日活動，對中部故事較爲熟捻，而於北部與南部之事，或多爲傳聞所得。職此，乙未抗日之時，有關臺灣北部歷史之記載，《臺海思慟錄》似應較《讓臺記》可靠。又，據《劉永福歷史草》載，唐景崧潛逃回大陸之後，臺灣南部百姓共推劉永福繼任總統，以領導抗日運動，並「鑄銀印一顆，文曰『臺灣民國總統之印』八字」，劉永福之總統印綬既爲銀質，則唐景崧之印應當與之相同〔註72〕。

　　本革命志抗日篇第一章第一節載，五月初六日，日軍登陸澳底，然有關日軍登陸澳底之後，日清雙方之交戰經過，並未於該節記述，而是在第一章第三節「日軍登陸澳底」一節記述。如此一事二載，不免有割裂史實之失。又，頁一一一載，澳底失守後，唐景崧「急派滬尾防軍三營，營長總兵陳得勝，威遠軍二營，營長吳國華，趕赴三貂嶺協防」。按當時習慣上稱營之長官爲「營官」，然此處載各營將領爲稱「營長」，似待商榷。其次，有關「滬尾防軍三營，營長總兵陳得勝」，其意當指馳援三貂嶺協防之滬尾防軍主將爲陳得勝。有關滬尾防軍，據《臺海思慟錄》所載，光緒二十年八月事：

　　　　（邵）友濂又咨請閩督譚鍾麟檄調候補總兵廖得勝、海壇協副將余
　　　致廷各率湘勇數百人來臺，皆命爲統領，分駐滬尾、觀音山等處。又命
　　前湖北鄖陽鎮總兵綦高會赴江南新募湘勇千五百人駐官渡口〔註73〕。

是知最初是邵友濂請調廖得勝與余致廷來臺協防淡水與觀音山一帶。又，同書，載楊岐珍於光緒二十年六月來臺後：

　　　　令其所部分紮基、滬，……滬尾砲臺有廖得勝、余致廷領之〔註74〕。

是知滬尾守將有廖得勝而無陳得勝。再據《東方兵事紀略‧臺灣篇上》載：

　　　　（唐景崧）以提督綦高會守滬尾。八月，復以提督廖得勝易高會〔註75〕。

此處雖不知廖得勝何時升任爲提督，然可知滬尾守軍主將爲廖得勝，當無可疑處。至於陳得勝其人，據同書所載：

　　　　提督陳得勝率淮勇千人駐金包里〔註76〕。

　　是知陳得勝乃提督銜而不是總兵銜，且駐地在金包里，而非滬尾。陳得勝既

〔註72〕參見羅香林輯校，《劉永福歷史草》（臺北市：正中書局，民國58年6月增訂臺三
　　　　版），頁249。
〔註73〕參見思痛子，前揭《臺海思慟錄》，頁2。
〔註74〕同上註，頁5。
〔註75〕參見姚錫光，《東方兵事紀略‧臺灣篇上》，收入於前揭《臺海思慟錄》，頁46。
〔註76〕同上註，頁5。

非總兵銜，駐地亦不在滬尾，而滬尾有一記名總兵廖得勝，且為防軍主將，那麼本志所稱之「營長總兵陳得勝」，或為廖得勝之誤。

至於廖得勝馳援三貂嶺所率三營兵力，據王國璠《臺灣抗日史》一書指出：

> （唐景崧）急令副將銜吳國華率威遠軍（按即新募粵勇）兩營，星夜馳防三貂嶺。……及去，復慮其實力未充，恐誤大計。乃以快騎令駐紮滬尾等地記名廖（總）兵陳得勝之防軍中營、守備宋忠發之防軍先鋒營、軍功沈萬田之防軍右營為後隊，火速出發〔註77〕。

按此處「廖兵陳得勝」當為「總兵廖得勝」之誤；且由此可知自滬尾馳防三貂嶺者，為廖得勝之防軍中營、守備宋忠發之防軍先鋒營、軍功沈萬田之防軍右營。

三貂嶺既為第一防線，該章未載三貂嶺之守將，亦似不妥。據王國璠《臺灣抗日史》一書引王孝楚《夢蝶軒筆記》淮軍軼話卷三：

> 三貂嶺為淡、蘭交通咽喉，……，抗日軍興，即以記名總兵徐邦道之銘字前營鎮守。

綜前所述，大抵可勾勒出三貂嶺一役之戰守概況：先是五月初六日，日軍登陸澳底，澳底守將曾喜照兵敗，退往三貂嶺。三貂嶺既為淡、蘭之要道，原由徐邦道駐守，唐景崧恐其兵力不足，乃遣副將銜吳國華率威遠軍二營，於初六日出發，馳防三貂嶺；又快騎令滬尾守軍記名總兵廖得勝率守備宋忠發、軍功沈萬田，以三營兵力為後隊，協防三貂嶺。

至於陳得勝所領之淮勇千人，據《臺灣八日記》所載，初八小粗坑一役之後，吳國華棄守前線，全臺營務督辦俞明震與北路防軍統領張兆連急調各軍，以圖反攻三貂嶺，「初九日五更……，陳得勝先到，張統領與定議：各軍酉刻在基隆飽餐，限寅刻抵賊營〔註78〕。」可知陳得勝投入戰場係五月初九日之事。

三貂嶺既為淡、蘭通道之重鎮，如前述吳國華與廖得勝馳援三貂嶺守軍徐邦道，其後三貂嶺戰守失利之事，本志未曾記載，是為一失。其次，據王國璠《臺灣抗日史》所述，吳國華援軍未及趕至，日軍已攻下三貂嶺，並向瑞芳挺進。五月初八日，吳國華師次小粗坑，與日軍相遇，交戰中雖有小勝，但隨即因將領之間發生爭執而撤軍，九份、三貂嶺之間遂無設防〔註79〕。五月初九日，日軍直趨九份，守將守備宋忠發戰死，記名總兵陶廷樑與與孫占魁俱兵敗，負重創，乃撤

〔註77〕參見王國璠，《臺灣抗日史》（臺北市：臺北市文獻委員會，民國70年1月初版），頁229。

〔註78〕參見俞明震，《臺灣八日記》，收入於前揭《割臺三記》，頁9。

〔註79〕參見王國璠，前揭《臺灣抗日史》，頁230。

軍回基隆，九份亦失守〔註80〕。該段事蹟該章載之云：

　　　　五月三十一日（舊曆五月初八日），九份以連勝軍右營，與向瑞芳
　　　　進攻之日軍遭遇。適有北路統領張兆連，爲協防計：抽調銘字軍右營及
　　　　正營各半營，廣勇一營及田字營，前後趕到。於是協力夾攻，大敗日軍，
　　　　但應援軍各營長，人事參差，意見各殊；既無統合領導之人，終於各聚
　　　　一方，互爭功名。

如前所述，孫占魁之連勝軍右營同九份守將陶廷良，係在五月初九日與日軍在九
份交鋒失利，其地既非瑞芳，且未「大敗日軍」；而五月初八日與日軍遭遇者，當
指吳國華所率之威遠軍二營。按吳國華所率二營威遠軍，本爲增援鎮守三貂嶺的
徐邦道部之先發部隊，其後復有廖得勝、宋忠發、沈萬田所率之滬尾防軍；三貂
嶺失守後，唐景崧再派胡連勝、包幹臣等人率粵勇增援。五月初八日吳國華率威
遠軍二營，與自澳底撤軍之簡淡水臺協左營，於小粗坑合兵共擊日軍第二聯隊第
二大隊，擊斃日軍少尉西村邦正，日軍敗逃。小粗坑一役，雖有斬獲，然因包幹
臣與吳國華爭功，遂致包幹臣與吳國華雙雙還軍基隆，棄守前線〔註81〕，其後才
有五月初九日宋忠發戰死，孫占魁與陶廷樑兵敗之事。本志所謂「互爭功名」當
指此事而言。至於所謂「協力夾攻，大敗日軍」一事，當指五月初八日九份失守
後，日軍第二聯隊第一大隊進軍瑞芳，途中遭徐天賜、簡淡水、陳學才、沈萬田
邀擊，頗有傷亡一事。本志於此之記載，前後顛倒，敘事不清，略有失當。

　　又，有關頂雙溪一地之陷敵，該章載：「六月一日（即舊曆五月初九日），日
軍進至頂雙溪，九份亦失守」。（頁 11）按前所述，「九份亦失守」，係指陶廷樑兵
敗、宋忠發戰死一事，該役《臺灣八日記》、《東方兵事紀略》皆載發生於五月初
九日，當無疑義；然頂雙溪一地，據黃秀政《臺灣割讓與乙未抗日運動》一書之
研究，實於五月初七日（新曆五月三十日）之前即爲日軍攻陷〔註82〕。該書引遠
藤永吉《征臺始末》載：

　　　　夜十時進て頂雙溪に達す〔註83〕。

〔註80〕參見姚錫光，《東方兵事紀略‧臺灣篇上》，收入於前揭《臺海思慟錄》，頁 52。另
　　　　見俞明震，《臺灣八日記》，收入於前揭《割臺三記》，頁 9。
〔註81〕參見姚錫光，《東方兵事紀略‧臺灣篇上》，收入於前揭《臺海思慟錄》，頁 51。另
　　　　見俞明震，《臺灣八日記》，收入於前揭《割臺三記》，頁 8。
〔註82〕參見黃秀政，《臺灣割讓與乙未抗日運動》（臺北市：臺灣商務印書館，民國 81 年
　　　　12 月初版），頁 152。
〔註83〕參見（日）遠藤永吉，《征台始末》（日本茨城縣：江湖堂，明治三十一年十月），
　　　　頁 36。

另據《台灣北部二於ケル近衛師團戰鬥詳報》，五月三十日條載：

> 仝第二聯隊第二大隊八拂曉露營地ナ出發シ，八時廿三分頂雙溪二
> 達ス〔註84〕。

同書，五月三十一日條載：

> 掩護隊ノ重ナル者八頂雙溪二宿營シ，步兵第二大隊（二中隊欠）
> 八三貂大嶺ナ占領シ〔註85〕。

是知日軍於五月三十日（舊曆五月初七日）抵達頂雙溪；至五月三十一日（舊曆五月初八日）即已佔領頂雙溪，並於此地宿營。所謂「六月一日，日軍進至頂雙溪」云云，當誤。

有關瑞芳失守，據該章所載，六月二日（舊曆五月初十日），日軍進抵瑞芳，守軍張兆連、陳得勝兵敗後，「留陳得勝軍駐紮暖暖街，繼續抗戰。張兆連因負重傷，一氣退至基隆，胡友勝軍出援途中，聞瑞芳陷，乃駐紮龍潭堵截住日軍前進」。（頁11）考《臺灣八日記》、《東方兵事紀略》所載，瑞芳一役，張兆連孤軍陷陣，陳得勝、曾喜照率軍冒死往救，轉投庚子寮李文忠營，是役張兆連、曾喜照俱負創，陳得勝陣亡〔註86〕。陳得勝既已陣亡，「留陳得勝軍駐紮暖暖街」當誤。

有關基隆攻防戰，該章載日軍攻佔瑞芳後，俞明震負傷返基隆，「於是全軍無主，士氣沮喪，戰志全失」（頁12），因此基隆「於六月三日（舊曆五月初十日），即為日軍攻陷」。按六月三日當為舊曆五月十一日，前已有所提及，此不贅述。瑞芳一役，張兆連、曾喜照兵敗，雖為五月初十日之事，然瑞芳西面土山尚有劉燕之銘字軍砲隊駐守，直到五月十一日清晨，日軍圍攻土山，劉燕撤軍至獅球嶺，瑞芳始陷，事見《臺灣八日記》、《東方兵事紀略》〔註87〕。至於基隆之陷落，本志所載，似有民主國未曾抵抗，且日軍得之甚易之意。然考諸記載，其實不然。據《臺灣割讓與乙未抗日運動》一書之研究指出，五月十一日瑞芳失守後，張兆連與俞明震偵知日軍將對基隆發動海陸二路總攻擊，曾對基隆防務重新佈署，是以當時基隆守軍或有「士氣沮喪」之情形，但絕非「全軍無主」〔註88〕；又，《臺

〔註84〕參見（日）戶川柳吉，《台灣北部二於ケル近衛師團戰鬥詳報》（台北：近衛師團編纂，明治二十八年），頁4。

〔註85〕同上註，頁5。

〔註86〕參見俞明震，《臺灣八日記》，收入於前揭《割臺三記》，頁10。姚錫光，《東方兵事紀略·臺灣篇上》，收入於前揭《臺海思慟錄》，頁53。

〔註87〕參見俞明震，前揭《臺灣八日記》，收入於前揭《割臺三記》，頁11；姚錫光，前揭《東方兵事紀略·臺灣篇上》，收入於前揭《臺海思慟錄》，頁53。

〔註88〕參見黃秀政，前揭《臺灣割讓與乙未抗日運動》，頁161～162。

灣抗日史》引日軍隨軍記者遠藤寬哉與近衛師團長能久親王，目睹基隆防軍旗幟鮮明、防禦森嚴，頗有懼意，亦知此戰當不易〔註 89〕。且日軍發動攻擊時，劉燕砲隊、沈萬田防軍右營、楊連珍威遠軍右營等，均曾對日軍之攻擊加以還擊。其後戰況雖不利，守軍猶退入城中與日軍進行巷戰，是知基隆防軍絕非戰志全失。直至防衛基隆諸砲臺失守，抗日軍各營始向獅球嶺轉進。方其時，獅球嶺守軍尚有胡友勝粵勇四營、劉燕砲兵一隊、陳國柱粵勇一營，及從基隆撤回之各路防軍，約二十餘營〔註 90〕。至於獅球嶺一戰，王國璠稱之為「士氣之旺盛，為開戰以來所僅有」〔註 91〕，而獅球嶺失守，係因各營防軍戰至黃昏，有臺練數百掩旗息鼓，欲奇襲日軍，而粵勇以為臺練遁逃，遂開槍阻止，臺練亦以為粵勇叛變，乃還擊，時天色昏暗，敵我莫變，守軍因臺粵鬩牆，變自內起，遂兵潰不止，日軍乃乘隙攻佔獅球嶺〔註 92〕。按此，獅球嶺之失，乃屬指揮失利，通訊失當所致，並非所謂之「士氣沮喪、戰志全無」。

再者，有關唐景崧調獅球嶺鎮將林朝棟改守臺中，本志所述頗見疏誤。按頁一二，載：

> 先是總統唐景崧，曾召請棟字軍統領，霧峰庄林朝棟，代胡國華鎮守獅球嶺。朝棟與北路統領張兆連不合，被饞，「五月三十日（舊曆五月初六日）」撤兵返霧峰。

按五月三十日時為舊曆五月初七日；又該段敘述似指獅球嶺一地原由胡國華鎮守，後唐景崧召林朝棟代胡國華守該地，復因林朝棟與張兆連不合，調林朝棟守臺中，林朝棟遂於五月三十日移師臺中。然據《東方兵事紀略》所載，光緒二十年八月，當時臺灣巡撫邵友濂因海疆戒嚴，「乃令提督張兆連率十三營守基隆……，臺紳道員林朝棟統十營守獅球嶺」〔註 93〕，是知林朝棟鎮守獅球嶺乃乙未抗日軍興前一年之事。又《讓臺記》，四月二十三日條載：

> 鎮紮獅球嶺統領候補道林朝棟調守臺中，以提督胡國華統粵勇六營守之。……，林道以前隊先行，至五月初二拔隊回臺中〔註 94〕。

亦知其後唐景崧是以胡國華代林朝棟守獅球嶺，而非以林朝棟代胡國華守獅球

〔註 89〕參見王國璠，前揭《臺灣抗日史》，頁 234～235。

〔註 90〕參見黃秀政，前揭《臺灣割讓與乙未抗日運動》，頁 162。

〔註 91〕參見王國璠，前揭《臺灣抗日史》，頁 237。

〔註 92〕參見洪棄生，《瀛海偕亡記》，臺灣文獻叢刊第五九種（臺北市：臺灣銀行經濟研究室，民國 48 年 10 月初版），頁 3。

〔註 93〕參見姚錫光，《東方兵事紀略‧臺灣篇上》，收入於前揭《臺海思慟錄》，頁 46。

〔註 94〕參見吳德功，《讓臺記》，收入於前揭《割臺三記》，頁 32。

嶺。胡國華不知何人，考諸各家所載，有關獅球嶺陣前易將之事，除《讓臺記》外，他處均無胡國華之相關記載；本志所載胡國華事蹟，當出自此。《讓臺記》既載「以提督胡國華統粵勇六營守之」，可知胡國華本非臺灣本地之守軍，而是臨時募集之粵籍義勇軍。按光緒二十年，中日交兵之初，臺灣巡撫邵友濂因防務之所需，除於臺灣本地募集兵勇之外，曾向清廷請調統兵宿將，朝廷亦遣派楊岐珍統淮勇、劉永福統粵勇，赴臺會辦軍務；其後又調廖得勝、余致廷、綦高會等人率湘勇赴臺協防。唐景崧繼任巡撫之後，多任用廣勇，除調楊汝翼、朱上泮招募湘勇外，其餘如吳國華、胡友勝、胡連勝、吳光亮、楊永年、黃翼得等人所招募成營者均爲粵勇。其中劉永福一系因與唐景崧不合，奉調臺南，主持南部防務；廖得勝、余致廷、綦高會守滬尾；吳光亮守澎湖；黃翼得爲護衛，駐臺北〔註95〕；僅吳國華、胡友勝、胡連勝、楊永年等人，不知駐地在何處。「胡國華」其人，不知是否爲吳國華或是胡友勝、胡連勝兄弟之誤。另據姚錫光《東方兵事紀略》載：

> 初，甲申中、法之役，臺紳林朝棟從銘傳駐獅球嶺，扼法兵不得前，積功薦保道員；所部土勇皆勁卒，且訓練有法，頗負時望。景崧用廣勇，而廣勇、土勇積不相能，睚眥尋仇釁；因移朝棟守中路，以胡友勝統廣勇四營守獅球嶺〔註96〕。

又，頁四七亦載：

> ……景崧自任守臺北。自張兆連一軍以外，專倚廣勇；命知縣胡友勝（廣西人）統廣勇守獅球嶺，而移林朝棟（所部皆臺灣土勇）守中路彰化……〔註97〕。

則可知代林朝棟駐守獅球嶺者，當爲胡友勝。

光緒二十一年六月六日（舊曆五月十四日），臺灣民主國總統唐景崧，見大勢已去，乃棄職出走，潛返廈門。民主國之支持者如丘逢甲、林維源、林朝棟等人，於唐景崧棄職出走後，亦先後買棹內渡。至此，民主國主持無人，同於瓦解。日軍於六月十四日，進入臺北城，並於六月十七日，舉行臺灣總督府始政典禮，隨即遣軍南下，臺灣中、南部之抗日運動，就此展開。

日軍攻陷臺北之後，原臺灣民主國之官員，多有棄職內渡者，如頁一七，載

〔註95〕參見思痛子，前揭《臺海思慟錄》，頁 2〜3；另見姚錫光，《東方兵事紀略・臺灣篇上》，收入於前揭《臺海思慟錄》，頁 46〜47。
〔註96〕參見姚錫光，《東方兵事紀略・臺灣篇上》，收入於前揭《臺海思慟錄》，頁 53。
〔註97〕同上註，頁 47。

大料崁守將余清勝降日一事。按余清勝之官銜爲「記名提督」，而非本志所載之「總兵」〔註98〕；本志批評余清勝爲「對臺灣既無充分認識，又乏愛護臺灣熱意」，聞日軍攻佔臺北，遂與日軍妥協，俾使得日軍之保護以安然歸國，因此「屯兵隘勇皆不值余清勝之所爲，恥其無丈夫氣」。按余清勝本非臺民，於甲午戰爭之際，臨時受命來臺，防守大料崁一帶，保護樟腦事業〔註99〕。余清勝未於清廷割臺之初，即奉命內渡，直到日軍兵臨始有棄守投降之舉，雖不免令人爭議；然其人既以大清之將領自居，放棄堅守臺灣而圖返國，猶未可深責；且方其時，棄臺遁逃者，又何止余某一人，獨不見他人受此深責。余清勝之所以爲世人所輕視者，尚有其他因素，並不僅在於其投降於日軍而已。按日軍在入佔臺北之後，隨即分遣第一聯隊第一大隊大隊長陸軍少佐三木一郎，與第二聯隊第二大隊第四中隊代理中隊長佐佐木元綱，組織南征部隊向新竹推進〔註100〕。而佐佐木中隊與三木大隊分別在楊梅壢與大料崁附近，遭到義軍鍾石妹、徐泰功、姜紹祖、胡嘉猷等人圍攻，情況甚是危急。其後，三木少佐之所以能脫困逃返臺北，係因得到余清勝之暗助，而余清勝亦以此換取日軍護其內渡歸國之保證〔註101〕。此乃余清勝之所以遭人不恥之主因，本志所載徒以棄臺之舉言其非，而不能道及眞正之原因，不免有失於識。

　　日軍自登陸澳底，至舉行臺灣總督府始政典禮，短短二十日，即已佔領臺灣北部。惟臺北雖已失陷，但中南部的抗日勢力卻已然逐漸形成，是以日軍在南征的途中，屢受挫折。頁二〇，載七月十三、十四日，日軍山根支隊在三角湧、大料崁二地，遭受抗日義軍包圍，深受打擊，「後於三角湧建碑，稱三峽忠魂碑，以紀念其戰死者」。然據《近衛騎兵大隊三角湧方面敵情偵察小隊戰鬥經過ノ概要》與《三角湧表忠碑誌》所記，該碑係於民國十七年（昭和三年，1928年）四月，由臺灣軍司令官田中國重在三峽庄所建，稱「大安忠魂碑」〔註102〕。該碑所紀念者，並非七月十三、十四日被義軍圍困在三角湧之山根支隊（實際僅山根信成麾下枋城少佐所率之一大隊兵力），而是日軍爲搜尋遭受圍困而失去聯絡的

〔註98〕 參見思痛子，前揭《臺海思慟錄》，頁5。

〔註99〕 參見王國璠，前揭《臺灣抗日史》，頁265。

〔註100〕 參見王國璠，前揭《臺灣抗日史》，頁 263～264；另見遠藤永吉，前揭《征台始末》，頁83。

〔註101〕 參見吳德功，《讓臺記》，收入前揭《讓臺三記》，頁 47～48。

〔註102〕 土城庄編，《近衛騎兵大隊三角湧方面敵情偵察小隊戰鬥經過ノ概要》（抄本），昭和六年，頁 7～9。三峽庄編，《三角湧表忠碑誌》，昭和十年）。轉引自黃秀政，前揭《臺灣割讓與乙未抗日運動》，頁214。

枋城大隊所派出的偵察隊。該偵察隊係由步兵特務曹長山本好道所率領二十二名騎兵組成，據《征台顛末》一書所載，山本偵察隊於三角湧頂埔水圳附近遭義軍伏擊，陣亡十九人，僅於三騎逃回〔註103〕，日軍建碑是主要為了紀念此十九名騎兵。

日軍既受阻於三角湧，為掃蕩三角湧、大料崁一帶之義軍勢力，遂提出「掃攘計畫」。頁二〇，載「七月十九日，近衛師團下令：山根支隊、內藤支隊、松原支隊；各率步兵、騎兵、砲兵、齊赴三角湧，協力攻打民軍」。然據《台灣總督府警察沿革誌》、《征台始末》所載，各支隊之編成命令係於七月二十日下達，七月二十二日始與抗日義軍遭遇，展開掃攘作戰〔註104〕。

日軍執行「掃攘計畫」後，將近衛師團主力移師新竹，並圖進攻苗栗。頁二一，載八月十三日（舊曆六月二十三日）「日軍川村少將與山根大佐（當作少將），分率兵隊，……，殊不知苗栗並無何等抵抗，一舉手即為日軍所得」。苗栗一役，日軍雖輕易得手，但主要之因並非抗日守軍「無何等抵抗」。按日軍攻佔苗栗係翌日八月十四日之事，其間義軍陳超亮、黃景雲、吳彭年、李惟義等人均曾作抵抗，甚至有屯兵營管帶袁錦清奮力抗敵，中砲死之事；惟因苗栗建縣未久，義軍無城無壘可守，遂使苗栗不守〔註105〕。

苗栗失陷，日軍遂直指彰化。頁二二，載彰化守軍有「在來之屯兵一營，知府黎景嵩所招募之新楚軍一營，吳彭年所率臺南增援兵一營，以外有吳湯興、徐驤、李惟義等，從苗栗帶來之民兵，練勇若干」。然據《臺海思慟錄》所載，臺灣中部受黎景嵩節制之各路義軍近七千人，共成十四營。除去吳湯興、姜紹祖、徐驤等人自成系統之義軍外，直接奉黎景嵩之命而招募義軍者，臺灣縣知縣史道濟募勇五百、署苗栗縣知縣李淦募勇千人、署雲林縣知縣羅汝澤募勇一千五百人，合計近三千人，約八營，其營制、營規依湘、楚舊章約略變通之，號「新楚軍」〔註106〕。「新楚軍」在經過尖筆山及苗栗附近之戰役後，防守彰化之兵力，雖已不足上述之八營，然據《明治二十七八年日清戰史》所載，亦有廖有才領新楚軍一營（約二百人），與吳湯興、徐驤之民勇共同駐紮八卦山舊堡壘，另有陳

〔註103〕參見（日）市毛淺太郎，《征台顛末》，台北：明治三十年，頁294～298。另見洪棄生，前揭《瀛海偕亡記》，頁7。

〔註104〕參見台灣總督府警務局編纂，《台灣總督府警察沿革誌》第二篇（上卷），昭和十三～十四年，頁89～70）。另見遠藤永吉，前揭《征台始末》，頁215。

〔註105〕參見黃秀政，前揭《臺灣割讓與乙未抗日運動》，頁220；另見王國璠，前揭《臺灣抗日史》，頁290。

〔註106〕參見思痛子，前揭《臺海思慟錄》，頁12。

尚志領新楚軍二營（約四百人），與許肇清之練勇一營駐紮彰化城內，作爲預備隊〔註107〕。是知黎景嵩麾下新楚軍當非僅有一營。

彰化失陷後，劉永福「令副將楊泗洪領福字軍接應彰化敗退友軍」（頁 23），據《東方兵事紀略》所載，楊泗洪所領者「鎮海中軍正營、後營、前軍右營、武毅右軍右營兼吉林砲隊」諸軍〔註108〕。另據《臺海思慟錄》載，先是光緒二十年五月之時，臺灣巡撫邵友濂與臺灣鎮總兵萬國本、臺南府知府唐贊袞等人籌辦海防，「派鎮海中軍正副兩營駐府城西門外，……，派鎮海中軍前後左右四營分駐白沙墩、喜樹港、曹厝莊、竹子港、鹽田等處」，是知鎮海中軍本爲臺南一帶之鎮兵〔註109〕；其後，「八月，劉永福到臺灣，帶有福字三營、七星隊一營」，是知福字軍乃劉永福來臺協防所率之黑旗舊部。〔註110〕 光緒二十一年五月，割臺議定，萬國本等人均奉旨內渡，臺南一切防務，悉由劉永福一人主持，其中廣軍福字諸營由蕭三發統之，而臺鎮諸軍分由李惟義、李英、楊錫九（即泗洪）、忠滿、吳光忠等人率領，楊泗洪所領即「鎮海中軍正後營及安平砲臺」〔註111〕。由此可知，楊泗洪馳援彰化所領的鎮海中軍並非福字營。

日軍佔領彰化之後，九月二日（舊曆七月十四日）進軍大莆林之際，遭遇抗日義軍反擊，造成嚴重損傷，斯役據本革命志抗日篇所載：

> 日軍乘勢，長驅進入大莆林，爲楊泗洪軍包圍攻擊，他里霧民軍亦奮勇協助，大敗日軍。楊泗洪不幸戰死，都司蕭三發代領福字軍。得七星軍協力，共同驅逐日軍至北斗溪。

是知九月二日於大莆林伏擊日軍之主將爲楊泗洪。當日激戰中，抗日軍雖「大敗日軍」，楊泗洪亦陣亡。按楊泗洪所部與七星軍則是在日軍攻陷彰化時，受劉永福之命北上支援抗日軍協防。事見本革命志抗日篇頁二三載：

> 臺南劉永福聞彰化失陷，即命王得標領七星軍鎮守嘉義，令副將楊泗洪領福字軍接應彰化敗退友軍。

本志所載大抵引自《明治二十七八年日清戰史》之記載，該書所載：

> ……楊泗洪所率領的福字軍前進支援彰化方面的友軍。不久又得到

〔註107〕參見參謀本部編，《明治二十七八年日清戰史》，該書與臺灣相關之第八編第三十五章與第十篇第三十九～四十二章，經由許佩賢翻譯，書名爲《攻臺戰記》（臺北市：遠流出版公司，1995 年 12 月出版），頁 392。

〔註108〕參見姚錫光，《東方兵事紀略・臺灣篇上》，收入於前揭《臺海思慟錄》，頁 61。

〔註109〕參見思痛子，前揭《臺海思慟錄》，頁 15。

〔註110〕同上註，頁 15。

〔註111〕同上註，頁 16。

皇軍先鋒部隊（澀谷騎兵大隊及千田步兵大隊）於九月三日孤軍深入大
莆林的消息，當時正好抵達嘉義附近的楊泗洪，以為機不可失，遂於三
日由四面奇襲，……，最後楊泗洪且戰死，……，劉永福得此報後，另
命蕭三發（都司）代替楊指揮福字軍〔註112〕。

此一記載亦與《東方兵事紀略》同，據該書所載：

初九日，彰化失守警電至；夜亥時，（劉永福）電令守備王德標統
七星營防守嘉義，副將楊泗洪統鎮海中軍正營、後營、前軍右營、武毅
右軍右營兼吉林砲隊赴前敵援攻，永福親赴曾文溪籌防禦。……，十一
日，泗洪率所部星夜進攻大莆林，精華、義成等率義民數千助戰，倭敗；
泗洪急追，倭反兵襲擊，泗洪中砲死〔註113〕。

由於劉永福調王德標、楊泗洪北上馳援中部抗日義軍一事，他書皆未曾載，由此可
知，本革命志抗日篇與《明治二十七八年日清戰史》一書，當出自《東方兵事紀略》
一書。至於楊泗洪戰死一事，《瀛海偕亡記》所載與《東方兵事紀略》大致相同：

七月壬子（十四日），敵前鋒一由北斗過雲林屬刺桐港，一過雲林
治斗六街，並至嘉義屬大莆林。……臺南軍再至。統領楊泗洪（或云姓
張）、朱乃昌並勇敢，而二軍不盈五百人。七月癸丑望（十五日），……，
二將奮而前，夜至大莆林，……二人伏軍路旁，引百人呼而入，縱火四
處，敵大驚，踉蹌奔出，責備我軍截擊，敵大亂，走至橋，橋為村戶薛
玉拆，半溺死。而楊、朱二軍乘後追擊，殺又大半。有日將殿後，泗洪
跳而前，欲生擒之，中槍亡〔註114〕。

然《讓臺記》所載與《東方兵事紀略》、《瀛海偕亡記》則略有出入，據該書所載：

七月十三日（西曆九月二日），日軍至他里霧、大莆林，士人迎之；
旋被眾圍殺，退駐北斗〔註115〕。

其中七月十三日當為西曆九月初一日，而非九月二日；至於所謂「士人迎之」，係
指大莆林義首簡精華與黃榮邦等人，鑑於抗清傷亡慘重，不願造成更多之犧牲，
遂願歸降，以保境安民。簡、黃等人之所以「迎之」而後復「圍殺」，實因日軍虐
殺當地婦女，致使簡精華決意再次抗清〔註116〕，斯役並未提及楊泗洪。至於楊泗

〔註112〕參謀本部編，《明治二十七八年日清戰史》，許佩賢譯，前揭《攻臺戰記》，頁393。
〔註113〕參見姚錫光，《東方兵事紀略・臺灣篇上》，收入於前揭《臺海思慟錄》，頁61。
〔註114〕參見洪棄生，前揭《瀛海偕亡記》，頁15。
〔註115〕參見吳德功，《讓臺記》，收入於前揭《割臺三記》，頁67。
〔註116〕參見黃秀政，前揭《臺灣割讓與乙未抗日運動》，頁229。

洪之死，《讓臺記》載：

> 八月二十日（西曆十月八日），日軍進駐大莆林，黑旗統將楊泗鴻力
> 戰死之，前安平知縣忠滿兵亦敗退。……劉黑旗以蕭三發統楊軍〔註117〕。

是知楊泗洪係參加八月十二日，第二次大莆林之役，力戰身亡。近人之研究如王國璠《臺灣抗日史》、黃秀政《臺灣割讓與乙未抗日運動》皆主吳德功之說。

　　今雖無其他記載可證何說為是，僅就上引各說，分析如次：

1、第一次大莆林戰役發生之時間有三說。姚錫光認為是七月十一日（西曆八月三十日），洪棄生認為是七月十四日至十五日（西曆九月二日至三日），吳德功則認為日軍在七月十三日抵達大莆林，旋因「軍隊誤殺婦女」，遂為民眾所圍攻，是以戰役當發生於七月十三日（西曆九月一日）以後；《明治二十七八年日清戰史》則稱楊泗洪聞日軍於西曆九月三日（舊曆七月十五日）孤軍深入大莆林，遂展開奇襲。是知該戰史亦主張戰鬥發生在七月十四至十五日之間，其說與洪棄生同。

2、第一次大莆林戰役之抗日軍主將則有二說。姚錫光與洪棄生，皆主第一次大莆林戰役抗日軍的主將為楊泗洪，義民僅是助攻而已，而楊氏亦於該役陣亡；吳德功則認為第一次大莆林之役，純粹是義軍首領簡精華等人所為；而楊泗洪則是在十月八日，日軍再次進攻大莆林時戰死。

3、就楊泗洪戰死大莆林之時間亦有四說。姚錫光認為是「十一日，泗洪率所部星夜進攻大莆林，……泗洪中砲死」；洪棄生認為是「七月癸丑望（十五日），……有日將殿後，泗洪跳而前，欲生擒之，中槍亡」，《明治二十七八年日清戰史》亦認為楊泗洪係死於西曆九月三日（舊曆七月十五日）；吳德功則認為「八月二十日（西曆十月八日），日軍進駐大莆林，黑旗統將楊泗鴻力戰死之」。

　　然據大古誠夫《台灣征討記》、遠藤永吉《征台始末》、松本正純《近衛師團台灣征討史》所載，日軍係於八月二十八日（舊曆七月初九日）攻陷彰化後，能久親王與山根信成分別派遣澀谷在明及千田貞幹，兵分二路追擊敗逃之抗日軍；九月一日，左右二翼日軍會師於大莆林，是夜屯住於大莆林；九月二日（舊曆七月十四日）遂遭大莆林伏兵突擊。其後雙方鏖戰多日，相持不下，終於九月七日（舊曆七月十九日）能久親王下達南進終止訓令，日軍遂於九月十一日撤返彰化，此即日方對於第一次大莆林戰役之記載〔註118〕。其中尤以大古誠夫乃日軍之從軍

〔註117〕參見吳德功，《讓臺記》，收入於前揭《割臺三記》，頁68。
〔註118〕參見（日）大古誠夫，《台灣征討記》（東京：今古堂活版所，明治二十九年），頁
　　　　226～237。遠藤永吉，前揭《征台始末》，頁 348～356。（日）松本正純，《近衛

記者，所載當無所誤。由此可知，洪棄生與吳德功所載較爲正確。且洪、吳二人皆彰化人，對中部抗日事蹟所知亦當較詳確。

光緒二十一年（1895）十二月日軍初入臺北城，當月月底，胡嘉猷等人即聯絡北部頂雙溪、宜蘭、金包里、淡水、臺北等各路義軍，擬在十二月三十一日共同起兵，收復臺北。有關頂雙溪方面義軍動態，該節頁三一載：

> 十二月二十八日，距總攻擊期約三日前，頂雙溪方面之抗日軍行動，爲密偵探悉，報告憲兵。日軍先發制人，立發軍隊，開始攻擊，此路抗日首領林李成、須錄英、王秋鴻等，共有義民軍一千餘人。不備中遭受攻擊，倉皇應戰，終於敗北。

據《台灣總督府警察沿革誌》所載，總督府係於十二月二十七日接獲密報，而非二十八日〔註119〕。又，據該章所述，林李成等人在頂雙溪方面遭受日軍攻擊，義軍倉皇應戰，以致敗北，並造成整體之聯合作戰，「有失機宜」。考《明治二十七八年日清戰史》所載：

> 十二月二十七日晚間，基隆東方頂雙溪守備隊（後備步兵第五大隊第五中隊之一小隊，隊長爲鐮田之少尉）掩襲潛伏在其附近竿蓁坑庄及內坪林的賊首林李成不克。二十八日反遭賊徒攻擊，頂雙溪失守，……，直到二十九日正午，獲得瑞芳守備隊（後備步兵第五大隊第五中隊，隊長爲上田省治大尉）來援，……，然賊勢愈發猖獗，……，中隊只好退往瑞芳。三十日早晨抵達瑞芳，與從基隆來援的二個步兵小隊（森脅宇之助少尉所率領的後備步兵第五大隊第四中隊之一個半小隊，及第三中隊半小隊）共同防守此地，後來又爲賊徒所逼，與基隆的聯絡幾乎斷絕，中隊乃於日暮時再度撤退。不久，基隆守備隊長（步兵中佐安藤照）率領第三中隊來援，會合後便一起在龍潭堵西方露營〔註120〕。

是知頂雙溪方面之戰事係起於十二月二十七日晚間。最初日軍實處於不利之地位，直到三十日，日軍獲得瑞芳與基隆方面之增援，軍力共計二個步兵中隊與一個半步兵小隊，但仍陷困境中。臺北的兵站監比志島義輝少將聞訊，重新部署基隆、瑞芳一帶之防務：

師團台灣征討史》（東京：台灣影話會影印，明治二十九年），頁 165～169。

〔註 119〕參見台灣總督府警務局編纂，《台灣總督府警察沿革誌》第二篇（上卷），昭和十三～十四年，頁 292。

〔註 120〕參見參謀本部，《明治二十七八年日清戰史》，許佩賢譯，前揭《攻台戰記》，頁362。

　　……臺北的兵站監（比志島義輝少將）……，遂派一個步兵中隊（後備步兵第四聯隊第十一中隊，隊長爲興津景敏大尉）增援基隆，並命另一中隊（後備步兵第四聯隊第十中隊，隊長爲村野高光大尉）爲討伐隊，從七堵經暖暖街往瑞芳前進。……一月一日，安藤中佐開始進攻頂雙溪附近的賊徒。一月二日，安藤中佐向兵站監請求再增援二個步兵中隊，並以後方的剩餘部隊據守三貂大嶺，與賊徒對峙〔註121〕。

據前引文可知，日軍數度增援，前後共調動六個步兵中隊（其中第十一中隊調防基隆），戰局始見扭轉。而頂雙溪之戰事一直要到一月九日始得平息：

　　七日起，（安藤）中佐率領大部份兵員前進至頂雙溪，擊退附近賊徒。九日攻破蓁坑庄的賊徒巢窟，並將之燒毀，附近才告平定〔註122〕。

由此可知，頂雙溪一帶義軍抗日並非如本志所稱「不備中遭受攻擊，倉皇應戰，終於敗退。因此一事，致全體作戰，有失機宜」。

　　光緒二十一年底，北部義軍聯合抗日戰役，有關宜蘭方面義軍動態，該章頁三一載：

　　二十八日以後，即漸次於秘密裡，向宜蘭進軍。至十二月三十一日夜間，大屯山上火號一起；宜蘭城立刻爲抗日軍包圍得水洩不通。……，一月八日，（日軍）出城反攻，抗日軍遂解圍去。

據《明治二十七八年日清戰史》所載，當時日軍宜蘭一帶部署兵力約有四中隊，但遭受抗日軍猛攻，僅足以自守，情況亦頗危急。八日，日軍「再度出擊，雖然擊退賊徒，但因彈藥缺乏，兵卒也甚爲疲乏，因此無法向遠處追擊」，二書所載，至此大抵相同〔註123〕。其後，該章所載日軍在八日反攻義軍後，義軍遂解圍去，與《明治二十七八年日清戰史》所載稍有差異，按《明治二十七八年日清戰史》所載：

　　九日，派遣將校（赤木武郎少尉）至臺北，請求援兵及彈藥。……結果賊徒並未來襲，大部份已退至礁溪庄附近。……彈藥從十日陸續抵達，至十三日下午，混成第七旅團的一部份抵達宜蘭，十五日大部份援兵都已抵達。……從十七日起進剿宜蘭北方的賊徒，……十九日，向頭圍街前進，……直到二月初終於大致底定〔註124〕。

是知所謂「一月八日，出城反攻，抗日軍遂解圍去」，並非當時之實際戰況。

〔註121〕同上註，頁363。
〔註122〕同上註，頁264。
〔註123〕同上註，頁367。
〔註124〕同上註，頁367～368。

臺灣地處東南，爲東南沿海之藩籬，亦屬東南亞航運之要衝，是故臺灣因其地理環境特殊故，歷代厥爲外族所覬覦，「革命志」正爲彰顯國人對抗外人侵略，不屈不撓之民族精神。若謂中國傳統之方志本無「革命」一目，然方志之載史，乃因地而制宜，以臺灣一地之特殊環境，欲彰顯其民族精神而設立「革命」一志，本屬無可厚非之事；然若爲發揚此民族精神，而致方志纂修在體例方面，有所難爲，則當三思之。

就纂修的體裁而言，本革命志，雖稱之爲「志」，實爲「紀」體。「紀」者敘事之體，其初本於春秋編年，至袁樞紀事本末是爲一變。方志之有「紀」，始自於元張鉉《至正金陵新志》〔註125〕；清初顧炎武撰《營平二州史事》，開一代之先，厥爲定制〔註126〕。略按「紀」體所載，若爲編年條列，則其所載當言之有序，以爲全志之題綱；若敘事之本末，則其所載當言之有物，以明史事之原委。要之，歷史敘述除以歷史眞實爲尙之外，編年記事首重事件發生先後之順序，紀事本末則以事件性質之異同爲類例。本革命志各篇雖有編年記事者，然以其標榜民族精神言之，所謂「革命志」，即是以「革命」爲事類，記載有關革命事件之本末，是以本革命志之體裁，當屬紀事本末體。

其次，就章節層次言之，本革命志之驅荷篇、拒清篇，與抗日篇，三篇的章節編排層次皆不相同，頗失其體。按驅荷篇之章節層次，係以篇爲首，篇下分章，章下分節，章節皆以數序繫之，至節下之目則以天干繫之，目下各項復以數序繫之；而拒清篇之章節層次，在章節二層次，亦皆以數序繫之，同於驅荷篇，惟節下之目仍以數序繫之，目下各項始以天干繫之，與驅荷篇恰爲相反。二篇章節於此處有所差異，頗見其疏失。抗日篇之章節層次，僅至於節，章節俱以數序繫之，與驅荷、拒清二篇同，節下雖不復分目，猶不妨其體例。

再次，就《臺灣省通志稿》之內容而言，本革命志所載事蹟，既見於「史略」，復見於「人物志」，疊床架屋，不免冗贅。以本革命志分篇記載而言，明鄭三世之事蹟，本革命志將之分載於驅荷與拒清二篇，如此一事二載，不免有割裂史實之弊。然明鄭事蹟兼具驅荷與拒清之性質，牽涉廣泛，不論是驅荷或拒清任何一篇，勢難盡載而不違各篇之題例。若盡取明鄭三世，別爲一篇，則又不易標立出

〔註125〕按王葆心在《通志條議》一書中指出，方志之有「紀」，係始於宋高似孫之《剡錄》。參見氏著，《通志條議》（臺北市：臺灣書店，民國46年），頁3。然《剡錄》所載之「縣紀年」，實爲編年列表之「大事記」，與《至正金陵新志》在大事年表之外，別有通紀不同。參見張鉉，《至正金陵新志》，收錄於《宋元地方志叢書》（臺北市：中國地志研究會，民國67年）。

〔註126〕參見王葆心，前揭《通志條議》，頁3〜4。

與「驅荷」、「拒清」、「抗日」相符之篇名。且驅荷篇所載明鄭事蹟佔十之八九，若裁篇別出，則驅荷篇之篇幅亦有不足之慮。再者，有關鄭成功之事蹟，並非全然可以驅荷或拒清框限之。按鄭成功生平事蹟，其於永曆十五年進軍臺灣前，已然雄據金廈，高舉抗清旗幟，縱橫閩浙一帶十餘年，諸此事蹟，雖名為抗清大業，卻與臺灣之歷史無直接之關係，載之於本革命志之拒清篇中，已屬不當，更遑論是置於驅荷篇。是以有關明鄭三世之事蹟，載之則嫌其冗，刪之復失於簡，分則有割裂之弊，合亦有為例不純之譏，誠為《臺灣省通志稿》在體例類目上的嚴重疏失。而此刪載分合皆為兩難之困境，正因《臺灣省通志稿》於民族精神三致其意，別立「革命」一志所致。本革命志因求民族精神之彰顯，致使方志纂修有所不妥之處，除上述體例類目之外；在歷史敘述之真實性方面，也因強調此民族精神之價值判斷，致使史事之記載，往往有曲筆矯飾之嫌，其隱彼之是，揚彼之非，張顯己善，諱言己惡，實非主張客觀的史家所當為。

史家所重者，不外事、文、義三者。本革命志「驅荷」、「拒清」、「抗日」三篇之記載，除了上述好斷之以民族大義的通病外；在聞見之事，以及敘事之文二方面，大抵驅荷篇詳於考證，擅敘事理，所載文成規矩，事具始末，為三篇之最佳者〔註127〕。拒清篇第一、二章，與驅荷篇同，尚稱佳志；惟第三章有關清人治下之拒清運動，文尚虛美，事多隱晦，實無「文直事覈」之優點；然其敘事尚稱詳贍，事類亦服條理，較諸考索不工、記事棼亂的抗日篇，猶勝一籌。而抗日篇之失，在於該篇僅以《明治二十七八年日清戰史》，以及《台灣總督府警察沿革誌》二書為本，直接抄引轉錄而成，加上所引用之二書，俱為日人所著，其行文之取向，悉以日人之立場為之，與《臺灣省通志稿》所標榜之民族精神，多有牴牾，抗日篇引用該二書時，不得不加以刪汰修改，遂至文意斷續，錯誤屢見，為《臺灣省通志稿‧革命志》較不理想的一篇。

〔註127〕儘管盛清沂於〈臺灣省通志稿整修擬目之商榷〉一文指出，本革命志驅荷篇，「時見主觀評語，不署出自何人，微之史志義例，似有未宜。」然據本文之研究，驅荷篇之謬載者，仍較其他二篇為少；又該篇在篇末附錄參考書目，為其他二篇所無；且其行文標示出處的情形，亦較抗日篇全然未標出處為佳。

表3-5：《臺灣省通志稿・革命志》拒清篇所載清領臺灣時期的拒清事件

年　　代	人物	地點	原　　因	備　　考
康熙三十五年	吳球	諸羅新港	明之遺民，素有大志其妹婿陳樞為鳳山縣吏，因犯事慮見罪，遂與吳球共舉事。	舉事未成，遭官捕。
康熙四十年	劉卻	諸羅	以武力雄一鄉。顏自負，謀起事。以守土官吏庸懦無能，遂輕之。	攻下茄荎營，毀之。後遭官討伐，敗走，被補。
康熙六十年	朱一貴杜君英	鳳山羅漢門	明之遺民，鄭氏部將。以地方官苛虐，濫捕會黨及私伐山林者，致使人民怨憤。	攻岡山，陷府城，七日盡取全臺。稱中興王，建朔永和，部眾三十五萬。施世驃、藍廷珍共擊之，縛之送京，磔於市。
雍正十年	吳福生	鳳山陴頭	部屬多朱一貴黨。以番亂未靖，郡中空虛，圖起事。	樹幟於家，至者百數十人，然以所邀人未盡至，延期翌日。夜襲岡山汛，焚之。供詞則云：初同林好等二十八人，執械夜焚岡山汛。沿路趕人入夥，約有三四百人，為總兵所敗，逃竄於山。
乾隆三十五年	黃教	岡山	為地方豪者，極好客，亡命歸之。因與黃弼齟齬，黃弼訴於官，遂聚眾起事。	取岡山，襲營汛，鎮兵圍之，未能遽下，後不知所蹤。
乾隆五十一年	林爽文	彰化大里杙	因械鬥欲聚眾以自衛，遂入天地會。後以道府緝捕會眾，致民怨，遂起事。南路莊大田起於鳳山。	夜襲大墩，陷彰化，殺知府，南北皆應之。建元順天，尊故明。為福康安、海蘭察所敗。
乾隆六十年	陳周全	彰化	天地會眾，嘗與蘇裳於泉州起事。後與鳳山陳光愛謀起事。	瑪旗糾旅，至者數千人。陷鹿港，破彰化。部眾各懷離心，乃走海口，被捕。

嘉慶年間	蔡牽、朱濆	橫行東南沿海	海盜	蔡牽建號光明，稱鎮海威王。縱橫東南沿海，為李長庚、王得祿等剿滅。
嘉慶十六年	高夔	淡水廳海山堡	（天地會）以迷信結會聚眾。藉漳泉械鬥，眾人齊集之便，與高姣謀起事。	各莊騷動，官兵往拒，亡命被捕。
道光二年	林永春	噶瑪蘭	以私煎樟腦之利，糾眾設盟以抗官。	福建提督許松年調兵剿之，遂擒林永春。
道光四年	許尚楊良斌	鳳山	聚眾為盜，以官銳意補盜，遂起事。	許尚密議襲下淡水縣丞衙門，未果遭補。楊梁斌繼起，眾數千，為知府方傳穟所破。
道光十二年	張丙	嘉義	歲旱，禁米輸出，米商賂生員庇運，遭盜，誣指張丙，訴於官。會閩粵械鬥，官獨懲閩民，張丙憤官之偏執，乃起事。	年號天運，稱開國大元帥。襲掠各汛，眾至三萬，南北皆應之。為馬濟勝所敗。
道光二十四年	郭光侯	臺灣縣	官行折穀納銀之法，民多觀望，皂隸四出催糧，輿情沸騰，幾至變，郭光侯乃渡海訴於官。	清廷下諭治縣官胥吏罪，事乃平。
咸豐三年	李石林恭吳賣	臺灣縣	會太平軍興，小刀會（天地會）眾分於臺廈起事，以興漢滅滿為言。北路李石、南路林恭俱起。	與楊文愛等十數人樹旗灣裏街，殺臺灣、鳳山二知縣，林恭建號天德，稱鎮南大元帥。南路營參將曾元福獨守鳳山，巡道徐宗幹平之。
同治元年	戴潮春	彰化	因立會黨與官衝突，遂起事，以效太平天國故事。	會眾數萬人，戴潮春稱東王，林日成為南王。丁曰健、林文察平之。
光緒十二年	施九緞	彰化	以清賦丈田之弊，激民反。	會者數千人，圍彰化。劉銘傳命林朝棟平之。

資料來源：《臺灣省通志稿‧革命志》，拒清篇，（臺北市：臺灣文獻委員會，民國 49 年 6 月）。

表 3-6：清領臺灣時期拒清事件《臺灣省通志稿‧革命志》拒清篇未載事蹟者

年　　代	人　　物	年　　代	人　　物	年　　代	人　　物
乾隆三年	許國珍楊文鄰	乾隆五十一年	鳳山陳天	嘉慶五年	陣頭汪降
嘉慶七年	白啓	嘉慶十年	陣頭吳淮泗	嘉慶十五年	陣頭許北
嘉慶二十五、六年	滬尾盧天賜、林鳥興	道光六年	淡水黃文潤、李通	道光七年	鳳山吳邦英
道光十年	噶瑪蘭林瓶	道光十四年	嘉義許戀成	道光十六年	嘉義沈知、淡水黃斗奶
道光十八年	鳳山張貴	道光二十一年	鳳山陳沖嘉義江見、林旺張	道光二十七年	鍾阿山、洪紀、鄭戀狗
道光二十九年	嘉義吳允	咸豐三年	嘉義曾家角	咸豐四年	嘉義賴鬃
同治元年	淡水揚升	同治十一年	廖富	光緒元年	臺灣縣蔡顯老

資料來源：《臺灣省通志稿‧革命志》，拒清篇，（臺北市：臺灣文獻委員會，民國 49 年 6 月）。

表 3-9：臺灣民主國文官一覽表

職　稱	姓　名	籍　貫	原 任 職 務	備　　考
大總統	唐景崧	廣西灌園	臺灣巡撫	
大將軍	劉永福	廣西欽州	南澳鎮總兵	
團練使	邱逢甲	臺灣	在籍工部主事	
遊說使	姚文棟	上海	候補道員	
內務督辦	俞明震	浙江山陰	刑部主事	布政使顧肇熙離職後繼任。
外務督辦	陳季同	福建閩縣	花翎副將	
軍務督辦	李秉瑞	福建	禮部主事	
兵備道	區鴻基	廣西龍勝		原兵備道為陳文騄。區鴻基未到任前由忠滿護理。
臺北府知府	俞鴻	浙江嘉興	候補同知	原臺北府知府為管元善
臺灣府知府	黎景嵩	湖南湘潭	臺北府撫民理番同知候補同知	原臺灣府知府為孫傳袞
臺南府知府	忠滿	滿州		原臺南府知府為朱和鈞

淡水知縣	凌汝曾	浙江吳興	候補知縣	原知縣爲李淦
新竹知縣	王國瑞	廣東番禺	新竹知縣	
宜蘭知縣	俞秉焜	浙江德清	宜蘭知縣	
苗栗知縣	李烇	廣東嘉應	臺北府經歷	
臺灣知縣	史道濟		淡水知縣 候補知縣	
彰化知縣	羅樹勳	湖北鍾祥	葫蘆墩巡檢	原知縣爲丁彎
雲林知縣	羅汝澤	湖北鍾祥	撫轅巡捕	原知縣爲呂兆黃
嘉義知縣	孫育萬	福建惠安	大武壠巡檢	原知縣爲葉意深
安平知縣	忠滿	滿州		原知縣爲壽平。
鳳山知縣	盧自嶸		臺南府經歷	
恆春知縣	歐陽萱	江西南昌		
臺東知州	胡傳	安徽績溪		
基隆同知	方祖蔭	安徽桐城		
南雅通判	宋維釗	廣東花縣		
埔里通判	溫培華	廣東嘉應		原通判爲潘文鳳

參考資料：王國璠，《臺灣抗日史》（臺中市：臺灣省文獻委員會，民國70年1月），頁211～212。

表3-10：北部軍事部署概況表

防　區	主將職稱	姓　名	部將姓名職稱	統帥兵勇番號營數	備　考
臺　北	總統	唐景崧	營官黃翼德	護衛營一營	《臺海思慟錄》頁三，載爲副將
			統領黃義光	撫標親兵右營一營	
			黃華來	撫標親兵左營	
	團防大臣	林維源	試用巡檢潘光松	勁字前營一營	
			五品軍功黃南球	勁字中營一營	
			將領不明	漁團二營	

			記名簡放提督	張兆連	銘軍定海中營一營	
基　隆	北路防軍統領				記名總兵陶廷樑	銘軍定海前營一營	駐田寮港，移九份
					統領張正玉	銘軍定海正營一營	駐社寮
					副將曾蘭亭	銘軍定海左營一營	駐仙洞
					記名總兵林傳	銘字軍建營一營	駐北斗
					統領陳登科	銘字軍後營一營	駐頂雙溪
					記名總兵陳華廷	銘字軍正營一營	駐海口
					營官劉燕	銘字軍砲隊一隊	駐仙洞砲臺
獅球嶺	賞穿黃馬掛		二品銜候補道	林朝棟			
					分統官林超拔	棟字軍先鋒營一營	
					分統官林廷輝	棟字軍護衛營一營	
					五品軍功賴寬	棟字軍前營一營	駐大貢尖
					分統官傅德陞	棟字防軍營一營	
					分統官謝天德	棟字軍右營一營	駐紅淡林
					分統官鄭以金	棟字軍左營一營	駐虎仔山
					分統官袁明翼	棟字軍一營	駐佛祖嶺
三貂嶺	記名總兵			徐邦道	銘字前營一營	
					守備宋忠發	防軍先鋒營一營	
					軍功沈萬田	防軍右營一營	
					軍功陳學才	防軍左營一營	
瑞　芳	副將			吳國華	威遠軍左營三營	
					游擊楊連珍	威遠軍右營一營	
	不明隸屬				統領胡連勝	新募廣勇一營	
					統領包幹臣	新募廣勇一營	
					統領陳柱波	新募廣勇一營	

金包里	提督		陳得勝		淮勇千人	
	不明隸屬		陳國柱		新募廣勇一營	
澳　底	記名提督	曾喜照	連勝軍中營一營			
			五品軍功徐天賜	連勝軍左營一營	駐九份	
			記名總兵孫占彪	連勝軍右營一營	駐蚊仔坑	
			軍功簡淡水	臺協左營一營	駐鹽寮山	
滬　尾	郎陽鎮總兵	綦高會	威武軍四營		駐關渡口	
			記名總兵廖得勝	防軍二營	共守滬尾砲臺,《臺海思慟錄》頁二	
			海壇協副將余致廷	番號不明一營		
	記名總兵	胡友勝	粵勇二營			
			營官鮑崇光	粵勇一營		
			將領不明	粵勇一營		
八里坌	都司	黃宗河	營官將領不明	臺協右營一營		
大料崁	記名提督	余清勝	番號不明四營,營數亦不確定		《臺海思慟錄》頁五作余得勝	
楊梅壢	總兵	吳光亮	臺協軍八營		前澎湖鎮總兵	
新　竹	花翎副將	楊載雲	新楚軍二營			
	義軍統領	吳湯興	義軍四營			

參考資料：王國璠,《臺灣抗日史》(臺中市：臺灣省文獻委員會,民國70年1月),頁213
　　　　～217。黃秀政,《臺灣割讓與乙未抗日運動》,頁114～115。

表3-11：日軍侵臺陸軍兵力表

番　號	轄　屬	兵　力	主官職稱	姓　名
近衛師團本部	師團長		陸軍中將	北白川宮能久親王
	參謀長		陸軍大佐	鮫島重雄
	參謀		陸軍中佐	緒方三郎
	參謀		陸軍少佐	明石元三郎
	軍需部長		軍需監	藤原清吉
	軍醫部長		軍醫監	木村達

近衛師團 直屬部隊	近衛騎兵大隊	四中隊	大隊長陸軍中佐	澀谷在明
	近衛砲兵聯隊	三大隊	聯隊長陸軍中佐	隈元政次
	近衛工兵大隊	三中隊	大隊長陸軍中佐	小川亮
	近衛輜重大隊	三中隊	大隊長陸軍少佐	增野助之
近衛第一旅團	旅團長		陸軍少將	川村景明
	步兵第一聯隊	三大隊	聯隊長陸軍大佐	小島政明
	步兵第二聯隊	二小隊	聯隊長陸軍大佐	嵃井重孝
近衛第二旅團	旅團長		陸軍少將	山根信成
	步兵第三聯隊	二大隊	聯隊長陸軍中佐	伊崎良熙
	步兵第四聯隊	二大隊	聯隊長陸軍大佐	內藤政明
混成枝隊		步兵三大隊 砲兵一中隊	枝隊長陸軍大佐	比志島義輝
第二師團本部	師團長		陸軍中將	乃木希典
	參謀長		陸軍大佐	大久保利眞
	參謀		陸軍中佐	仙波郎太
	參謀		陸軍少佐	仁田原重行
	軍醫部長		軍醫正	谷口謙
第二師團 直屬部隊	騎兵大二大隊	四中隊	大隊長陸軍中佐	山岡光行
	砲兵第二聯隊	三大隊	聯隊長陸軍大佐	西春精一
	工兵第一大隊	三中隊	大隊長陸軍大佐	木村才藏
	輜重第二大隊	三中隊	大隊長陸軍少佐	新庄正雄
步兵第三旅團	旅團長		陸軍少將	山口素臣
	步兵第四聯隊	三大隊	聯隊長陸軍大佐	仲木之植
	步兵第十六聯隊	三大隊	聯隊長陸軍大佐	福島榮志
步兵第四旅團	旅團長		陸軍少將	貞愛親王
	步兵第五聯隊	三大隊	聯隊長陸軍大佐	佐佐木直
	步兵第十七聯隊	三大隊	聯隊長陸軍大佐	龍木美輝
混成第七旅團	旅團長		陸軍少將	大久保春野
	步兵第八聯隊	二大隊	聯隊長陸軍大佐	前田隆禮
	步兵第九聯隊	二大隊	聯隊長陸軍中佐	草場彥輔之

參考資料：王國璠，《臺灣抗日史》（臺中市：臺灣省文獻委員會，民國 70 年 1 月），頁 224
～225。

第四章　論《臺灣省通志稿・學藝志》之纂修

　　傳統之方志僅列「藝文」一類，近人李泰棻始改稱「學藝」〔註1〕。「學藝」之謂，據本志稿哲學篇所載：「學藝者合科學與藝術之稱也」。可知本志稿所指乃當前學術領域中之一切學問〔註2〕，其中當包含括文史科哲、政治、經濟，以及藝術等諸般社會科學之屬。由此一定義可知，本學藝志所記載範圍之精神與傳統正史藝文志相仿，而與傳統方志藝文類不同；然若以纂修之方法言，本學藝志又與正史藝文志不同，而與方志藝文類部份相似。

　　《臺灣省通志稿・學藝志》之纂修範圍與內容，楊雲萍與林熊祥曾分別於民國三十七年及三十九年，先後草擬「臺灣省通志凡例綱目」〔註3〕（參見表4-1），其中林氏所擬之綱目凡例，後為《臺灣省通志稿》所本。按楊氏所擬之綱目包括哲學、科學、文學、藝術四篇，原可說是符合正史藝文志「包括一切學問」之標準，而與方志藝文之收錄僅止於文史之類不同。然實際成書之時，則缺陳漢光纂修之科學篇，僅存哲學、文學、藝術三篇。哲學一篇是否恰當，尚待商榷（本文

〔註1〕參見李泰棻，《方志學》（上海：上海商務印書館，民國24年1月），頁97～98。
〔註2〕由於《臺灣省通志稿》最初於民國40年內政部所核定之綱目，係由林熊祥所擬定，而哲學篇第一章理則亦為林熊祥所纂，故此處之解釋當可作為該志對「學藝」之原始定義。
〔註3〕按民國37年臺灣省通志館即已籌畫臺灣省通志之纂修，當時曾聘請楊雲萍草擬「臺灣省通志體例綱目」，並於是年9月召開第三次臨時編纂會議，通過楊氏草擬之「臺灣省通志假定綱目」。民國38年臺灣省通志館改組為臺灣省文獻委員會之後，復以林熊祥重新擬定「臺灣省通志凡例綱目」，並於民國40年呈內政部核定，此即今《臺灣省通志稿》所本之凡例綱目。楊氏所擬之綱目凡例收錄在《臺灣通志館刊》創刊號，頁5～20。林氏所擬綱目凡例收錄在《文獻專刊》，第二卷第一、二號，頁51～67。

於後將作討論）；扣除哲學篇不論，則本學藝志僅有文學與藝術二篇，稱之爲「文藝」似較恰當，稱之爲「學藝」則有不妥。惟新方志之編纂，當以一地之社會全體現象爲記載之範疇，豈可以「文藝」爲限，此本學藝志在記載類目的選取範圍方面，有所失當之處。

表 4-1：楊雲萍與林熊祥草擬學藝綱目一覽表

楊擬章次	楊擬節次	楊擬目次	林擬篇次	林擬章次
序　說				
科　學	概況		科學篇	自然科學
	自然科學			應用科學
	社會科學			人文科學
文　學	明鄭時代之文學		文學篇	散文
	科舉時代之文學			詩歌
	日本時代之文學			雜記
	民間文學	民謠		歌謠
		通俗小說		小說
				戲劇
藝　術	金石		藝術篇	金石
	書畫			繪畫
				書法
	戲劇			
	音樂			音樂
	電影			工藝
	舞蹈			舞踊
	雕刻			雕塑
				建築
				紋繡
出版物	明鄭時代及其以前出版品			
	滿清時代之出版品			
	日本時代之出版品	新聞		

		什誌	
		通訊社	
		科學著作	
		文學著作	
		其他著作	
學藝團體	文會		
	詩社		
	藝術團體		
		哲學篇	理則
			自然哲學
			倫理哲學

資料來源：楊雲萍，〈臺灣省通志假定綱目〉《臺灣通志館館刊》，創刊號，民國 37 年十月，頁 5～20。林熊祥，〈臺灣省通志凡例及綱目〉《文獻專刊》，第二卷第一、二期，民國四十年五月，頁 51～67。

　　就本學藝志之章節而言，如上所述包括有文學、哲學、藝術三篇。（各篇章節及纂修者與林氏所擬相關之章節綱目，參見表 4-2）。從表 4-2 可知，林氏所擬之綱目係採以類目之性質為分類標準，就纂修方式而言，當屬橫分類目，再依各目縱述歷史，類似傳統「書志體」分類記述之法。與成稿之篇章比較，除哲學篇之章節完全一致外，藝術篇略有刪削合併，文學篇則全盤更動。今就本學藝志在章節及體例之編訂、纂修之方法及內容等方面，分篇討論如下。

表 4-2：林熊祥擬學藝章節與《臺灣省通志稿・學藝志》章節一覽表

篇　次	林擬章次	章　　次	節　　次	纂修者
文學篇	散文 詩歌	第一章荒服時代	第一節古族文學（山地歌謠） 第二節施肩吾之澎湖詩	徐坤泉
	小說	第二章明鄭時代	第一節沈光文及其他	徐坤泉
	戲劇	第三章滿清時代	第一節康熙雍正年間	徐坤泉
	歌謠 雜記	第三章清代文學續	第二節乾隆嘉慶年間 第三節道光咸豐年間 第四節同治光緒年間	徐坤泉 廖漢臣

文學篇		第四章日據時期	第一節概述 第二節乙未之役與詩人之抗爭 第三節臺灣淪陷紀哀 第四節日人暴行記實 第五節內渡詩人之心境 第六節淪陷詩人之窘狀 第七節詩社之發展與詩人輩出 第八節保存民族文化與諸刊物 第九節主要作家與其作品	廖漢臣
哲學篇	理則	理則（曾天從）		林熊祥
	自然哲學	自然哲學（嚴靈峰）		林熊祥
	倫理哲學	倫理哲學（李春生）		曾天從
藝術篇	繪畫	第一章早期藝術		杜學知
	雕塑 書法	第二章美術	第一節美術界的先驅 第二節初期美術運動 第三節臺展與府展 第四節臺陽美術協會及其他 第五節臺灣全省美術展覽會 第六節青雲美術展覽會 第七節臺灣全省教員學生美展 第八節最近成立之美術團體	王白淵
	音樂	第三章音樂	第一節引言 第二節國樂 第三節西洋音樂	吳瀛濤
	工藝 紋繡	第四章工藝	第一節引言 第二節工藝現狀 第三節結語	顏水龍 林世明
	建築 金石	第五章建築	第一節引言 第二節大陸系建築 第三節西洋系建築 第四節結語	王白淵
	舞踊			

資料來源：林熊祥，〈臺灣省通志凡例及綱目〉《文獻專刊》，第二卷第一、二期，民國 40 年 5 月，頁 51～67。《臺灣省通志稿‧學藝志》（臺北市：臺灣文獻委員會，民國 47 年 6 月）。

第一節　文學篇之體例與內容

　　本學藝志文學篇之章節，原由林熊祥所擬定之綱目係以文學之種類爲第一層次之分類標準，分別列有散文、詩歌、小說、戲劇、歌謠、雜記等六類。而成稿後之新章節，則改以時間爲標準，依時代先後立「荒服時代」、「明鄭時代」、「滿清時代」、「日據時期」四章。就此章節編製之形式，似屬以時間敘述爲主的「地方史」纂修方式。然該篇在纂修方法上，日治時期以前是取法傳統方志藝文著錄詩文之法，日治時期始改採專題研究法纂述臺灣一地之文學史，因此造成纂修方式上有前後不一致之情形。此一情形實因本學藝志文學篇之纂修係由徐坤泉與廖漢臣二人分別負責，而二人在纂修體例上未能一致所致。其中徐坤泉負責日治時期以前之臺灣文學，廖漢臣則負責日治時期之臺灣文學；纂修期間，徐氏於修完第一冊（第一章荒服時代、第二章明鄭時代、第三章滿清時代第一節康熙雍正年間）後，便罹病逝世，未完成之部份（第三章之第二節乾隆嘉慶年間、第三節道光咸豐年間、第四章同治光緒年間之臺灣文學），遂交由廖漢臣續成其稿。廖漢臣在清代文學之續稿中，雖大致保留徐氏之體例，然在若干纂修方法上，仍有所變更〔註4〕。此所以造成該篇體例不只在日治時期前後有所不同，且在清代文學之記載上，亦出現纂修方法不一致之情形。比較徐氏與廖氏的纂修方法，有三項明顯之差異：

　　其一，廖氏纂修之日治時期臺灣文學部分，頗重視時代之演變及作品之特徵，因此章節方面除了第九章採傳統方志藝文志收錄文章著作外，其餘八章皆屬對臺灣文學發展史之專題研究與撰述。且在第九章作者簡介之部分，亦多能敘述作者生平、時代背景與著作風格。徐氏於此則顯得較爲簡略，僅在各時代之下，加上一篇「小序」，對當代文學略作簡述而已；於人物小傳方面，亦僅直錄舊志之記載。就此而言，徐氏所纂記注有餘而撰述不足，而廖氏所纂雖重撰述，猶能不廢記注。二者得失，不言自明。

　　其二，在文學作品的選錄方面，各章所收錄之文學作品中，散文有逐漸減少之情形，見表4-3：

〔註4〕參見廖漢臣纂修，《臺灣省通志稿・文學篇》，第二冊，序言。

表 4-3：《臺灣省通志稿‧學藝志》文學篇文學作品一覽表

章	節	纂修者	人物	韻文	散文
明鄭時代	第一節沈光文及其他	徐坤泉	七	二四	八
滿清時代	第一節康熙雍正年間	徐坤泉	一三	二五九	四八
清代文學續	第二節乾隆嘉慶年間	廖漢臣	二一	三一一	二
	第三節道光咸豐年間	廖漢臣	三三	四五二	三
	第四節同治光緒年間	廖漢臣	二一	三二三	一
日據時期		廖漢臣	一六	三七六	一
總　　　計			一一一	一七四五	六三

　　由表 4-3 可知，徐坤泉與廖漢臣二人，在韻文收錄方面雖無顯著之差異，但散文部份，徐坤泉所收錄者明顯較廖漢臣為多，顯示廖漢臣較徐坤泉更偏重於韻文，而忽略散文。

　　其三，徐坤泉在本學藝志文學篇第一冊中，編製有文獻徵引出處索引作為附錄，其後廖漢臣在第二冊與第三冊中，並未援例編製。按近代學術研究頗重視文獻徵引出處之著錄，徐氏能於卷末編製索引，既具文獻徵實之義，亦有利於後人研究之所資，實為較進步之方法。惜該章資料索引僅有編製著錄詩文之出處，而未及於傳記與敘事所引用之資料出處，不免小有瑕疵。而廖氏續修於後，未能踵事其華，不僅有失史料徵實之義，且使文學篇之體例有前後不一致之譏。

　　就本學藝志文學篇之記注部份而言，文學一篇之記載方式，本當以文學類目為綱，分類記載各式文學作品；若不以文學類目為分類，尚可以時代先後為順序，是重文學發展史之意。然本學藝志文學篇收錄文學作品之法，係以時代先後為章節順序，似有重視歷史發展之意，惟其於時代之下標錄作家，以類萃詩文，特重人物，實非善例。此種「以時繫人，以文附人」之編纂法，與傳統方志藝文「以文附類，以人附文」之法略有不同。按歷來修志者雖認為「一邑著述目錄，作者源流始末，俱無稽考，非志體也」，然若作者於藝文中載其事蹟，又於人物傳其生平，則「一人之事，疊見三四門類」，「體裁繁瑣，莫此為甚」〔註5〕。因此學者大多主張藝文一類既視文章書目為主要之著錄內容，就應當以文章著述之源流與性質作為類別分目之標準，由此分類選文，並置題跋考訂於文後，而作者之名標於

〔註 5〕參見章學誠，〈修志十議呈天門胡明府〉《方志略例》，收錄於《章學誠遺書》，頁140。

目錄之下，若作者有傳，則仿劉歆《七略》互著之法〔註6〕；斷不可以人物爲主，將文章著述附於人物傳略之下，以至於失卻「即類求書，因書究學」之義。本學藝志文學篇不以文學名類爲綱，亦不以文學發展之歷史爲經，徒以文學家爲尙，採用「以文附人」之法，致使該篇於人物略傳方面與人物志有所重複，不僅是該篇之與人物志之作者，在纂修《臺灣省通志稿》之時，並未相互「商略裁定，避其重複，求其貫通」〔註7〕，同時也使本學藝志文學偏在文學類別與文學發展二方面，俱無所得。

　　儘管本學藝志文學篇之著錄方法與傳統方志有所不同，然其收錄文章著述的內容性質，仍與傳統方志藝文一樣，皆以詩詞文章爲主。惟此法僅能著錄文章詩詞，似已不足含括當前文學之內容。該篇序言雖指出要推翻傳統「文以載道」之文學風氣，強調戲曲、民謠之重要性，以雜劇傳奇爲國民文學。然該篇之記載，除首章荒服時代，第一節古族文學錄有原住民二十四社歌謠二十四首外，其餘皆無歌謠戲曲傳奇之記述；明鄭至日治時期共收錄人物一一一人，韻文一七四五首，散文六十三篇，而於原擬綱目所列之戲劇、小說則皆未收錄。又戲劇究竟應屬文學還是藝術，雖仍有待商榷，然本學藝志不僅文學篇未載戲劇，藝術篇亦未載之。不論如何，此處顯出本篇，在「文學」一辭之定義上，實有偏頗與不足之處。再者，該篇所收錄之作品，在編排上也未能加以分門別類，以至於出現詩文雜錯的情形。按傳統方志藝文在詩文收錄方面也有成例，據林豪〈淡水廳志訂謬〉一文所稱：「志書藝文，體例其有次序，宜先載奏疏，次書檄、文移，次論說、序記，而詩賦終焉，此定理也〔註8〕。」由此觀之，該文學篇之編纂，不僅在收錄之內容方面有所缺漏，且在內容之編排方面，亦無一成例可資依循。

　　再者，就本學藝志文學篇在新舊文學撰述之比較，該篇對傳統舊文學之詩文有明顯之偏好，對新文學之發展，則有所忽略。按日治時期以前之文學撰述以詩文爲主，猶未見其非，惟日治時期之文學撰述仍限於詩文，則甚感不足。特別是，日治時期臺灣之新文學運動在臺灣近代文學發展史上所佔之重要地位，廖氏隻字未提。又該篇第八節「保存民族文化與諸刊物」原與新文學運動之關係甚爲密切，然廖氏於是節似乎刻意不提新文學運動之事，僅於第十項「南方雜誌」中以「唯三十年六月一日，改刊前之『風月報』一三一期，有臺北黃文虎化名元園客，發表『臺灣詩人的毛病』一文，……，與九曲堂鄭坤五，釀成一場筆墨官司，後許

〔註6〕參見章學誠，〈史考摘錄〉《章學誠遺書‧佚篇》，頁648～656。
〔註7〕參見林熊祥，前揭〈臺灣省通志凡例及綱目〉，頁51～67。
〔註8〕參見林豪，〈淡水廳志訂謬〉，附於前揭陳培桂，《淡水廳志》，頁482。

多新舊文人，參加論戰，相持十數月而息，爲新舊文人之內爭，值得注目耳。」
（文學篇，第三冊，頁 86）寥寥數語便帶過臺灣新文學運動之發生與演變，實爲
嚴重之疏失。事實上，臺灣新文學運動之發起與新舊文學之爭，亦非如廖氏所言
在民國三十年由黃文虎所引起。按臺灣新文學運動早在民國十一年，即已由黃呈
聰、黃朝琴等人於《臺灣》雜誌上發表文章提倡白話文運動所引起〔註9〕；至於
新舊文學之爭則因民國二十三年，張我軍在《臺灣民報》中發表〈致臺灣青年的
一封信〉、〈糟糕的臺灣文學界〉等文章，批評當時舊文學之流弊〔註10〕，而引起
當時詩壇祭酒連橫的不滿，乃爲文駁斥張氏之說詞，遂致引起新舊文學之論戰。
此事本與黃文虎無關，且黃文虎與鄭坤五在新舊文學之爭的初期，皆曾站在舊文
學之立場，撰文批評張我軍等新文學運動之提倡者〔註11〕。至於黃文虎與鄭坤五
所引起的爭論，則屬相當後期之論戰，其論戰之內容已無新意，已不如民國二十
三年之論戰重要〔註12〕。廖漢臣如此著錄，實有曲筆之嫌。然廖氏於日治時期曾
與郭秋生、王詩琅、黃得時等人，於民國二十二年成立「臺灣文藝家協會」，並
擔任期刊《先發部隊》之編輯，本身即爲新文學運動之重要人物；又在戰後亦曾
於《臺北文物》發表〈新舊文學之爭〉一文，因此廖氏對新文學運動之始末當有
相當之瞭解。而廖氏修志若此，與先前對日治時期臺灣文學發展之觀點截然不
同，不知是何緣故。又據該節「小序」所載日治時期創辦期刊報紙之風氣，乃源
於「因此爲挽救民族文化於垂危，有心人士，紛紛蹶起，鳩資創辦中文雜誌，與
詩社之活動，互爲表裡，以鼓勵詩學並灌輸民族思想。」（文學篇，第三冊，頁
69）。也就是說，廖氏似有意以「民族主義」之訴求，解釋新文學運動，並藉以
調和新舊文學之爭的事實。不論如何，當時文學界即便是藉詩文舊學以維持民族
氣運之不墜，然新文學卻是能倡民心，啓民智。是故新舊文學皆有其重要性，廖
氏不載新文學，實有不當之處。此外，當時一起纂修《臺灣省通志稿》之諸位學
者，如王詩琅、黃得時、吳瀛濤、王白淵等人，亦均曾撰文討論日治時期之臺灣

〔註9〕參見黃呈聰，〈論普及白話文的新使命〉《臺灣》，第四年第一號，頁 12～24。另見
　　　黃朝琴，〈漢文改革論〉《臺灣》，第四年第一號，頁 25～31；第四年第二號，頁 21
　　　～29。
〔註10〕參見張我軍，〈致臺灣青年的一封信〉、〈糟糕的臺灣文學界〉《臺灣民報》，第二卷
　　　第七號，頁 10；第二卷第二十四號，頁 6～7。
〔註11〕參見陳少廷，《臺灣新文學運動簡史》（臺北市：聯經出版公司，民國 66 年），頁
　　　21～26。
〔註12〕參見廖漢臣，〈新舊文學之爭——臺灣文壇一筆流水帳〉《臺北文物》，第三卷第二期，
　　　頁 26～37；第三卷第三期，頁 34～52。

文學〔註13〕，此輩學者也未能就此部份對廖氏提出意見或產生影響，顯示該志在纂修之時，彼此並未相互溝通。

　　至於該篇在內容方面記載不當之處，本文條列如下：

一、徐氏在第一章荒服時代第一節古族文學中，收錄原住民歌謠二十四首。然按徐氏在民國四十年十一月，發表〈臺灣早期文學史話〉一文〔註14〕，其中收錄原住民歌謠二十五首，較《臺灣省通志稿‧文學篇》所載，尚多「蓬山八社情歌」一首，而《臺灣省通志稿‧文學篇》較晚出版，不知為何未收錄該首歌謠。又徐氏在〈臺灣早期文學史話〉一文中，對「蓬山八社情歌」頗為推崇，認為其文學價值甚高，且可與泉州南曲相提並論。未載此首歌謠，實為一疏失。

二、文學篇，第一冊，頁二八，載盧若騰來臺之時間為永曆十八年，然據楊雲萍考證，實應為永曆十五年前後。一般所謂盧若騰於永曆十八年隨鄭經自金廈撤退，因病而留在澎湖，不旬日即死。按此說乃引自於江日昇《臺灣外記》所載，余文儀府志亦作此說。然據盧若騰之著述，有澎湖律詩二首，見《澎湖廳志》卷十四，可知盧若騰若是在永曆十八年到澎湖，且不久即病故，則斷不容有此二詩之作。按《澎湖廳志》所載，鄭成功取臺澎，勝國遺老如盧若騰、沈佺期俱隨之東渡，舟次澎湖，盧若騰疾作，僑寓大武山下。可知盧若騰當在永曆十五、十六年即隨鄭成功東渡，惟因生病乃留在澎湖，直至十八年始病故〔註15〕。

三、方志之記載論及人物之稱謂，應直書其名，而不可稱其字。按文學篇第三章文學篇，第一冊，頁三七～三八，所載康熙雍正年間「東吟社」之十四位詩人，行文處皆以字號稱之，甚為不當，此處應一律改稱其名。此外，第四章日據時期的記載中，每見人物著錄，或稱其名，或稱字號，皆屬不當。如第三冊，頁十八，載已未之後，內渡詩人參加蘇州留園之會一事；同冊，頁三二～四一，載櫟社成立與發展之事蹟及其成員等，均有稱謂不當之情形，於

〔註13〕參見王詩琅，〈臺灣新文學運動史稿〉《南方週報》，第三期，民國37年2月10日。黃得時，〈臺灣新文學運動概說〉《臺北文物》，第三卷第二期，頁13～25，第三卷第三期，頁27～33。吳瀛濤，〈臺灣新文學運動的第一階段〉《臺北文物》，第三卷第二，頁81～82；〈臺灣新文學運動的第二階段〉《臺北文物》，第三卷第三期，頁五三～56。王白淵，《臺灣年鑑‧文化篇》（臺北市：臺灣新生報。民國36年6月初版），頁1～7。

〔註14〕參見徐坤泉，〈臺灣早期文學史話〉《文獻專刊》，第二卷第三、四期，頁49～58。

〔註15〕參見楊雲萍，《臺灣史上的人物》（臺北市：成文出版社，民國70年5月初版），頁20～21。

此不再贅述。

四、第一冊，頁八二，載孫元衡之詩作「鳳梨」、「波羅蜜」、「菩提果」三首，與同冊，頁一一○，載孫元衡之另三首詩作「波羅蜜」、「鳳梨」、「香果」三首相同，當為重複收錄。按書後資料出處索引載，頁八二所載係出於《鳳山縣志》，頁一一○所載則出於《赤崁集》，此為纂修者在收錄文章方面之疏失。

五、第一冊，頁一二七，載藍鼎元「文章經濟，久著儒林，而詩絕少，惟『呈黃玉圃侍御十首』」。然頁一二八，錄藍鼎元之詩作「臺灣近詠十首呈巡使黃玉圃先生」，與頁一三○錄「臺灣近詠二首呈巡使黃玉圃先生」，前後共有十二首，故頁一二七所稱之十首有誤。

六、第一冊，頁一一五，載「江日升」當作「江日昇」，又其傳文亦作江日昇；同冊，頁一七一，載資料索引，將陳元圖誤作陳元圓；第二冊，頁二一八，載同治光緒時期遊宦臺灣之文學家羅天佑誤作羅大佑。諸此皆當為校對之誤。

七、第三冊，頁二八，載日治時期臺灣之詩社，謂「後歷雍正、乾隆、嘉慶、道光、咸豐、同治六代，遊宦寓公，以詩鳴者，雖不乏其人，惟因時代相殊，各異其處，晒藻揚芳，獨吟寡偶，故未聞有新設詩社」。然據同冊，頁六三，載「道、同年間，當地士紳鄭用錫建北郭園，林占梅建潛園，延攬海外名人，詩酒徵逐，提唱風雅，承其遺緒。咸豐年間，竹、梅二社，相繼成立。」二處所載實有矛盾。

八、本篇第三冊第八節「保存民族文化與諸刊物」一節，僅載日治時期臺灣發行之文藝刊物十種。按日治時期臺灣所發行之期刊報紙，與新文學運動互為表裡，甚至是當時新文化運動與社會運動亦多有賴期刊雜誌之宣傳。當時重要的文藝期刊，據曹介逸之研究，僅臺北一地至少就有一○○種〔註16〕，該篇所載顯有不足之處。

傳統史家之記載藝文，多以著述書目為主，取「即類求書，因書就學」校讎之義。方志兼載藝文，見於樂史《太平寰宇記》，其後因所載僅限於特定區域之中，所能蒐羅之著述書目有限，遂有兼錄詩賦文章有俾於史事者。此乃自正史藝文重「辨章學術，考鏡源流」之校讎著錄，一變而為方志藝文取「事言互證」之文獻徵實。前者承周官之學，屬學術史取向之纂修法，後者則演風詩之緒，具史

〔註16〕參見曹介逸，〈日據時期的臺北文藝雜誌〉《臺北文物》，第三卷第二期，頁38～47。另近人梁明雄之研究，當時臺灣之文藝期刊至少有一三九種，參見氏著，《日據時期臺灣新文學運動研究》（臺北市：文史哲出版社，民國85年2月初版），頁364～289。

料學取向之意義。因此正史藝文所採之類別，係以學術流別與性質分，內容包括一代學術之總體；方志藝文之類別，則以文章體裁分，內容僅限於詩詞文學而有裨於史事之能明者。章學誠論方志之纂修，於文章與著述二者，未嘗有所偏重；林豪亦認爲「史書藝文志，自紀著述書目，欲並收文章，則不勝其繁。地志專記一方掌故，兼選文章以資考鏡，亦義所不廢」〔註17〕。今之方志藝文則又一變，其著述內容復採正史藝文之例，而與傳統方志藝文僅及於文學一類有別。惟其著錄之法，隨著新體例之創新而有所改變，而此一改變亦當呈現出其兼採新舊傳統的情形。按今之方志藝文（或學藝）既取法正史藝文，則當有「著述書目」一目，以明校讎目錄之學；若傚傳統方志藝文，則必立「文徵」一目，以存風詩之義；惟其所以稱爲新方志，乃因其採科學方法，對各個學術類門作歷史性之專題研究。文學既爲諸學之一門，是故必作「文學」一目。職是之故，「書目著述」、「文徵」、「文學」三者，原當相依而分立，俱爲新方志藝文（或學藝）之類目。《臺灣省通志稿・學藝志》立「文學」一篇，並以新著錄法撰寫日治時期之臺灣文學，在臺灣方志發展史之中，雖屬創舉，但其未能兼採「書目」、「文徵」二目，亦有待商榷。

第二節　哲學篇之體例與內容

方志者也，載一地之事蹟，敍一地之歷史。其論學術之發展，係以記載斯學之內容、類型、變遷、發展及其價值爲要。其記載之方法，或依人立論，或依書立論，或依時立論，或依學派、流別立論。惟其以人物立論者，因其人可入人物傳記；以書立論者，該書亦可入著述書目，二者皆不免造成一志二載之重複敍述。只有以學派、流別立論及以時立論二種方式，分別取黃宗熙《明儒學案》之「學案體〔註18〕」以及學術史之纂修法，方可獨立成篇，不致與其他體裁之記載有所重複。按此二法均以學術理論之發展爲論述之主體，較屬近代專題史之研究方法。

然而學之是否能成史，端視斯學是否可自發性、本土性及系統性地自成傳統，並能在此傳統下賡續成長與發展，或在類門上與其他學科發生交流，乃至在空間

〔註17〕參見林豪，前揭〈淡水廳志訂謬〉，頁481。

〔註18〕有關中國傳統學術史之體例，本有二式：求之於書者爲藝文志，求之於人則爲儒林傳；合藝文與儒林迨可明學術史之淵源流變。黃宗義別立學案一體，以學派種別，兼容著述與人物思想二端，是爲新式之學術史著作。參見王明蓀，〈從學術史著作之源流看學案體裁〉，收錄於《中西史學史研討會論文集》，（臺中市：國立中興大學歷史學系，民國75年1月），頁121～140。

上與外界之學術相互影響。若論臺灣之學術發展，因其侷限於海外孤島，開化較遲，其文化發展又與中華文化圈息息相關，致使臺灣之學術發展不易自成獨立之傳統，而須得依附在較大區域發展下的一個子系統，甚至在部份學門之中只有零星片段之現象。因此方志所載有關學術之部份，僅能就其所屬之大體系下作個別現象的陳述與評論。此一個別現象可能是一個人的思想，或一本書所討論的議題，而不能將子系統中的個別人物或觀點，以撰述的纂修方式串連成一個整體而有系統的學術傳承。

此一情形在哲學一項尤為明顯。按中國本無「哲學」一詞，哲學一詞源自於希臘。惟儘管中國並無「哲學」之名，但卻不意味中國無哲學性思考，此乃眾所皆知之事。因此，方志要以哲學為其記載之類目，仍必須先解決二個問題。其一，「哲學」或「哲學性思考」之定義為何；其二，臺灣一地所產生的「哲學」是否與中國或西方之「哲學」有關係，而此一關係為何。唯有確立哲學之定義後，才能決定方志所記載內容之範圍；也唯有確定臺灣「哲學」與其外在所屬環境之關係，才能決定方志記載之方式。

首先就哲學之定義而言，今之「哲學」一詞當有二義，其一指西方哲學傳統之義，即自希臘柏拉圖、亞里斯多德，至中古經院哲學之聖多瑪，以至於近世之康德、黑格爾以來所發展之體系。其二則指「凡是人性活動所及，以理智及觀念加以反省說明者，即是哲學〔註19〕。」若取前者之定義，不僅臺灣在近代以前無哲學，就連與臺灣息息相關的中華文化圈亦將無哲學可言。若取後者之定義，肯定臺灣同樣存在有自覺性反思的哲學思考，那麼接下來的問題就是從歷史發展的過程來看，臺灣一地的「哲學性思考」是否有一獨立自成體系且持續發展之傳統。若臺灣本身並無自成體系之哲學傳統，則臺灣的「哲學性思考」又應依附在那個文化系統之中，且和此文化系統又有何種關係。

就第二個問題而言，如果臺灣之「哲學性思考」具有相當高度的獨立性，則方志記載此一「哲學性思考」之發展，便可以哲學史之研究取向，對出現在臺灣的哲學作一全面而連續性之歷史敘述。反之，若須將臺灣的「哲學性思考」置於另一個較大範圍的文化系統中，則單獨記載臺灣之「哲學性思考」，而不觸及其所屬的文化系統，必因記述會有片段而不完整之情形，必須放棄具有連續性的歷史撰述，改採對個別現象之記注。

因此，若要探討《臺灣省通志稿·哲學篇》(此下稱本學藝志哲學篇) 纂修之

〔註19〕參見牟宗三，《中國哲學的特質》(臺北市：學生書局，民國65年10月四版)，頁3。

得失，就必先就上述問題作一說明。按本學藝志哲學篇之纂修範圍與項目，從其所定之章節來看，該篇共分三章，其中第一章「理則」與第二章「自然哲學」由林熊祥負責纂修，分別敘述曾天從、嚴靈峰二氏之哲學思想。第三章「倫理哲學」則由曾天從負責纂修，敘述李春生之宗教哲學。該篇之纂修方針，林熊祥指出：

> 方志之纂，限於地域，其敘述「哲學」，非能如一般哲學史，尋繹其淵源，推論其影響，以成一思想系統。但就該地域所偶而顯露之哲學，而忠實敘述之。

> 臺灣歷史既短，文風未盛，求其可當為「哲學」者，良不易得，間有「近似哲學之著」之名見諸記錄，故蕩失無存，竭五年蒐集之力，終無所得，茲只就獲得完全資料之三人，鏊成短篇。

從上引可知，林熊祥認為方志纂修之所以不能如一般哲學史，尋繹淵源，推論影響，以成系統，乃是因為「求其可當為『哲學』者，良不易得」所致。至於可資取材為「哲學」論述之對象不易得，其重要原因之一係開墾之先民胼手胝足，拓闢草萊，待文風漸盛之後，卻又耽溺於科舉功名之業；其後雖「漸有鑽研經書，自成著述者」，然「惜其書不傳於今，無從想像」〔註20〕。但更重要的是取決於林氏對「可當為『哲學』者」的認定標準。按林氏在該篇中引述曾天從之見解，認為中國自宋儒以來之理學傳統，與西方自希臘以來之哲學傳統，皆「探究玄微，意欲解決人生、宇宙之合體」，惟理學之「多學組織未立，體系未完」，因此只得稱為「世界觀的哲學」或「人生觀的世界觀」。此一「世界觀的哲學」與西方「經嚴密的學的批判」、「圖純粹學的問題之根本解決」之「世界觀哲學」有別。惟曾氏猶視中國之哲學思考為所謂之「哲學」，而林氏則舉胡適改變其所著《中國哲學史》之書名作《中國思想史》為例，認為中國的「世界觀的哲學」並非真實之哲學。姑不論胡適所以更易其書名，究竟是因為胡適認為中國無哲學，或是胡適自覺到該書並不足稱為哲學史。就林氏之陳述，顯然是認為本學藝志哲學篇所應記載之內容範疇，當以四百年來臺灣一地所出現西方純粹理性探討之哲學思想為主，而中國之實踐性之哲學思想不得預焉。

　　在此標準之限制下，林氏只能選取曾、嚴、李三人之哲學思想作為臺灣哲學之代表。其中，李春生為日治初期的人物，曾天從為日治晚期的人物，而嚴靈峰則是戰後隨政府來臺的人物。基本上，曾、李二氏皆可視為臺灣本地在接受西方文化之後，自發性所培養出來的「哲學家」；唯獨嚴靈峰並非臺籍人士，其為學與

〔註20〕參見林熊祥，〈臺灣省通志哲學篇解題〉《文獻專刊》，第四卷第三、四期，頁3～6。

成學皆與臺灣無關，也就是說嚴氏之學術淵源並不屬於臺灣自身發展出來的學術傳統。對於這種不屬本地的人物，方志的記載大抵可採二種方式記述之：其一是將嚴氏列入人物傳記之中，視爲「流寓」一類處理；另一則是視嚴氏來臺之後，是否對臺灣哲學思想之發展有所影響與貢獻，並在臺灣哲學發展史中，給予適當之地位。惟本篇之所載，僅止於對嚴氏之「自然哲學」略作簡介而已，使得該節記載內容與臺灣歷史或臺灣哲學史之間，幾乎沒有任何之關聯。

其次，前述林熊祥將臺灣哲學定義在與西方哲學體系同一範疇之中，因此該篇記載李春生之哲學，著重在基督教神學思想之上；記載曾天從之哲學，強調曾氏對哲學體系之建立。至於記載嚴靈峰的哲學部份，則兼取嚴氏對中國易經與老子思想的討論。乍看之下，林氏既然選取中國傳統之哲學爲該篇記載之一項，似乎顯示其對哲學之選取標準，並不如前述侷限在西方傳統之上。事實上，林熊祥之所以選取嚴氏學說記載，並非因嚴氏對易經、老子之研究，而是因嚴氏以黑格爾的辯證體系，對易經、老子作系統化之整理所致。

再者，林氏認爲中國傳統哲學思想中，僅易經、老子可稱之爲「自然哲學」，但易經自宋儒以後，「漸潛移之爲目的論的人生觀哲學之一工具」，老莊則自漢以後，轉爲陰陽術數之流；雖偶有精微之見，亦只是「披沙揀金，未能組成系統」，而嚴氏之述作，乃因其能「辯證精詳，體系整然」，所以得以選錄在哲學篇之記載中。此處亦說明林氏在哲學篇之記載，還有另一項選取標準，此一標準即是該項哲學是否能成一體系。

在本學藝志哲學篇之所載以是否能自成體系的標準下，第三章論李春生哲學思想之論述中，亦出現著錄不完全之問題。按李春生爲日治初期臺灣北部著名之商賈，《臺灣省通志稿·人物志》有傳，但僅止於李氏在貨殖方面之記載。哲學篇能記述其哲學思想，當可彌補人物志之不足。然而曾天從論述李春生之哲學思想，卻只取李春生對基督教神學理論之建構，以及用宗教哲學批判西方近代科學此二部份，顯示出曾氏纂修之部分有缺漏之處。蓋李春生之思想內容，大抵可分爲四項：其一，爲關於時事世務問題之討論；其二，關於禮教民俗之懲辯；其三，爲基督教教理之闡釋；其四，對東西諸書之評論。而曾氏僅取後二項，對禮教民俗之文化現象，與時事世務之討論，均付之闕如。此不外是因爲撰述內容，被限制在能成一完整體系的標準時，時事等方面的個別論述，往往因其不成體系而遭到忽略。然而李氏之宗教哲學思想，雖能反映出臺灣在接受西方思想後所產生的回應，但此一回應畢竟是建立在當代西方科學與宗教、知識與信仰之傳統爭執上。反而是李氏對時事的評論，卻更能表現其思想在當時臺灣所處的環境裡，所具有

的歷史意義。例如其論日軍侵臺之因應策略、臺灣開發之經營策略〔註21〕，乃至於針對當時中國所處的環境，提出其變革圖強之自強思想〔註22〕，皆有其眞知灼見之處。

　　此外，即便是從李春生宗教思想的探討中，亦能見其思想與當時中國思想之差異。近代中國的思想家，爲求中國之富強，多視達爾文之進化論與赫胥黎之天演論，爲中國追求救亡圖存之良方，鼓吹不遺餘力；獨李春生別樹一格，對天演論提出批判。此不僅涉及李春生個人之價值觀〔註23〕，同時也反映出李春生所面臨的歷史環境，和當代中國思想家有所不同。在此一不同的歷史環境下，很可能造成彼此對價值標準的認知差異。近代中國思想家所面對的是一個瀕臨瓦解的中華文化體系，對這批面臨亡國危機的知識份子而言，最迫切的任務便是如何使其生存之文化與價值體系得以存續，然後在此一基礎上才有富強之希望。然李春生所處的環境則已非此危急存亡的中國，而是一個被中國放棄成爲殖民地的臺灣，其國家認同被迫必須轉而擁抱日本。日治以前，李春生雖曾愷切陳述救國之策，但其主要之思想，則多在其赴日遊覽，受到日本進步之衝擊而發。東遊返臺之後，李春生開始有系統的發表其思想論述。是以日人中西牛郎嘗言：「東遊之後（1896，明治二十九年），則社會上之李公終，著作上之李公始」〔註24〕。因此，對李春生而言，或許臺灣之「富強」比中國之「救亡」更具意義。在當時臺灣遠較日本落後的情形下，若承認競爭、優劣、進化諸觀念，則臺灣要取得與日本平等之地位，將更形困難，唯有提倡具有普遍性而非競爭性的基督教道德觀，庶幾能使臺灣之地位等同於日本本土各地，乃至等同於世界上的任何一地方。凡此，在在顯示出李春生之思想與當代歷史有絕大之關係。曾氏在該章之撰述中，僅著重對宗教哲學體系之闡揚，而對具有時代價值的思想有所忽略，此或許是因爲曾天從以其哲學專業素養來纂修方志，卻使該章失去作爲方志應有的時間觀。

　　由於本學藝志哲學篇之纂修，在林熊祥對哲學定義之重重限制之下，使得臺

〔註21〕參見吳文星，〈清季李春生的自強思想——以臺事議論爲中心〉，收錄於李明輝編，《李春生的時代與思想》（臺北市：正中書局，民國84年），頁109～138。

〔註22〕參見吳文星，〈清季李春生的自強思想——以變革圖強議論爲中心〉，收錄於李明輝編，《李春生的時代與思想》，頁139～163。

〔註23〕黃俊傑指出，在李春生的價值位階上，基督教教義受到天演論所代表的科學之挑戰，遠比帝國主義侵略中國更爲根本，因爲前者具有普遍性，是涉及一個價值體系崩潰的危機，後者則只是限於一個國家民族存亡的特殊性問題。參見黃俊傑，〈李春生對天演論的批判及其思想史的定位——以《天演論書後》爲中心〉，收錄於李明輝編，《李春生的時代與思想》，頁69～107。

〔註24〕參見（日）中西牛郎，《泰東哲學家李公小傳》（台北：台灣日日新報，1908），頁65。

灣一地可資記載之哲學項目相對減少。然方志之所載，以周詳完備爲上，俾使其能保存一代之史事。設若標立一類目，卻因該類目之記載範圍有過多的限制，或者說標立一個與歷史環境並不符合的類目，致使方志之記載無法使史事昭明者，則此諸般限制之合理性便應受到質疑。臺灣方志是否當立「哲學」一類，便是其中一個例子。

至於本學藝志哲學篇記載內容正確性之探討，涉及二個層面的問題。第一個層面是從該篇所載哲學家之理論著眼，對該哲學家所提出之理論體系提出批判，並分析該學說在其所欲解決問題中之有效性，以及在哲學史中之價值。第二個層面則是從方志纂修者之記載著眼，分析方志纂修者是否能充分掌握其所記載之哲學家所提出之理論，以作出正確而完整之論述。由於此一評論乃是從哲學理論與發展之專業角度出發，對臺灣哲學此一題目所作的專題分析與研究，而本文旨在討論方志在纂修方法上之諸端問題，故本文於此不擬對此提出專業之批判。

當前方志之纂修，在新舊傳統的交互影響下，其所著重者，當在記注與撰述二法之間能得到妥適之分配。就此而言，本學藝志哲學篇各章之纂修，明顯有偏重對哲學理論撰述之傾向，而忽略與其相關之記注部份。如前所述，記注部份之所以較少，主要是因爲纂修者並未考慮客觀的歷史背景，而對記述內容之範圍加以主觀性的限制。倘使能兼顧臺灣歷史環境的獨特性，對「哲學」一詞作較爲廣泛之定義，或以「未經嚴密的學（理）的批判」之思想作爲方志記載之範疇，則如黃敬、楊克彰、鄭用鑑之易學研究，陳夢林、林豪、連橫之史學理論，藍鼎元之政治思想，胡奠鵬之經世思想，洪棄生之民族思想，連溫卿、王敏川之社會主義思想，凡此皆得以入志。即使是部份「近似哲學之著」而見諸記錄者，因時日久遠，不易取得足以成篇之完整資料，亦可以記注之形式記載，如此當可使臺灣一地所產生之思想，能和歷史更爲緊密的結合在一起。是以本學藝志哲學篇重撰述而輕記注之纂修取向，無寧是該篇最重要的疏失。

第三節　藝術篇之體例與內容

本學藝志藝術篇的章節，〈臺灣省通志凡例及綱目〉原擬之綱目爲繪畫、雕刻、書法、建築、金石、工藝、紋繡、音樂、舞踊九項。成稿後則改爲第一章早期藝術、第二章美術、第三章音樂、第四章工藝、第五章建築。其中清代以前之書法、雕刻、音樂、繪畫納入第一章早期藝術；日治時期之繪畫、雕刻合併爲第二章美術；金石一類分別記載於第一章早期美術與第五章建築；紋繡一類併入第四章工

藝；舞踊一類則廢除。

有關該篇章節之編訂是否合適，首先必須就「藝術」一詞加以探討。按「藝術」一詞原有藝能技術之意〔註25〕，其內容包括陰陽、卜筮、醫巫、音律、相術、技巧諸端〔註26〕。「藝術」一類始列見《舊唐書‧經籍志》「雜藝術」類〔註27〕，《新唐書‧藝文志》承之，載博戲、碁藝、馬術、射箭，圖繪之類〔註28〕，多屬方伎術數之屬。鄭樵《通志‧藝文略》則正式確立「藝術」一類，分載騎、射、畫錄、投壺、奕碁、博塞、象經、拷蒱、彈碁、打馬、雙陸、打毬、彩選、葉子格、雜戲格等項〔註29〕。陳振孫《直齋書錄解題》並載書法一類〔註30〕。至此「藝術」一類是由方伎術數之類一變而爲游藝技術之類。清代劉熙載《藝概》一書〔註31〕，復將文學著述之類併入「藝」的範疇中，惟其謂「藝者，道之形也」，雖取「藝」字的形上義，但仍似與文學之關係較爲密切。

今之「藝術」一詞，直取西方繪畫、雕刻、音樂、建築之類，其義又見一變。按「藝術」（ａｒｔ）一詞約在十三世紀出現〔註32〕，其字源出自拉丁文之"ａｒｓ"，最初只各種形式之技術，與今天對藝術之概念不同。事實上，在希臘時期柏拉圖曾指出藝術的二種定義，即藝術的靈感面與藝術的技術面。亞里斯多德之後才捨棄藝術在形上抽象的靈感部份，而逕取技藝之說〔註33〕。直到文藝復興以後，

〔註25〕按《後漢書‧安帝紀》永初四年春正月乙亥條：「詔謁者劉珍及五經博士，校定東觀五經、諸子、傳記、百家藝術」。參見（漢）范曄撰、（唐）李賢等注，《後漢書》，中華書局新校本（北京：中華書局，1973 年），頁 214。

〔註26〕按《隋書‧藝術列傳》載：「夫陰陽所以正時日，順氣序者也；卜筮所以決嫌疑，定猶豫者也；醫巫所以禦妖邪。養性命者也；音律所以和人神，節哀樂者也；相術所以辨貴賤，明分理者也，技巧所以利器用，濟艱難者也」。參見（唐）魏徵等撰，《隋書‧藝術列傳》，卷七八，中華書局新校本（北京：中華出版社，1991 年 8 月初版），頁 1763。

〔註27〕參見（宋）劉昫等撰，《舊唐書‧經籍志》，卷四七，雜藝術類，中華書局新校本（北京：中華書局，1973 年），頁 2045。

〔註28〕參見（宋）歐陽修、宋祁，《新唐書‧藝文志》，卷四九，雜藝術類，中華書局新校本（北京：中華書局，1973 年），頁 1559～1562。

〔註29〕參見（宋）鄭樵，《通志二十略‧藝文略》，中華書局新校本（北京：中華書局，1990 年），頁 1707～1713。

〔註30〕參見（宋）陳振孫，《直齋書錄解題》卷十四，雜藝類，武英殿輯永樂大典本（臺北市：廣文書局，民國 57 年），頁 639～646。

〔註31〕參見（清）劉熙載，《藝概》（臺北市：金楓出版公司，1986 年 12 月）。

〔註32〕Raymond Willams, *Keywords: A vocabulary of culture and society*, London:,Fontana Press, 1988. pp.40－43.

〔註33〕W.Tatarkiewicz, *A history of six ideas: An essay in Aesthetice*, 褚朔維譯，《西方美學概念史》（北京：學苑出版社，1990 年 8 月初版），頁 132～140。

這種技藝式的藝術逐漸被賦予「美」的概念〔註 34〕。因此，近代以來西方對「藝術」之概念，一般都定義在具體的藝術作品（work of art）的涵義上〔註 35〕。不論藝術的性質是形上的靈感或形式的技術，其類型都是和美感經驗及審美活動有關，跟中國傳統「游藝」一類的藝術概念，不盡相同。由於透過藝術作品，將可反映出人類感官所接受的美感經驗、純理抽象的創造意念、模仿的技巧與審美的活動。因此對「藝術作品」範圍的確定，是纂修藝術史志的首要問題。大抵說來，西方在文藝復興以前，對「藝術作品」的概念仍僅止於繪畫、建築、雕刻等空間藝術與造形藝術之範疇，其後才逐漸擴展「藝術作品」的範圍，包括音樂、戲劇、舞蹈、電影等項目〔註 36〕。

就本學藝志藝術篇的章節而言，大致上是採取西方藝術之概念。但類目僅限於繪畫、雕刻、音樂、建築與工藝。類目制訂的妥適性，除了對藝術概念的認定外，亦與臺灣的歷史經驗相關。事實上，在戲劇方面，臺灣的傳統戲劇與中國是屬於同一系統。高拱乾《臺灣府志》載臺民「好戲劇」，當為最早之文獻記載〔註 37〕，其後在各地方志之風俗、風土類中，均有戲劇之相關記載。日治時期臺灣的戲劇，除了傳統的歌仔戲外，還有話劇一類的新劇亦逐漸萌芽發展。本學藝志藝術篇未載戲劇一項，實為一大疏漏。又電影一項，雖在日治時期亦已出現，然本學藝志藝術篇並未記載，而是記載在教育志之文化事業篇。

茲就有關本學藝志藝術篇各章之纂修方法與記載內容，分述如下。

一、早期美術

本學藝志藝術篇第一章早期藝術由杜學知負責纂修，杜氏乃當代方志名家，著有《方志學管窺》一書〔註 38〕。本章之記載分金石、雕刻、書法、繪畫、音樂五項，不分節。各項之前先作一綜述，其後附相關史實或代表人物之記載，是以該章所載可謂兼具記注與撰述。又其纂修之方式以類目性質為主，而非採取時間先後為論述之主體，故較類似「地方志」，而非「地方史」；且杜氏有視藝術篇為文物志之傾向〔註 39〕。是以該章雖記注與撰述並重，然杜氏於撰述部份只是就各

〔註 34〕同上註，頁 14～31。
〔註 35〕參見李澤厚，《美學四講》（臺北市：人間出版社，1988 年 11 月初版），頁 153。
〔註 36〕參見郭繼生，《藝術史與藝術評論》（臺北市：書林出版社，民國 84 年 2 月三版），頁 11。
〔註 37〕參見（清）高拱乾，《臺灣府志》，臺灣銀行臺灣文獻叢刊第六十五種本（臺北市：臺灣銀行經濟研究室，民國 49 年 2 月），頁 187。
〔註 38〕參見杜學知，《方志學管窺》（臺北市：臺灣商務印書館，民國 62 年 12 月初版）。
〔註 39〕同上註，頁 24～25。

項作概要式的介紹，而無意呈現一個歷史發展之敘述。

就本章之內容而言，由於杜氏對「早期藝術」之斷限未作說明，因此在記載內容之時代上多所混淆；其中書法、繪畫二項僅載清代以前之人物，雕塑、音樂則兼論日治時期之人物，此不免與第三章美術、第四章音樂有所重複；再者，本章未載早期原住民之藝術，亦爲一大疏漏。就各項記載而言，金石一項載日治時期以前鑄金鐫石之事蹟，其於石刻碑誌，以「不可勝紀。茲但錄其重要石刻」之故，僅收錄十八座。然方志記載之精神本在涓細不遺，豈可僅錄其重要者，此一失也。再次，就雕塑、書法、繪畫三項言之，本章採取「以事附人」之記載方式，所載均歷來著名之藝術家。按本文於前述文學篇時指出，方志之記載若於人物志之外各篇亦載人物略傳，本有人物重複著錄之弊。惟本章所載日治時期以後之藝術家，多爲人物志所未載，故可補人物志之不足，而爲本學藝志藝術篇之特色。且杜氏於本章對人物之記載能作適當之剪裁，而非一味地抄錄舊志，亦頗稱善法；惟若干人物傳錄未能著錄年代，不免稍有缺憾。再者，由於傳統文人多尚風雅，文學書畫每可兼修，因此在各項記載中，不免有重複之情形。見表4-4。

表4-4：《臺灣省通志稿・學藝志》重複收錄人物表

人　名	出　　　處	頁　次	人　名	出　　　處	頁　次
王之敬	早期藝術・書法 早期藝術・繪畫	六 九	張鈺	早期藝術・書法 早期藝術・繪畫	七 九
王獻琛	早期藝術・書法 早期藝術・繪畫	七 一〇	許朱担	早期藝術・書法 早期藝術・繪畫	六 九
吳鴻業	早期藝術・雕塑 早期藝術・繪畫 早期藝術・音樂	四 一〇 一二	許遠	早期藝術・書法 早期藝術・繪畫	六 九
周凱	早期藝術・書法 早期藝術・繪畫	六 七	陳必琛	早期藝術・書法 早期藝術・繪畫 早期藝術・音樂	七 九 一二
林朝英	早期藝術・雕塑 早期藝術・書法 早期藝術・繪畫	四 七 一〇	盧周臣	早期藝術・書法 早期藝術・繪畫	六 九
徐元	早期藝術・書法 早期藝術・繪畫	六 九	謝穎蘇	早期藝術・書法 早期藝術・繪畫	五 八

臺灣早期漢人社會之藝術，有大部份是展現在廟宇建築的裝飾，與士大夫欣賞書畫的風氣上。清代以前有關書畫藝術之文獻記載，對研究臺灣早期藝術固然

重要；但至今尚存之建築物與工藝品，亦為重要之藝術史料。本章之纂修，除了金石、雕刻、書法、繪畫、音樂之外，對工藝、建築均未置一詞，確有搜錄不當之情形。總的來說，杜氏在本章纂修的方式，較似傳統志書之編纂法，在資料記載方面，多摘引舊志史料；至於日治時期之記載，實為自亂體例之舉。

二、美　術

　　新方志之體例，在傳、紀、表（譜）之外，志書部份多採近代「專題研究」模式。然在纂修方法上，各志在撰述的部份，仍可依其性質之差異而有所分別。大抵上，有關政治、經濟、社會等各志，可按時間發展順序，採歷史事件之時間敘述法；而地質、動物、植物等各志，則可以專題分類，採主題研究之敘述法；至於藝術、文學等類目，則於時間敘述與主題敘述二法，皆可適用。本學藝志藝術篇第一章早期美術係採主題研究敘述法，第二章美術則採歷史事件敘述法。該章係由王白淵負責纂修，共分「美術界的先驅」、「初期美術運動」、「臺展與府展」、「臺陽美術協會及其他」、「臺灣全省美術展覽會」、「青雲美術展覽會」、「臺灣全省教員學生美展」、「最近成立之美術團體」等八節。其中「美術界的先驅」、「初期美術運動」二節以時代分節目，記載日治初期重要的藝術家與藝術團體；其後各節則依時間先後為經，重要美術展覽為緯，敘述日治時期臺灣美術發展。本章之記載，較傾向於歷史的敘述法，然若要該章稱為地方美術史之著作，仍嫌不足。

　　一般而言，美術史之研究是先從藝術審美的角度對美術作品的材料、技巧、產生的時空背景，以及美術家之學養、生平、創作等部份出發，分析個別美術風格形成之原因、發展之經過；其次從個別性出發，分析與其相關的藝術流派風格，最後才是建構藝術發展之趨勢，還原當代之美術風格，從而找出藝術家與藝術品在歷史上之價值與地位（註40）。由於本章是以美術團體與美術展覽之敘述，來呈現臺灣美術史之發展，此法雖能掌握美術社團的相關資料，但此僅限於美術發展的外部活動，對美術創作風格與美術理論等內在理路之論述則嫌不足；即使偶見一、二句有關美術風格之描述，亦多為無意義之形容語詞或空泛的專有名詞。如頁十七，論及黃土水之雕塑成就時，以「其技巧透徹，構圖雄大，詩意的橫溢，『真是不愧一代的名作』，這是天才雕塑家黃土水給我們最後的贈品」。如此敘述，實無益於對黃土水藝術風格之瞭解，遑論重建臺灣之美術史。諸此不確定性之用詞見表4-5。

〔註40〕參見 H.泰勒著、沈宝余譯，《藝術哲學》（臺北市：洪氏出版社，民國 64 年 3 月初版），頁 1～11。

表4-5：《臺灣省通志稿·學藝志》不當用詞一覽表（一）

人　名	頁　次	不　當　用　詞
黃土水	一七	其技巧透徹，構圖雄大，詩意的橫溢。
李梅樹	五八	其作品以寫實主義爲中心而加上一種理想主義。
李石樵	五九	內容富有哲學。
楊三郎	五九	其作品帶著濃厚的法國印象派情調……富有南國畫家之特色，以色彩畫家論，可謂本省第一人。
林之助	六一	由形象進入象徵的世界，樣式酷似洋畫的表現派。
陳德旺	六三	其油繪描寫正確，富於量感與物質感。
陳進	六三	其素描正確，色彩美麗，情調玄妙，富有東方色彩。
張啓華	一〇九	其畫風富有物質感與量感。

　　除了藝術風格敘述不當之外，在人物性格之描述亦多見虛美浮詞。如頁五十二，論及蔡培火、楊肇嘉、歐清石、游彌堅、謝東閔等諸人對臺陽美術協會之貢獻時，多用虛美浮詞，沒有眞切確實之功績，類此用詞均過於主觀，甚爲不當。本章記載內容之情緒性用詞見表4-6。

表4-6：《臺灣省通志稿·學藝志》不當用詞一覽表（二）

人　名	頁　次	不　當　用　詞
劉錦堂	一七	藝術界之怪傑。
黃土水	一七	這是天才雕塑家黃土水給我們最後的贈品。
倪蔣懷	二一	他的存在極其偉大……志氣崇高，賦性謙讓。
陳植棋	二三	卒爲藝術而身殉的第一人。
林玉山	二五	以林玉山爲中心，氏係一個篤實寡言，而富有長者風度的藝術家，一定可再爲本省美術界貢獻與服務。
赤島社員	二三	均抱著一生爲藝術奮鬥努力的熱情與覺悟。
陳春德	四五	結束其多才多藝而不幸的一生。
陳澄波	五五	其人天眞熱情，以藝術使徒自居，……，對美術創作及美術運動，曾傾其全身全靈。
劉啓祥	五八	氏爲一溫厚篤實的藝術家。
廖繼春	五八	爲人篤實溫和。
李石樵	五九	爲人寡言沈著，不顧世俗，不阿權勢，以藝術使徒自任。
楊三郎	五九	爲人熱情大方，率直爽快。

郭雪湖	五九 六〇	本省畫家中可謂立志傳中的第一人……渾身努力研究國畫。 爲人靈敏，通世態人情，做事有魄力。
陳敬輝	六〇	爲人寡言，恬淡無欲，雖然寡作，詩情橫溢。
林之助	六一	可謂畫家中之畫家。
林玉山	六二	爲人忠厚篤實，有大人的風度。
陳德旺	六三	爲人與世俗不妥協，一生追求純粹美術。
洪瑞麟	六四	很有個性，不阿世俗。
許深洲	六五	爲人忠厚。
馬壽華	八九	爲人賦性敦厚恬靜，風度雍容瀟灑。
郭柏川	一〇七	爲人磊落大方，野趣橫溢。

由表 4-6 可見，美術章中所載之人物，論其成就，不是「畫家中的畫家」，就是畫家中的「第一人」；論其人格，皆多稱高潔，不是「忠厚篤實」、「恬靜寡言」、「溫和謙讓」，便是「率直爽快」、「熱情磊落」、「不阿世俗權勢」，且「以藝術爲己任」，如此描述幾同聖人。事實上，方志記載人物，當以實錄爲要，虛美浮誇之詞，係方志纂修之大忌，章學誠曾撰文深誡之〔註41〕。

若從著述的取向而言，該章既以各個展覽會及美術單位，作爲討論臺灣美術發展史的論述主體，除了記注各單位與美展的資料外，猶應表述各美術團體與美展對美術發展之貢獻，然本文不及於此。又本章資料記注方面，對各美術團體僅述其表象，對內部變遷之記載亦頗草率。如赤島社曾發生分裂之情事，然其分裂之因爲何，其分裂對該社與當代美術發展是否有所影響，皆未分析敘述。也就是說，該章在日治時期臺灣美術發展的過程上，雖有相當之敘述，然此充其量僅是「臺灣美術運動史」而已，就美學的角度來看，該章對臺灣美術風格與成就並未作適當的陳述，因此不足以稱之爲「臺灣美術發展史」。

在資料內容的記載上，各項美術展覽所載之內容多有缺漏之情形，設立的獎項也多混淆不清，且得獎人物及其所得之獎項均記載不完整。如首屆「臺展」設有何種獎項，得獎者爲何人，入選、特選與「臺展獎」之間有何區別，何以只在首屆記載入選者之名單，其後均未記載入選者，諸此問題皆未明示。又據首屆「臺展」記載，東洋畫部之審查中，名家呂鐵州並未如外界所預期得到入選，反而是年輕一代之畫家如郭雪湖、林玉山、陳進等得以入選，其中似有不平之情事；按此事乃當時

〔註41〕參見章學誠，〈答甄秀才論修志第一書〉《方志略例》，收錄於《章學誠遺書》，頁137～138。

美術界之一件大事，根據謝里法之研究，其間似有日本當局刻意排斥臺灣傳統國畫之情形〔註42〕，然該志所載僅只於陳述此一事件，而不及於原因之探究，且未能進一步記載東洋畫部是否僅入選此三人，抑或有其他入選者，此皆其失也。

　　類似上述之衝突，在戰後亦曾發生。戰後一批隨政府自大陸遷來臺灣的美術家，和臺灣培養出來的美術家之間，因養成傳統不同，而有東洋畫與國畫之爭〔註43〕。此一事件，乃戰後初期美術界之重要事件，反映當時美術界的環境與生態，與臺籍美術家所遭遇到的困境。該章未能加以記載，亦有負方志略古詳今之職。

　　此外還有一件令人不解之事，按本章之內容，曾於民國四十三年由王白淵及王一剛（詩琅）二人，以〈臺灣美術運動史〉及〈臺展·府展〉為名，分別發表在《臺北文物》季刊第三卷第四期〔註44〕。然《臺灣省通志稿·學藝志》在該章於四十七年出版時，僅以王白淵署名纂修，不知是何緣故？再者，據臺灣省文獻委員會特約編纂省通志稿契約第十條：「甲方（即特約編纂）不得將上稿更換名目，另行轉售或發行，並不得將上稿之全部或一部在其他刊物上發表〔註45〕。」按此條契約之精神，當在確保臺灣省文獻委員會在《臺灣省通志稿》內容方面之版權，此由契約第二條強調不得侵權可知〔註46〕。因此本學藝志藝術篇美術章一稿二載，實有不當之處。

　　就本章記載內容之探討，分述如下：

1、頁二十六，載臺展自民國十六年至二十五年間，「舉行過十二次展覽會後解散」，然該節僅列出十屆展覽會，其餘兩屆不知為何。若加上首屆展覽後另外舉辦的「落選展」，與第五屆展覽會後在臺中、臺南之地方移動展，則有十二次展覽，但「落選展」當不屬於臺展之一部份。

2、頁二十七，載第二屆洋畫部特選有「陳澄波等三人」，而未列出陳澄波以外之另二人，亦屬不當。

3、頁二十八，載臺展洋畫部特選有三人，然正文僅錄陳澄波一人，餘二人不詳。

4、頁三十，載第九屆「臺展」作「臺屆」，且有二個「臺日賞」，按第二個「臺日

〔註42〕參見謝里法，《日據時代臺灣美術運動史》（臺北市：藝術家出版社，民國84年10月四版），頁90～94。

〔註43〕參見林惺嶽，《臺灣美術風雲四十年》（臺北市：自立晚報社文化出版部，民國76年10月初版），頁47～82。另見臺北市文獻委員會於民國四十三年12月15日所辦「美術運動座談會」會議記錄，收錄在《臺北文物》三卷四期，頁2～15。

〔註44〕參見王白淵，〈臺灣美術運動史〉《臺北文物》第三卷第四期，頁16～64。王一剛〈臺展·府展〉《臺北文物》第三卷第四期，頁65～69。

〔註45〕參見《臺灣省通志稿·教育志》卷五，文化事業篇，頁63。

〔註46〕同上註。

賞：東洋畫：郭雪湖；洋畫：陳德旺」，當為「朝日賞」。

5、本志若干名詞並未加以解釋，如臺展之「無鑑查出品」、「新人推鑑制度」，府展之「招待出品制度」，諸此均應稍作解釋，甚至應當對各個展覽制度及內容加以解說。此外，如頁三十四，載臺洋美術協會之「帝展派」、「二科展派」、「春陽畫派」、「國展派」所指為何，亦當解釋。尤其以「帝展」與「臺展」間之密切關係，以及「二科展」所代表新舊美術傳統爭執之意義，均為臺灣美術史上之要事，若是記載不清，說明不週，則歷史真相將隱晦不明。加以方志之記載，當以滿足大眾求知慾望之要求為主。若干專業知識與專有名詞，一般大眾並不一定瞭解，方志之記載若只有專業人員才能瞭解，則方志的功用便將受到限制。

6、頁三十四，引臺陽美術協會「成立宣言」，與頁四十三，引「光復宣言」，用以表示該會具有民族主義之精神，實不足據。蓋以光復後的言論來證明成立時之初衷，在史學方法上是犯了以後事逆證前事之邏輯謬誤。有關此點可見林惺嶽在《臺灣美術風雲四十年》一書中之相關論點〔註47〕。

7、頁四十二，載「陳春德……寫了一篇『向悠久的憧憬』的文章，……，真不負一世之才華」。按陳春德係美術畫家，其文章之良否，並非本志所注重者；果若要論其文筆才情，亦當轉述、節錄或概述其文，以求徵實，僅一句「不負一世才華」實不足證也。又楊三郎與陳春德所發表紀念臺陽協會十年奮鬥的二篇文章，亦未徵引。

8、頁四十六，載臺陽美術協會所舉辦之光復展，「魏主席亦於十八日下午四時……」，按此處之「魏主席」係指當時的臺灣省省主席魏道明，本志當以全名為之，始合方志之規矩。

9、頁四十六，載臺陽美術協會光復展後，陳夏雨「因意見不合」，遂退出該協會。按此處所謂的「意見不合」係何所指，應有說明之必要。

10、陳清汾傳，頁六十三，載陳氏雖為一實業家，但是否有必要在藝術志中詳細介紹其實業家的身份與成就，又既言其事業不能一一枚舉，又何須畫蛇添足，舉出不完整的資料，方志纂修之不嚴謹如此，可見一斑。

11、黃清呈傳，頁六十九，載黃清呈號清亭，然而於該志頁六十六 Mouve Artists Society 之成員、頁六十九同人展、頁六十八臺灣造型美術協會創始者成員，以及展覽作品各處，均稱黃清亭，此似不妥，按方志纂修之中仍應稱黃清呈而非黃清亭為是。

〔註47〕參見林惺嶽，前揭《臺灣美術風雲四十年》，頁34～47。

12、日治時期各美術展之獎項多稱「某賞」，光復後是否仍應稱「賞」，猶待考證。然不論如何，本章所載之各美術展，其獎項在戰後初期仍稱「賞」，其後始改稱「獎」，此前後稱謂不一致，似有不妥之處。如第一、二屆「臺灣全省美術展覽會」之獎項仍稱「文協獎賞」、「教育會賞」、「學產會賞」，第三屆之後便改稱「「文協獎」、「學產會獎」、「教育會獎」。

13、「臺灣全省美術展覽會」之「主席賞」，除了第三屆之國畫部稱「主席獎」之外（頁77），其餘各屆之國畫部、洋畫部、雕塑部均稱「主席賞」，此為稱謂未統一之失。且各屆「主席賞」之得獎者，時僅一名，時增為三名，得獎人數不定，傳文並未說明其故。再者，「主席賞」或稱「特選主席賞」、或稱「免審查特選主席賞」，三者之間是否有所差異，亦未說明。又第五屆省展除了「審查委員出品」外，還有「無鑑查出品」，為前此各屆所無，然傳文中卻位對此一制度有所交代，為一疏失；第六屆之後則稱「免審查」，亦屬稱謂不一。

　　傳統方志並未特標美術一目，其相關資料多入文物志一類〔註48〕。今以美術作為《臺灣省通志稿‧學藝志》中有關藝術類之子目，若專以傳統方志文物類之記注法為之，則略失新方志在歷史「專題研究」上之意義。本學藝志美術一章之纂修，從章節編排方面來看，似乎傾向於以實際發生之人、物與事件之記載，帶動有關臺灣美術發展的時間敘述。但從記載的內容與方法而言，卻又顯示出該章過於偏重對人、物、事件之記載，而未能將彼此間之歷史意義與因果關係加以說明。再者，該章明顯偏向於對臺灣美術的外在環境敘述，而缺乏對臺灣美術內部學理之敘述，致使該章的撰述部份，僅有「美術運動史」的形式，卻仍不足稱之為「美術史」。事實上，本章所述各展覽之資料，均可加以適當的整理，製成表格，而不須將各個美展得獎人與獎項之資料記注作為方志纂修的主體；至於正文則可用時序性的取向，對美術發展在內部之學理發展與外在環境之變遷，作一專題美術史的撰述文字，如此撰述與記注俱得以兼顧，新舊傳統之優點皆有所得，而美術發展史的內涵方得以全部呈現。

三、音　樂

　　本學藝志藝術篇音樂一章之纂修係由吳瀛濤負責，分為第一節引言、第二節國樂、第三節臺灣音樂的展望、第四節西洋音樂。（章節類目見表4-7）。然而，臺灣音樂發展的歷史，大抵可分為原住民音樂、早期漢人之傳統音樂，以及近代傳入之西洋音樂。本章未收錄原住民之音樂發展，實為纂修取向與撰述範圍上的一大疏失。

〔註48〕參見杜學知，前揭《方志學管窺》，頁24～25。

表 4-7：《臺灣省通志稿・學藝志》藝術篇，第三章音樂綱目一覽表

節	目	小　目	項
第一節引言			
第二節國樂	聖樂		
	十三音		
	南管音樂	郎君樂	
		南管樂	
	北管音樂	北管樂	a. 正音
			b. 亂彈
		後場樂	
	藝妲曲		
	慶弔樂		
	俗謠	採茶歌、山歌	
		車鼓	
		駛犁歌	
		打鐵場仔歌	
		阿祿仔歌	
		歌仔	
	童謠		
	雜曲	打筒孔	
		走唱	
		酒拳歌	
		流行歌曲	
臺灣音樂的展望			
西洋音樂	光復前之西洋音樂	啓蒙時期	
		成長時期	鄉土訪問大演奏會
			震災義捐音樂會
			音樂團體
			抗戰時期
			臺灣流行歌曲
	光復後的西洋音樂		臺灣全省音樂比賽大會
			全省中等學校音樂比賽大會
			全省兒童音樂比賽大會
			兒童節音樂演奏會
	音樂家		

資料來源：《臺灣省通志稿・學藝志》，藝術篇，（臺北市：臺灣文獻委員會，民國 47 年 6 月）。

　　就現有之章節編訂而言，吳氏首先在第一節引言部份，敘述臺灣音樂之淵源，以及臺灣音樂與中國傳統音樂之關係。其次，由於傳統音樂隨著漢人移民，而得以在臺灣發展，故於第二節分別記載臺灣之傳統國樂、地方音樂，以及民俗樂曲之形式與種類。再次，臺灣在漢人社會三百年的開墾後，因近代西方文化之影響，遂致音樂有一大變化，故於第三節論述臺灣音樂之展望。其四，早期西洋音樂在臺灣之發展，雖可追溯至傳教士的傳教活動，但影響較淺，直到日治時期，西洋音樂才有較明顯之發展，因此置於最後一節論述。從上述可知，吳氏在章節之編排方面，似有以時代發生之先後作爲章節排序之依據，惟其節次分編頗失章法。尤其是第三節之記載，實可併入第一節引言，以對臺灣音樂發展歷史，作一完整之敘述。至於第二節國樂之記載方式，係採分類論述之形式，雖詳細記載各式樂器與音樂類型，但缺乏歷史的興味，只是一種文物志的記載法，不若第四節能以時代之先後，作爲節以下各目以及小目的分類。惟第四節在目與小目方面的編訂上，雖能依照時間發生之順序整齊排列，但在小目以下之各項，尤其是「光復前之西洋音樂」之「成長時期」此一部份，仍然有分類不當之情形。

　　有關音樂藝術之研究，其內容原本包括音樂發展史、音樂類型、樂器、樂譜、樂曲、樂理、音樂思想史、音樂家各項〔註49〕。其方法可從音樂理論、技巧發展加以論述，亦可對各種音樂類型之內容加以記述；研究之取向則有專業音樂家之研究與大眾民俗音樂之研究之差異。方志雖須記注與撰述並重，然方志之纂修終歸不是歷史研究，大抵在記注方面較爲重視，因此對樂理及音樂思想方面之要求較少。本章之編纂雖有對臺灣音樂發展過程之記載，但在音樂內容方面，則僅有中國傳統音樂之樂器、類型有所記載，而未對各類音樂之曲目、樂譜加以蒐羅記載，此一情形在西洋音樂部份亦然。如上所述，樂譜、樂曲、樂器與音樂家同爲研究音樂風格與音樂發展之重要項目，樂譜與樂曲不僅可分析樂理與樂風，同時還可反映當代之社會環境。音樂史之研究，苟無樂譜與樂曲之記載，僅載樂器乃無異於文物志，僅載音樂家則直如人物傳記而已。方志之纂修，乃爲歷史研究之基礎，記載若有疏漏與不足之情形，則歷史研究如何徵引，又焉得信實。按此樂譜與樂曲部份，當可以表格形式予以著錄，俾使臺灣音樂史料得以保存。又聖樂之儀式，歷來方志皆有所載，本節未予載錄，亦爲失當之處。

〔註49〕王光祈將音樂史之研究分爲普通音樂史、樂器史、樂譜史、樂理史、音樂作品種類史、音樂哲學史、音樂家傳記七項，此與本文所謂之音樂發展史、樂器、樂譜、樂曲、樂理、音樂類型、音樂思想史、音樂家並無二致。參見王光祈，《西洋音樂史綱要》（臺北市：臺灣中華書局，民國76年2月臺四版），頁8～10。

　　傳統之戲曲、歌舞多未作明顯之區分，本學藝志藝術篇僅載音樂，而不及戲劇與舞蹈，亦為一大疏失。其次，本節在音樂團體之記載方面，當兼錄各團體之成員名錄；音樂比賽亦可仿美術展覽，詳載比賽之淵源、獎項、評審、得獎者等相關資料。而此類資料，均可製成表格，作為本章之記註部份。

　　至於音樂家傳記的部份，本節共載音樂家小傳三十一條，多為人物志所未載。此外，另有鋼琴家周遜寬、陳信貞、李桂香，聲樂家陳招治，理論家李忠傳等五人僅提及姓名。有傳之三十一人中，僅述其出身與專攻項目有高慈美、高錦花、林澄沐、林進生、翁榮茂、申學庸、司徒興城等七人，略述及現況者有汪精輝、鄭秀玲、李永剛、李九仙、曾寅育、施鼎瑩、林秋錦等七人，述及家世者有蔡淑慧、周崇淑、戴序倫等三人，論及成就者有施而化、戴逸青等二人，載其生平事蹟，僅有張福興、李金土、呂泉生、張彩湘、江文也等五人，其餘柯丁丑、柯明珠、陳泗治、王錫奇、戴粹倫、李中和等六人之記載亦多簡略。按本節所載之傳記，內容以呂泉生傳最多，共一八〇字，另以林澄沐、林進生二傳最少，二傳均只有十九字。

　　再者，本章所收錄之音樂家傳記，與第一章早期藝術中所提及之音樂家亦略有出入。其中早期藝術一章提及與音樂一章皆有傳者，計有江文也、呂泉生、李忠傳、李金土、周遜寬、林秋錦、林進生、柯丁丑、柯明珠、高慈美、高錦花、張彩湘、張福興、陳泗治、陳信貞等十五人。早期藝術一章有提及而音樂一章載其傳者，除清代音樂家林占梅、陳必琛、陳改淑、呂成音、吳鴻業等五人外，尚有一條愼一郎、王井泉、周慶淵、林和引、戴逢祈、謝火爐、甘長波、周再群、林森池、林善德、林鶴年、陳暖玉、蔡江霖等十三名。由此可見本章在人物收錄方面，頗有遺漏之處。

四、工　藝

　　西方將工藝視作為藝術之一項，雖有相當久遠之歷史，然一般而言，多把工藝視為「次要藝術」，而將建築、繪畫、雕刻視為「主要藝術」〔註50〕。由於工藝之性質包含藝術、技術、功能、經濟等方面之問題，故與繪畫、雕刻等藝術類型不同，其記載之內容與方法亦較具複雜性。

　　本章係由顏水龍與林世明二人共同負責纂修，其對「工藝」之定義為：

　　　　所謂『工藝品』者，被指為『於自然科學的知性與藝術的感性之交叉點所製作而兼具美與用之製品』。故工藝品與超越實利實用，而專表現

〔註50〕參見 G. C. Argan, M. Fagiolo, 曾堉、葉劉天增譯，《藝術史學的基礎》（臺北市：東大圖書公司，民國81年2月），頁3。

　　作家之理想，不受任何拘束而產生之美術品略有不同：但美術品中，亦
　　有可供實際使用者，故此兩者頗不易作鮮明之區別。惟將工藝之意義作
　　廣義之解釋，則對各種生活物品，施予多少『美的技巧』者，皆列於工
　　藝之範圍內。換言之，工藝品除應可供實際使用外，並在生產技術上必
　　須利用美術的成就。」（學藝篇，頁137）

同時強調工藝之價值並不因其製造方式屬於個別工藝家、家庭副業的手工生產，
或係工廠之機械生產，而有所改變，甚至工藝與工業之間亦無絕對相斥之關係。
也就是說，當前工藝與工業間的關係，已經緊密的結合在一起，且一般工業製品
亦有朝向細緻的工藝品發展之趨向。就此而言，本章對「工藝」之定義頗為周全，
惟其在「工藝」論述的取向上，認為：

　　工藝之本質可分為藝術與經濟之二部份，而本章的目的，並不以檢
　　討本省工藝之藝術的價值為主，而主要在經濟的立場，摘要介紹一般工
　　藝品之現狀。」「為其中亦有藝術價值極低微乃至藝術價值全無之手工業
　　產品，然其具有經濟價值者，亦併述於本章之內。」（學藝篇，頁138）

事實上，有關經濟方面的工藝或手工業當入經濟志；以經濟為主要之記載主軸，
而忽略有關藝術史的論述，實非學藝志藝術篇之纂修目的。同時既為方志之纂修，
便當涓細不遺，對臺灣歷來所發展出的工藝品，應盡其可能地詳加蒐羅，納入記
載，而非如其所述的「摘要介紹一般工藝品之現狀」。

　　就本篇工藝一章之章節，除第一節引言與第三節結論之外，第二節工藝現況將
臺灣工藝品分為「原住民之原始工藝品」、「傳統之工藝品」、「近代式樣之工藝品」、
「受日本影響之工藝品」、「受西方影響之工藝品」五種。該節記載之形式，係以產
品項目為主，在工藝品類別之敘述中，連帶敘述該工藝品之歷史，惟其有關歷史之
敘述頗為簡略。正如該章纂述之取向是「並不以檢討本省工藝之藝術的價值為主，
而主要在經濟的立場，摘要介紹一般工藝品之現狀。」因此本章之記載，偏向工藝
發展在當代共時性之經濟層面，而缺乏歷時性的演變。也就是說，其基本之前提是
將臺灣四百年工藝發展之結果，當作一個論述的背景處理，以便作為從經濟面上討
論當前臺灣工藝發展的基點，並在此基點上，就臺灣工藝之種類，其中包括帽蓆葉、
蓆草加工業、木工雕刻木器葉、海草編織葉、染織與抽繡葉、竹加工業、藤加工業、
陶業、金屬加工業、漆器業、珊瑚加工業、文石加工業、貝殼加工業、骨角加工業、
髮網加工業、月桃加工業、皮革加工業、大理石加工業等十八種，分別依加工業之
起源與發展之簡史、技術、原料、勞工、產地、產品種類、產銷組織、市場型態等
項目加以敘述。其間雖亦偶及各類工藝品發展之歷史陳述，但在其藝術性方面之論

述，僅有「陶業」一項兼具產業種類、產業發展史、原料、產地、產銷情況，以及產業之藝術性，是較爲完整的一項工藝記載，其餘各項在藝術性方面的討論，皆付之闕如。因此，該章記載之內容與其稱之爲工藝史，不若稱之爲產業史。至於其記載所涵蓋之範疇，顯然較經濟志工業篇第五章臺灣之手工業更爲詳細〔註51〕。而該章能兼顧原料、勞工等內部經濟因素，與市場、產銷等外部經濟因素，同時亦結合對政府輔導政策之說明，在經濟論述方面，與經濟志工業篇地五章臺灣之手工業相較，並不稍遜。只是該章在各個工藝類型之記載內容並不一致，若干工藝類型並不完全俱備上述之經濟分析項目，不免略有瑕疵。

事實上，就方志理論而言，本章採取僅記載當前臺灣工藝發展現況爲主的纂修方式，並非不可。但必須在纂修性質方面先行確定該志是屬首修或續修，若是首修，則仍須將過去臺灣工藝發展納入記載之範圍。其次，在記載的時間斷限方面亦當與其他篇章一致。就《臺灣省通志稿》言，姑不論其他志篇纂修之時間斷限爲何，僅以「藝術志」言之，「文學篇」乃自明末清初之際開始記載至光復前夕爲止；音樂、美術二篇雖偏重日治時期之發展，然對清代之發展亦有若干記載，而工藝則以近年來之發展爲主，相對在過去之發展幾無記述。此亦表示藝術篇之纂修，在時間斷限上，並無共識。

在第二節工藝現況的記載中，就「原住民之原始工藝品」而言，其論臺灣原住民之原始工藝品，「作品幽瑰美麗，曾被譽爲世界原始藝術之精華」，且「此富有原始特性之古代產品，甚至晚近之雕刻技術，均較目前產品爲精緻。」（藝術篇，頁138）然又以「而目下山地工藝品之品質顯示不斷退化中，或已斷絕生產。」爲由，而未作進一步之記載與說明。按原住民之原始工藝品即使已經逐漸沒落，然以方志纂修之目的而言，原當以記載原住民從過去到現在之工藝發展歷程及其成就爲主；猶有甚者，正因原住民之工藝品已經逐漸沒落，爲恐日後之不存於世，更當詳加記載。

由於本文係就學藝志之纂修爲主要論述之焦點，故於本章在經濟方面之論述，暫不予以討論。就該章纂修之得失而言，在工藝種類之記載上，頗稱完備；在記載之方法上，偏向產業志之纂修取向；在記載之時間斷限上，未及於日治時期以前之工藝發展；在工藝風格之類型上，缺少原住民之工藝發展。由此可見，該章記載之內容與方法，可謂是優缺互見。

〔註51〕按《臺灣省通志稿・經濟志》工藝篇第五章臺灣之手工業，僅製帽業、製竹業、蓆草加工業，以及手工業發展之展望，其記載之手工業類型遠較學藝志藝術篇之工藝一章爲少。參見陳華洲纂修，《臺灣省通志稿・經濟志》工業篇，頁118～127。

五、建　築

　　建築此一學門，其性質包含有技術、文化、藝術等層面的意義，因此在建築史的研究方面，顯得格外的複雜。尤其在方志的纂修中，既可將建築置於文化一類，亦可置於藝術一類，還可在經濟一類中加以論述。本章主要就文化與藝術方面二部份加以論述，頗合藝術篇之規矩。

　　本學藝志藝術篇建築一章，乃由王白淵擔任編纂。其纂修之方法，採取以臺灣建築風格為主要分類標準。按臺灣建築之風格，共可分為「南洋系建築」（即馬來系之山地族建築）、「大陸系建築」（中國華南系建築）、「西洋系建築」（荷、西系建築）三大系統。（藝術篇第五章建築，頁 204）王氏首先在第一節引言說明臺灣建築之風格與特色，大抵因為臺灣多雨燠熱，故為防熱而多採東西向，為防雨而多設置騎樓；其次說明建築材料，包括木材、竹材、黏土材、磚、瓦磚、石材（安山岩、砂岩、石板岩、擾撐石）、水泥、石灰、籐材、茅材等材料。至於原住民的南洋系建築，王氏則指出「惟山地族志，本會另有專編，茲從略」。然而《臺灣省通志稿》雖有「同冑志」，用以記載原住民之種族、文化、組織等項目。但由於該同冑志對原住民建築之論述採分族記載，且多僅於「居住」一項略加記述，因此其內容不僅較少，且多瑣碎，對原住民之建築實難有一整體性的認識。加以日治時期日人千千岩助太郎曾長期調查記錄原住民之建築，並於一九四一年出版《臺灣高砂族的住家》一書〔註 52〕，今藝術篇建築一章未能引用此一相關資料，對原住民建築作有系統的介紹與記載，實為其疏失之處。（本章之節次參見表 4-8）

表 4-8：《臺灣省通志稿‧學藝志》藝術篇，第五章建築綱目一覽表

節	目	小　目	項　目
第一節引言			
第二節大陸系建築	大陸系建築之種類與分佈		
	構造形式及其裝飾		
	樣式之系統		
	都市與聚落		
	住宅與庭園	住宅建築的基本形式	
		宅邸與庭園	鄭氏時代之宅邸與庭園
			清時代之宅邸與庭園
	民家建築	農家之建築	
		商家之建築	

〔註52〕參見（日）千千岩助太郎，《臺灣高砂族の住家》（臺北市：南天書局，民國 49 年）。

	城堡建築	
	會館建築	
	儒教建築	
	道教之祠廟	道教之祠廟
	及佛教建築	佛寺建築
		墓廟建築
	牌樓、石碑及其他	
第三節西洋系建築	城堡建築	
	基督教建築	天主公教會
		南部臺灣長老教會
		北部臺灣長老教會
		建築實例
第四節結論		

資料來源：《臺灣省通志稿‧學藝志》，藝術篇，（臺北市：臺灣文獻委員會，民國 47 年 6 月）。

　　本章纂修之方法，除前言與結論外，在大陸系建築與西洋系建築二部份之論述方面，係以建築形式風格為敘述之標準。按此法是以建築形式與風格之敘述兼及建築發展之歷史敘述，不同於一般建築史以時間發生之先後，依次記述不同時期之各種建築風格之寫作方式。比較二法之間各自有其優缺之處，按前者重個別建築風格之歷時性發展，能將相同風格之建築集中在一起，以便於顯示出同一形式之建築風格，在不同時期中之差異；但對於同時期中不同形式之建築風格差異，與整體建築發展之歷史變遷，就較少敘述。後者則是重建築風格之共時性發展，較易於處理同一時期所發展出不同風格之建築特色，但對相同建築風格在不同時期間之演變，便較少敘述，如李乾朗《臺灣建築史》一書即是採此法撰寫〔註53〕。

　　由於方志之纂修有始修、重修、續修之別，就續修之方志而言，則因其有時間斷限之限制，往往無法呈現其歷史發展之完整性，故宜採用後法，對個別時期中之各種建築類型加以敘述。至於始修與重修之方志，因其記載在時間性上具有一個完整的歷史觀，在歷史敘述方面較易為之，故其纂修方法較不受限制，二法均可採用。

　　《臺灣省通志稿》雖非臺灣首部方志，但卻是臺灣首部以新方法纂修之省通志，因

〔註53〕參見李乾朗，《臺灣建築史》（臺北市：雄獅圖書公司，民國 68 年 3 月）。

此在建築方面之纂修，既可分別記述各種不同建築類型在各時期間之的發展歷史；同時也可對個各時期中不同類型之建築加以描述，然後結合各時期之論述，呈現一個完整的建築發展史。然而，由於前者較傾向於對建築類型之記注形式，後者則須對不同時期之整體建築發展有所論述，不免帶有一種撰述的意味。而方志纂修之所重本在於記注存史，務求一地之建築風格皆能蒐錄於方志記載之中，行有餘力始加以撰述成文。若過於重視撰述，則恐為求歷史敘述之整齊，而有史料剪裁不當之弊。本章不採取以時代為主的建築變遷史為記述方式，而採以建築種類之風格為主要敘述，不僅可詳細記載各種建築種類之風格，且可避免為求整齊建築史之撰述，而刪裁若干無法納入建築史演變的非體系化建築風格。由此而言，《臺灣省通志稿‧學藝志》在建築方面之纂修取向上，是採用較正確的方式。

就本藝術篇建築一章記載之類目而言，該章多能兼具建築材料、建築種類與風格、建築構造與形式等項目之記載。就建築種類與風格而言，第二節大陸系建築系統又分閩族（福佬）之福建系、粵族（客家）之廣東系、天竺樣式、日本樣式，以及唐樣式等建築系統。就建築形式、功能而言，則分為「官用建築」（城堡衙門）、「公共建築」（會館）、「住宅建築」（住宅與庭園）、「宗教建築」（文廟、書院、道觀、廟祀、佛寺）、「其他」（牌樓、碑碣）等五種。就時間區分則有明天啟四年歐人來臺以前之「第一期放任時代」，荷西據臺之「第二期歐洲系統建築時代」，鄭氏復臺與清領臺灣的「第三期大陸系建築時代」，日治時代與光復後的「第四期現代建築時代」。由該章對建築種類與風格之分類，可見其記述頗稱完備。

在建築構造與形式方面之記載，對建築構造（磚厝、土埆造、架筒厝、柱仔腳厝）、形式（基壇、陛、地板、礎、柱子、壁體、軸部、架筒組、簷圍、瓦、屋頂、進出口、窗子、樓梯、欄杆）與裝飾（彩飾、畫飾、雕飾），亦有詳細之介紹。惟其在建築之上層結構與架筒組方面之記載較嫌簡略。按一般大陸系建築之上部結構中，構造頗為繁複，其主要支撐建築體之結構有桁、樑、楣、楹等；組合這些支撐體之結構有斗、栱、椽、桷、瓜筒等；屋頂之形式有硬山式、懸山式、歇山式、攢尖頂、捲棚頂等多種，屋脊之風格則有燕尾脊與馬背脊之別〔註54〕。本篇在建築構造之記述方面，對支撐體之結構僅提及桁、樑，對組合支撐體結構亦僅提及架筒組一詞，均未詳述其內容；在屋頂方面，雖提及「燕子尾」與「馬背式」二種形式，但對二種形式所代表之意義則未說明。按一般平民之家，建築較

〔註54〕參見李乾朗，前揭《臺灣建築史》，頁 26～48。

為簡略，多用馬背式之屋簷，而富豪之家，建築較為富麗堂皇，多用燕尾式之屋簷。由此可見，該章在建築構造與形式方面之記載，仍稍嫌簡略。

就編纂之義法而言，該章有建築之藝術評論，亦有建築史之評論。如頁二三一，載板橋林家宅邸庭園「來青閣」附近之景觀：

> 故意將石頭練成岩窟狀，其作為俗不可堪，……觀稼樓址，前面有小亭，周圍繞著白堊的磚牆，另劃一角，此邊磚牆高低迂曲不定，而挖有八角之門，處處有窗，方形、桃形、腰包形、色紙形等頗為稀奇，較有藝術價值。……三角形之亭……池畔築造假煽惑疊石，而擬表現奇峰深谷……此處又表現出拙劣的人工，頗感俗氣。

又頁二三二，載：

> 總而言之，林本源邸之住宅與庭園，係臺灣高級住宅之代表，尤其是庭園之奇古，舉世皆知，但其趣味過於人工，缺少藝術味，但在局部看來有的非常成功，而充滿著中國是庭園的好處。

凡此均為藝術性的評論。此外，頁二八○，載臺灣建築得以「形成獨自之臺灣式洋風建築，因此在文化史上、建築史上，有其特殊之價值」，即屬建築史之評論。此處有關藝術風格與建築史之批評，其論述有據，言之有物，較美術篇之論述為佳。

有關該章記載內容，分論如次。

1、頁二一八，載建築裝飾之「雕飾」部份，在羅列雕飾之題材後，曰「千差萬別，不能一一枚舉」。按方志之所重，便在於能「一一枚舉」；即便無法盡舉，亦當就其特色較著者，詳加介紹。該章於此實有疏漏之處。

2、頁二四八，載儒教建築之書院，於文石書院有重複記載之處。按此當為校對之失。再者，該部份所列出之書院有九所，但僅取明誌〔志〕、文石、奎樓、屏東四所書院，加以介紹其風格與歷史；又頁二五四，載奉祀媽祖之重要廟宇有八座，但亦僅有四座介紹略詳，其餘四座僅列其名，凡此均不免遺漏。

3、頁二六一，對牌樓、石碑之記載過於簡略。而此部份，本篇當詳加考察臺灣過去與現存具有代表性之重要建築物，製成表格以成史料記注。如此，撰述、記注兩相配合，於一地之歷史可為完備。

4、頁二六三，載西洋建築在清朝開放教禁之後，逐漸得到發展之機會。然此處所載為「西紀一八四年年（道光二十六年）」當為「西紀一八四六年（道光二十六年）」之誤。

5、頁二七三，載城堡建築部份，最後在「墓」一項，記載之形式過於簡陋，且在

其所列安平觀音亭與麻豆四工〔公〕墓之後，載「真偽不明」，不知是未加查訪，亦或是無法考證。

6、頁二七四，載臺灣基督教建築之發展歷程，所用之年號既非清朝，亦非鄭氏，所謂之「寬永」、「弘化」實為日本之年號。又該篇之年代時以西元為之，時以民國或民國前為之，實應予以統一。

7、頁二七七，載琉球嶼會堂於「西紀一八八年創立」，當有漏字。

8、又本篇在若干外文翻譯上亦未統一，如 San Luis Beltran 譯作「散‧路易斯‧貝爾托蘭」(頁 275)，而 San Francis 則譯作「聖‧佛蘭西斯」(頁 275)。同樣的 "San" 此一稱號，最好能比照慣例，統一譯作「聖」為佳。

　　本建築篇之纂修，除了上述部份之缺失外，就記載形式、記載類目、記載義法等方面而言，均屬得體。惟其內容上，缺少原住民之建築，乃一大缺失。再者，建築屬視覺藝術，在文字記述之外，原當附圖以助說明，此亦為本章不及之處。但大抵而言，本章在纂修方法上，仍不失為一良志。

　　傳統正史藝文志之纂修，係以「辨章學術，考鏡源流」為要〔註55〕，其以書目著錄相從，旨在「即類求書，因書究學」〔註56〕。所謂藝者六藝經學，文者文章著述，合則為「經史子集」等一切當代學術著作，即所謂之「經籍」也。由此可知，傳統正史之「藝文」，在記載範圍之精神上，實取當代一切學術之類目為編纂之要項。至於藝文纂修之方法，以《漢書‧藝文志》為宗，取天下之著作，條別篇目，撮其要旨，依類匯編，並置「小序」以為類目之提要，用以辨明學術演變之源流。而方志藝文之編纂，則礙於一地可資記述之著作有限，遂多不載書目，而改取詩文歌賦有裨於史事者，匯次文章，甲乙成編。以此編纂之範圍多屬文史之類，其編纂之方法則倣《昭明文選》、《文苑英華》等比類編次之書。〔註57〕由此觀之，傳統方志藝文之纂修內容，僅止於今日之文學一門，而非當代一切學術之屬。

　　再者，傳統方志藝文兼錄著述書目者較少，以清代臺灣方志為例，僅范咸、余文儀所纂之二部《臺灣府志》、王必昌《重修臺灣縣志》、謝金鑾《續修臺灣縣志》、林豪《澎湖廳志》等志兼錄著述書目外，其餘諸志皆未立著述書目一類，今《臺灣省通志稿‧學藝志》亦然。(參見表 4-9)。

〔註55〕參見章學誠，《校讎通義‧序》，收錄於《章學誠遺書》，頁 95。
〔註56〕參見章學誠，〈互著〉《校讎通義》，收錄於《章學誠遺書》，頁 96。
〔註57〕參見章學誠，〈方志立三書議〉《方志略例》，收錄於《章學誠遺書》，頁 123～124。

表 4-9：臺灣方志藝文綱目表

方志	綱	目								備考
高拱乾《臺灣府志》	藝文志	宸翰	奏議	公移	序	傳	記	賦	詩	
周元文《臺灣府志》	藝文志	宸翰	奏議	公移	序	傳	記	賦	詩	
劉良璧《臺灣府志》	聖謨									
	藝文	奏疏	公移	文	序	記	詩	賦		
范咸《臺灣府志》	雜記	雜著，如正史藝文例著錄書目，有附考無小序								
	藝文	奏疏	露布	文移	書	序				
		記	祭文	賦	駢體	詩				
余文儀《臺灣府志》	雜記	雜著，如正史藝文例著錄書目，有附考無小序								
	藝文	奏疏	露布	文移	書	序				
		記	祭文	賦	駢體	詩				
周鍾瑄《諸羅縣志》	藝文志	未分立類目，但從疏、序、文、詩順序收錄								
胡建偉《澎湖紀略》	藝文志	疏	書	議	序	引	記	賦	詩	
陳文達《臺灣縣志》	藝文志	宸翰	奏疏	公移	賦	傳	記	文	詩	
陳文達《鳳山縣志》	藝文志	傳	記	賦	詩					
王必昌《重修臺灣縣志》	藝文志	著述	書序	賦	詩					
謝金鑾《續修臺灣縣志》	藝文志	著述	奏	疏	檄文	書	議			
		序	跋	客問	記	賦	詩詞			
王瑛曾《重修鳳山縣志》	藝文志	奏疏	文移（附稟札）	序記	詩賦					
陳培桂《淡水廳志》	附錄文徵	文徵上錄檄、紀、疏、記、序								
		文徵下錄詩								
周璽《彰化縣志》	卷首	聖謨								
	藝文志	奏疏	札謀	書議	序	告示				
		引	文	說	紀	記	詩			

林豪《澎湖廳志》	卷首	皇言錄							
	藝文	奏疏	文移	告示	書議	稟牘	序	記	
		引	跋	賦	祭文	詩	著述書目		
陳淑均《噶瑪蘭廳志》	雜識‧紀文	奏疏		議		紀略			
柯培元《噶瑪蘭志略》	藝文志	文			詩				
	雜識	錄文九篇，爲異例							
沈茂蔭《苗栗縣志》	藝文志	文不分類仿諸羅縣志，但從人錄文如淡水廳志							
連橫《臺灣通史》	藝文志	總論			附表三				

資料來源：臺灣銀行經濟研究室輯，臺灣文獻叢刊第六五種、六六種、七四種、一〇五種、一二一種、一四一種、一〇九種、一〇三種、一二四種、一一三種、一四〇種、一四六種、一七二種、一五六種、一六四種、一六〇種一二八種、、一五九種、

　　就本學藝志的纂修形式而言，其載文學、哲學、藝術之源流、發展及變遷，雖無「辨章學術」之義，但似有「考鏡源流」之功。惟其別出「著述書目」一項，置於教育志「文化事業篇」之下，僅屬「出版事業」一章，在綱目的層次上，低於學藝各篇一級，有輕校讎目錄學之嫌。再者，本學藝志於文學篇兼錄「文徵」，取「以言證事」之義，本屬善法。然「文徵」一項，於收錄詩賦文章外，本當兼取政典案牘有俾於史事者，此乃章學誠最爲重視〔註58〕；然本學藝志於「文徵」一項，僅取詩文詞賦，是重文人酬唱，而非重史。由此可見，本學藝志之其纂修取向，實非傳統「校讎目錄」之法。學藝志既以記載學術發展的歷史資料爲主，編錄著述書目以明學術之源流，實有其必要。然近代學術之發展，在知識大眾化與普及化的情形下，著述事業已不似過去僅限於少數文人爲之，書籍著作之數量不斷增加。就此而言，書籍數量不足之困境既已不存，則學藝志或可編製書目，以明學術發展之淵源與現況。本學藝志未及於此，實有不足之處〔註59〕。其後，

〔註58〕參見章學誠，〈方志立三書議〉《方志略例》，收錄於《章學誠遺書》，頁123。

〔註59〕按「著述書目」一項之相關資料，並未收錄在《臺灣省通志稿‧學藝志》中，而是收錄在四十七年2月出版〈教育志‧文化事業篇〉之「出版事業」一章。然此「著述書目」一項究竟應置於文化志中，抑或是置於學藝志中；甚至「文化」一類應與「教育」一類合併爲「文教類」，或是與「學藝」合併爲一類，尚屬有待商榷之事。惟該章僅分藝文、史地、地方志書，以及雜類四項，搜錄荷據時期以來臺灣之書目七百餘種，分別置在清代、日治時期、光復以後三節之中。其中文史著述約佔三分之二，其他學科如醫學、動植物學、農林漁礦、經濟、政治、交通、氣象等類之著作，均收入雜類一項。就書目分類而言，顯然過於簡略，且有偏重文史之傾向。因

臺灣省文獻委員會在纂修《臺灣省通志》與《重修臺灣省通志》二部志書之時，皆能在藝文志中兼載「著述書目」之類，此一缺失已獲改善。

中國傳統史學向來重視文獻之徵實。方志之於史書，正如百國寶書之於孔子《春秋》，此即以方志「地近則易覈，時近則跡真」之便〔註60〕，乃為正史纂修所資之義。由此言之，中國傳統方志之編纂，原重於資料記注之成法。而近代史學中的「地方史」（Local history）或「區域研究」（Regional Study），大抵與西方史學中重視歷史的獨特性（uniqueness）與個別性（individuality）的傳統相關。希望以結合各個地區之研究，來呈現出整體的歷史風貌。但就其研究之取向而言，仍屬一種具有連續性的歷史研究，只是記載的範圍相對較小而已。因此「地方史」之性質，似較重視有所創獲的撰述之書。是以當前方志之纂修，若取法「地方史」之編纂，則失傳統方志記注之本意。然若兼取方志之傳統，則在體例上，必須對記注與撰述之記載有所安排。

就《臺灣省通志稿·學藝志》之篇章綱目而言，如前所述，原有楊雲萍與林熊祥二氏之擬定綱目。楊氏之擬目，於科學、藝術與學藝團體三項，係依學藝事類區分章節，其餘文學與出版物二項，則依時代先後區分章節；而林氏之擬目，均以學藝之事類為章節區分之標準。比較二氏所擬之綱目，楊氏或以事類分，或以時間分，體例較不純一；而林氏之章節體例均按事類分，則顯得較為一致。《臺灣省通志稿·學藝志》之篇章，除前述廢科學一篇外，並將楊氏所擬之學藝團體一項，部份併入文學、藝術二篇。至於文學、哲學、藝術三篇之章節，則捨林氏之體例，而採楊氏之體例，於文學一篇，以時代先後作章節之區分，故其失亦與楊氏同。

一般而言，依事類分者便於記注，依時間分者易於撰述。惟記注之下，猶可附以時間之敘述，如音樂、工藝、建築三章即是；不涉時間敘述者，則如早期美術一章。而撰述之下亦可附以事類之記注，如文學篇即是；但若為求整齊，難免捨棄若干無法入志之史料如美術一章即是。至於哲學一篇，雖亦屬以事類分章節者，然因纂修者以其對「哲學」一詞之界定，限制內容收錄之範圍，且有偏重於理論記述，而失卻方志所應具有的歷史興味，致使該篇在記注之項目與撰述之方法上，均有不足之處。

再者，就學藝志所應具備之記載取向而言，按「學藝」之本義，除了前述之「科學與藝術」一解外，實際上，還可作「學術與技藝」解。蓋「學」者學術，

此該章既不符近代西方分類法之原則，且無法顯示出傳統目錄校讎學之意義。
〔註60〕參見章學誠，〈修志十議呈天門胡明府〉《方志略例》《章學誠遺書》，頁140。

－152－

指一切與學術理論相關之屬；藝者技藝，指一切與技術實務相關之屬。按「技藝」
之說，本取中國傳統對「藝術」之解釋，且西方之「藝術」亦有「技藝」之義。
就分類學而言，所謂「科學與藝術」係以學藝之種類分，「學術與技藝」則是以學
藝之性質分。若從後者之定義，不僅傳統史志所載之若干項目，如武術技擊、遊
藝方伎等，均得入學藝志，而不須另立一類；且在方志記載之取向上，若干類目
亦可分爲學理與技術二部份加以論述，如建築、音樂、美術、工藝、舞蹈、戲劇
等藝術之屬。觀之《臺灣省通志稿‧學藝志》之各篇章中，能兼及理論與實務之
論述者，僅有工藝與建築二章。

　　就本學藝志之時間敘述而言，各篇章記載之斷限均不一致，其中文學、音樂、
建築始自荷西、鄭氏治臺時期，止於戰後初期，係屬較完整者。而美術僅載日治
時期以後，工藝只及於戰後之現況，均屬不當；尤有甚者，哲學一篇僅記三人，
實無歷史時間觀可言。然不論各篇之斷限爲何，對原住民一段記載不多，實爲本
學藝志之一大疏失。

　　《臺灣省通志稿》不僅是戰後臺灣首部省通志，亦爲臺灣新方志纂修之濫觴。
根據本文的研究，本學藝志不但在新法多有創獲，舊制亦有所承襲；唯因值此新
方志傳統草創時期，故新法舊制不免偶見牴牾。然而不論本學藝志於體裁、類例、
義法，乃至於方志理論方面之得失如何，就方志學發展史的角度來說，《臺灣省通
志稿‧學藝志》無疑具有相當重要之價值，不僅在相關之學術研究上，提供極爲
珍貴之史料；同時亦爲後人纂修方志時，提供纂修理論與方法之依據，值得肯定。

第五章　《臺灣省通志稿・人物志》纂修之探討

　　《臺灣省通志稿・人物志》（下稱本人物志）之纂修人員，係由黃水沛、雷一鳴、王詩琅三人擔任，蕭志行爲助修。其篇幅共計四篇、十五章，收錄明末至日治時期一一二四人，分三冊刊行。篇目如次，第一篇：明延平郡王三世，計三章，第一章：一世鄭成功，第二章：二世鄭經，第三章：三世鄭克塽。第二篇：歷代人物，下分宦蹟、武功（上、下）、殉國、拓殖・貨殖、學藝、行誼、流寓、外人等八章。第三篇：特行，下分義士、驅荷、拒清、抗日四章。第四篇爲表，收錄各式人表十五種。

　　由於負責該志編纂的三位纂修人員並非同時進行編纂工作，而是分別由黃水沛、雷一鳴、蕭志行三人負責纂修第一冊（含第一篇與第二篇之宦蹟、武功）在先，此一部份於民國四十一年五月纂修完成後先行出版；王詩琅則負責二、三冊之各傳及諸表在後，並於民國五十一年十二月出版。兩部份之編纂前後相距十年，造成在全志的體例上頗有不同之處。且該志之「例言」置於第二冊，顯得十分突兀。此因黃、雷二人在纂修之初，並未擬定凡例，而現有之「例言」，係由王詩琅接續纂修之後始擬定。

第一節　資料編排與引文標注

　　傳統修志專家列述人物，自來即有標立品目，析類分載之法；亦有仿效史傳，以不立類目爲宗，而統以人物名之。前者始自周應合《景定建康志》〔註1〕，明人

────────────

〔註1〕參見（宋）周應合，《景定建康志》，收錄於《宋元地方志叢書》（臺北市：中國地志研究會，民國67年）。

多沿之，而清人修志則多傚法後者。按《臺灣省通志稿‧人物志》立「明延平郡王三世篇」、「歷代人物篇」、「特行篇」三篇，其下分述鄭成功、鄭經、鄭克塽、宦蹟、武功、殉國、拓殖‧貨殖、學藝、行誼、流寓、外人、義士、驅荷、拒清、抗日十五章，係爲分列品目之屬。與前此清修通志及諸府志類目比較（參見表5-1），該志列傳分目是否得宜，尚屬仁智之見。惟其於編纂方面，尚有三處猶待商榷，分述如下：

其一，就章節設立的一般標準言，傳統方志有以地域爲綱，其下依區域分述各類人物，如「一統志」例；或以人物品流爲綱，其下再依時代先後分別記述人物，如周凱《廈門志》例〔註2〕。晚近之新修方志亦有以時代先後爲綱，於各時代之下才分列人物類目，如張勝彥《臺中縣志》例〔註3〕。不論採用何例，皆以有系統之編排方法爲要。然本人物志類目編排的方式分歧雜出，無一例式可循。以第一層次人物志下的各篇而言，其分類標準已頗不一致，如「延平郡王三世篇」以時代順序作爲分章之標準，「歷代人物篇」則以人物性質爲標準，特行篇又是二者兼具；且以世次爲傳者，在傳統史志舊例中，尚不一見〔註4〕。以第二層次各篇下之各章而言，「歷代人物篇」之拓殖‧貨殖、行誼係以人物性質分章節，殉國、學藝、流寓、外人則以時代分章節，至於宦蹟、武功又未分目，顯示各章之間也無一貫之標準。以第三層次各章下的各節而言，其下所載各傳的編排也無一時間先後次序。此處必須指出，本人物志所引清代以前舊志，多爲薛紹元《臺灣通志》與連橫《臺灣通史》二書。按《臺灣通志》乃屬一未完成之志稿，本文第二章第一節已有所論，該志所載人物傳記，係以清修臺灣各府州廳縣志爲順序，先後羅列各志所載之人物；而本人物志直接抄錄《臺灣通志》，卻不知重新編排，足見本人物志只是一味抄錄資料，在章節與列傳順序之安排上，並未作深入考量。此與省通志稿之凡例所言：「人文科學部門自人民志以下諸篇，亦以科學方法爲其準繩以整理之」之宗旨，頗相違背。

再者，「歷代人物篇」之第五章爲「學藝」，收錄清代與日治時期人物七十名。惟《臺灣省通志稿》卷六亦有「學藝志」，該志記載「哲學篇」三人，「文學篇」一一二人，「藝術篇」日治以前早期藝術十八人。二者類目相同而分置二處，且彼此所載人物多有不同。其中，學藝志哲學篇所載，見於人物志‧學藝者無一人，見於其他人物志篇章者，僅李春生一人；學藝志‧文學篇與人物志‧學藝皆有傳

〔註2〕（清）周凱，《廈門志》，臺灣文獻叢刊第九十五種（臺北市：臺灣銀行經濟研究室，民國50年1月）。

〔註3〕張勝彥，《臺中縣志》（臺中縣：臺中縣政府，民國78年9月）。

〔註4〕參見盛清沂，前揭〈臺灣省通志稿擬目之商榷〉，頁36。

者十八人；學藝志‧藝術篇與人物志‧學藝皆有傳者十一人；人物志‧學藝有傳而學藝志未載者四十一人；學藝志有傳而人物志無傳者五十五人；學藝志有傳，而人物志‧學藝無傳，但見於人物志其他篇章者五十人。（參見表 5-2）如此同一學藝類目，而二處所載卻又互見缺漏，實有商榷餘地。如范咸、六十七、劉良璧俱為清代臺灣著名之修志者，本人物志未載其傳，而學藝志述之，諸此採訪失當之處，亦顯示出《臺灣省通志稿》之纂修者，在纂修上遇有內容相涉時，彼此間似未曾相互商討刪訂，以避其重複、求其貫通，與志稿凡例之宗旨相背〔註5〕。

其三，就傳文之內容而言，《臺灣通志》在列傳部份的人物記載方面，往往缺乏對史料加以剪裁刪訂，且其註錄之法亦未統一。按傳統方志撰述人物，援引舊志之義例，逮有二式可循：其一乃師法宋人高似孫《剡錄》之例，或據一書，或採多書，皆直錄其原文；用一書者即直標該書之所出，引自多書者，則逐段標注出典。另一則直取南宋潛說友《臨安志》之法，所引資料不論多寡，皆由修志者綜集諸書，以成一傳，並於末尾標明參考何書。前者注重史料「記注」，多為舊式「分志體」方志所採用；後者主張史學「撰述」，為「正史體」方志學家所提倡〔註6〕。二式皆有所淵源，亦各有其優缺之處，不論師法何式，當下實難以驟分優劣。本人物志除日治時代以後之人物傳記，間有採訪徵集之資料外；於清代之人物，率皆直引《臺灣通志》與《臺灣通史》二書。按薛紹元之《臺灣通志》係採直引原書，逐段標注，或標引於末之法；而連橫之《臺灣通史》則屬綜採諸書，勒成一傳之法。此二種不同著錄方法所成之文，在文體、文風上大不相同。本人物志二書並引，卻不知剪裁潤飾，致使文體紛雜，實屬不當。再者，以引注法而言，本人物志在第一冊猶有若干傳記能於傳中夾注，或於傳末標示引用資料之出處，第二、三冊則於「例言」中明示不再標資料來源。如此一志之中，文體二式，標注二例，修志若此，或有失於草率之慮。

至於引文是否需標明出處的問題，宋伯元於〈史事記述的附註問題〉一文中指出，中國舊時典籍，類多無註，大多於正文之中即可說明清楚，勉強使用註釋的情形，並不多見。而今日之文，用注頗有多而不當之情形，且採用「離文注」，前後參閱甚為不便，「除了表明作者參考資料之多外，實想不出還有其

〔註5〕按《臺灣省通志稿》凡例第五條所載：「本志既略按科學方法分門。各門由其專家自裡，畛域釐然。遇有一事實，兼見於諸門，如礦產之與地質，幣制之與通貨，乃至大事記、史略、革命志等之互觸面，則咸經執筆者商略裁定，避其重複，求其貫通。庶覽者交互參證焉。」見《臺灣省通志稿》，卷首上，凡例篇（臺北市：臺灣省文獻委員會，民國40年3月出版），頁1～4。

〔註6〕參見王葆心，《通志條議》（臺北市：臺灣書店，民國46年），頁51。

他作用」〔註7〕。晚近亦有學者認爲引注與否，並不足以評判一部方志是否具有
學術價值，重要的是纂修者所選用的史料與分析方法，才是決定學術價值之標
準，否則「假如利用二手材料、被扭曲的歷史訊息，縱使每句話都寫下註腳，
也不能算是學術作品〔註8〕。」事實上，引文標注出處與否或許並不是評判學術
價值的惟一指標，但也絕非如前述是以誇示「作者參考資料之多」爲目的。學
術爲人類知識經驗累積的成果，並非完全依賴少數學養豐富的學者可以完成，
而是要靠一個有系統的制度與方法，來維持全面性的研究能永續進行。「引注」
作爲一種研究的表達形式，儘管未必每個研究者都能夠符合標準，但這也只是
個別研究者的問題，並不損及「引注」在「徵實」方面的意義；同時透過引注，
既可杜絕抄襲之弊，並可使其他研究者獲致更多的資料，以對該研究進行重複
檢證，此實爲近代科學精神之所在。以本人物志爲例，該志在日治以前的八一
八人中，多有標示引注〔註9〕；其未標注者，亦可從其他有引注之資料中，參尋
獲得其出處。日治以後的人物傳記三〇四篇，則因皆無標注，不僅難以全面搜
尋該志使用之資料爲何，更不易考訂其所載之眞實性。因此「引注」之法，不
論是在歷史研究，或是在纂修方志上，都有存在的價值。

在人物列傳的纂修義法上，方志與史書最大的不同，在於史書重善惡褒貶，
志書則多未及於此。蓋彰善癉惡，史家之法也，是故有循吏則有酷吏，有忠義便
有叛逆，華袞與斧鉞二者並施，善惡兼舉，俾使史備懲勸之義。惟以往方志，意
在表揚，惟善是與，是故舊志所載，有褒無貶，而以人物最甚；其所載者，不過
名宦、鄉賢、孝義、節烈之類，而奸邪劣惡之輩，多不入志，實有失列傳列敘人
物之本意。有美無刺實非史法，修志之道，不合史法則陋，故志詳善惡，體之常
例，亦誌實也，此章學誠嘗論之〔註10〕。本人物志所載人物頗有崇善隱惡之嫌，
其於「宦蹟」，所載皆恤民重士、訊斷勤能之輩，若王珍之苛虐，孫景燧之激民，

〔註7〕 參見宋伯元，〈史事記述的附註問題〉《臺灣文獻》，第四十五卷第四期，民國83年
　　　 12月，頁237～240。
〔註8〕 參見尹章義，〈地方志纂修的理論與實務〉，臺灣光復後纂修地方志研討會，民國84
　　　 年7月28日，頁55。
〔註9〕 按《臺灣省通志稿・人物志》中清代人物傳記，共計引書三八八書次。其中徵引最
　　　 多者爲《臺灣通志》，計三二七次；其餘如《臺灣通史》十五次，《大清一統志》與
　　　 《彰化縣志》各九次，《福建通志》與《澎湖廳志》各五次，《淡水志》四次，《鳳
　　　 山縣志》二次，《臺灣府志》、《泉州府志》、《安徽通志》、《湖南通志》、《古文詞類
　　　 纂》、《先正事略》、《沈文肅政書》、《東華錄奏牘》、《春在堂雜文》、《海東紀勝》各
　　　 一次。
〔註10〕 參見章學誠，〈湖北通志辨例〉《湖北通志檢存稿》，收錄於《章學誠遺書》，頁302。

街無所載，是爲一失。然本人物志亦列「特行」一目，尚能不拘泥於傳統叛臣逆民的觀念，於清代以來對抗異族統治，具有民族精神，如朱一貴、林爽文之流，多能收錄，此其一善。惟「特行」所載驅荷、拒清、抗日三目，與《臺灣省通志稿‧革命志》所載，率多雷同，仍不免有一事二載之憾。

其他如特行、義士未載鄭氏人物；行誼下分孝友、義舉、鄉賢，然收錄人物之界限不明，諸此缺點，前此學者已多有所論〔註11〕，本文不再贅述。

第二節　內容撰述與史料運用

傳記之價值，在於記述一人之生平事蹟與其在當代社會中之貢獻。透過傳記之所載，能令後人對前代之歷史發展有一概括之瞭解。因此傳文之詳實、傳神與否，直接影響對歷史瞭解的程度。由於中國傳統之列傳，在篇幅字數上一向較爲簡短，因此對於人物描寫的深度上，很難在達到「傳神」方面之要求。但也由於字數不多，使得史書之中能夠收錄大量的傳記，相對在歷史廣度上，可以獲得更多的資料。由於傳統列傳的寫作型態，是從歷史的認知出發，以時代的價值典型來描寫人物的特色，以人物事蹟之描述作爲全體社會現象之投影，此即章學誠所謂之「列傳之有題目，蓋事重于人」之意〔註12〕。是以中國傳統列傳的資料，在研究個別歷史人物方面的功能或許較低，但在歷史事件的研究上，則是具有較大的價值。

就方志人物傳記著錄的方法而言，傳統方志向有本地人與異地人入傳方式之分。一般多以本地人之事蹟入人物傳，至於外地人服官宦遊本地，則只記其與本地有關之事蹟，分載於各志事略中稱「錄」，用以區別記述本地人一生事蹟之「傳」〔註13〕。如余文儀《續修臺灣府志》中，將施琅、藍廷珍等二十一名非臺地人物，置於「武備‧列傳」，另於「人物‧列傳」中收錄陳遠致、林黃彩等具有武勳之臺地人物七人〔註14〕。由於目前新修方志的各專題志中，多已不載人物事蹟，且強將人物「錄」置於其他專志的著錄方法，亦似不合新修方志之體例。因此，如何創新人物記述的方法，調和「傳」、「錄」在記載本質上之差異，或將「錄」與「志」在著錄內容上畫一標準，當爲現今方志在人物傳記著錄方面之一要務。

在此一問題方面，由於《臺灣省通志稿》之纂修工作，係由六十二名專家學

〔註11〕參見盛清沂，前揭〈臺灣省通志稿整修擬目之商榷〉，頁36、51。
〔註12〕參見章學誠，《永清縣志》，列傳第一，龍敏傳，收錄於《章學誠遺書》，頁490。
〔註13〕參見王葆心，前揭《通志條議》，頁43～44。
〔註14〕參見（清）余文儀，《續修臺灣府志》，臺灣銀行臺灣文獻叢刊第一二一種（臺北市：臺灣銀行經濟研究室，民國51年4月），頁441～450、472～476。

者分別擔任各志之纂修，彼此之專業學養不同，各志之著重焦點、研究取向與編纂方法亦多有差異，使得本人物志無法沿襲舊例，將若干不宜收入「列傳」之人物分置於其他相關志篇之中。各志之中，除學藝志略有述及人物事蹟外，其他如政事志、經濟志、教育志，均未將遊居臺灣之外地人收錄在內，造成「人物志」必須收錄所有人物記載之情形。在此情形下，本人物志纂修者卻又顯然未考慮如何處理各種不同性質的人物傳記，致使「傳」、「錄」並存的情形下，傳文內容在敘事方面有引文未加修飾、記載過於簡略、敘述不清、有名無事、有事無蹟等多種情形。今分論如下。

其一，引文未加修飾之弊，除前述傳文文風紛雜不一之外，於敘事之處亦多見錯落。如袁秉義傳（第一冊，宦蹟，頁35）所載：

> 袁秉義直隸宣化人。清乾隆丙戌進士。乾隆五十三年任。訊斷勤能。
> 以摘奸除暴爲己任。禁賭尤嚴。五十六年再任。當時畏其神明。久益思
> 之。祀德政祠。

其中所謂之「乾隆五十三年任」，與「五十六年再任」，實不知其所任何職。按此傳係引《臺灣通志》，而《臺灣通志》之傳文則引自《淡水廳志》，考《淡水廳志》卷九（上），列傳・名宦・文職之記載，在「訊斷勤能」之上猶有「在淡三年」四字爲本人物志所無〔註15〕；又，卷八（上）職官表・文職・淡水廳同知所載：「袁秉義，直隸宣化人，丙戌進士。五十三年任」〔註16〕。由此可知《臺灣通志》所缺遺處乃指「淡水同知」四字。淡水廳志所載爲本地職官，故其省略所任之職稱，簡稱於乾隆五十三年任，尚未稱大誤；然他志徵引之時，便應當加以考索並剪裁潤飾文字，以明其所指。《臺灣通志》未加剪裁而直錄其文雖屬不當，但終究因其爲未成之書所致，本人物志承其弊，實爲一大之疏失。又，同頁，李愼彝傳，僅言「建竹塹城，親履工程，……任勞任怨，事克有濟。」既無任職年代，又未載其所任之職，此又一疏漏之處。他如婁雲傳（第一冊，宦蹟，頁36）、季麒光傳（第一冊，宦蹟，頁45）、陳良翼傳（同前頁）皆然。

其二，人物傳記之記載僅三兩行，造成有名無事、有事無蹟等過於簡陋之弊，清代章學誠於〈答甄秀才論修志第二書〉、〈修志十議呈天們胡明府〉、《和州志・列傳序例》諸篇文章多有闡述〔註17〕。本人物志僅有姓名、生卒年月，卻無事蹟之記

〔註15〕參見（清）陳培桂，《淡水廳志》，卷九（上），列傳・名宦・文職，臺灣文獻叢刊第一七二種（臺北市：臺灣銀行經濟研究室，民國52年8月初版），頁259。

〔註16〕同上註，頁209。

〔註17〕按章學誠本意，列傳標目本不足以該古今人物類別，強分事蹟以比附類目，造成傳

載，不知此輩何以入傳之情事頗多。如朱升元（第一冊，宦蹟，頁57）、李元善、李鍾德、陳文海、孫讓、游光纘、劉瀚（第一冊，宦蹟，頁61）、林得義（第二冊，武功，頁34）江海、王光明、陳鳳、李國安、鄭嵩（第二冊，殉國，頁58）等傳皆是；或有載以空泛無義之考語，而不及實際之事蹟，如翁懷清傳僅稱「清而愛士」（第一冊，宦蹟，頁58）、張有泌傳稱「士咸慶得師」（第一冊，宦蹟，頁59）而已，卻不知此輩何以清廉、又如何愛士，亦不知其因何爲士之師。按孫爾準、陳壽祺重纂之《同治福建通志》，卷二三四，〈國朝良吏傳〉，泉州府晉江縣，載有張有泌傳，所記甚爲詳細，而《臺灣省通志稿》未載，實爲採訪失當之一例〔註18〕。

其三，記載疏漏與考訂不工有關，考訂不工實與類目制訂不當、資料難以搜討有關，而類目制訂不當，又爲文類不符之主因。《臺灣省通志稿·人物志》中文類不符者，如劉亨基傳（第一冊，宦蹟，頁32）收入「宦蹟」，然其所載僅「清乾隆四十四年，任海防同知」，於任內政績完全未載，反而記載了「賊陷彰化，亨基死之」，又似可入「殉國」。按「殉國」一節所載，多爲本人物志自《臺灣通志·列傳》之「忠義」、「政績」、「武功」三類析分而出。其中以《臺灣通志·列傳》之「忠義」一類入本人物志「殉國」有九十四人；以《臺灣通志·列傳》之「政績」一類入本人物志「殉國」者，有郭廷筠、王雋、長庚、俞峻、程俊、潘凱、葉夢苓、陳隆池、陳聖傳、周大綸、孫景燧、梁永湜、費運增、馮啓宗、張芝馨、朱懋、方振聲、董正官等十八人。以《臺灣通志·列傳》之「武功」一類入本人物志「殉國」者，有吳允興、林高山、高斌、郭秉衡、戴春等五人。另有可入本人物志「殉國」而未入者，除上述之劉亨基外，尚有湯大逵、史謙、許廷桂三人不僅未入「殉國」，連整個「人物志」都缺漏其傳。（參見表5-3）再者，《臺灣通志·列傳》「隱逸」一類入本人物志「流寓」者，十六人，入他傳者有胡遠山（入殉國）、范祺輝（入殉國）、藍鼎元（入武功）。當入某類列傳而未入者，實因傳主之生平事蹟難以作一明確之劃分，若強分入傳，又患文質不類之慮，前人主張方志列傳不當分目之說，畢竟有其用意〔註19〕。

文多不過八九行，少僅一二行。是以列傳類目過多，乃「裁節史傳，逐條附注，有似類書摘比之規，非復古人傳記之學」。參見章學誠，〈答甄秀才論修志第二書〉、〈修志十議程天門胡明府〉《方志略例》，收錄於《章學誠遺書》，頁138、140，另見《和州志·列傳》，收錄於《章學誠遺書》，頁563。

〔註18〕參見（清）孫爾準、陳壽祺，《同治福建通志》，卷二三四，國朝良吏傳；該傳轉引自臺灣銀行經濟研究室輯錄《福建通志》中與臺灣相關資料所編成的《福建通志臺灣府》一書，臺灣文獻叢刊第八四種，民國49年8月，頁803。

〔註19〕清代學者多主張方志列傳不當分類目，如錢大昕於〈鄞縣志局與同事書〉一文中指出方志列傳「當循胡（胡矩《寶慶四明志》）、袁（袁桷《延祐四明志》）二志之例，

其四，由於史書必須全面性記載歷史上的眾多人物，因此傳記形式的發展，在中國史書體例上有相當悠久之傳統，自司馬遷《史記》創紀傳體例以來，長傳、短傳、類傳的形式便已出現〔註20〕。按方志所載人物係屬其行為事蹟對當地有卓著之貢獻者，惟所謂事蹟貢獻之標準實難界定。若採取正史之標準，則方志因其所載之範圍僅限於一特定的時期與區域中，可供記述之人與事畢竟不多，在此情形下，若每位傳主單獨立傳，難免會有前述「有名姓而無事蹟」的情形出現。關於此點，「附傳」與「合傳」的形式在相當程度上，不僅可使傳文記載更見充實，且可將相關之一事集中於一處記述，當有助於傳記在敘述上更為完整，體例上更為完備。

　　《臺灣省通志稿》在人物列傳的記載上，並未能善用「附傳」與「合傳」之體例。如康熙六十年朱一貴事件，臺灣鎮總兵官歐陽凱率眾迎戰民軍於春牛埔，激戰二日，終因把總楊泰為民軍內應，兵敗殉職，事見「殉國」（第二冊，頁 578）。按該傳所述除歐陽凱一人陣亡外，尚有游擊孫文源、守備胡忠義、千總蔣子龍、百總石琳、林彥一併殉職。然僅蔣子龍（第二冊，殉國，頁 51）與石琳（第二冊，殉國，頁 52）別有專傳，若能將諸傳合為一傳，附於歐陽凱傳，當較妥當。又，水師副將許雲（第二冊，殉國，頁 50）於是役兵援春牛埔，與所部林文煌（第二冊，殉國，頁 51）、趙奇奉（第二冊，殉國，頁 51）俱陣亡，林文煌等亦當合為一傳附於許雲傳下。又，乾隆六十年陳周全事件，兵圍彰化，事見費運增傳（第二冊，殉國，頁 66）、曾紹龍傳（第二冊，殉國，頁 67）、陳大恩傳（第二冊，殉國，頁 57）、陳見龍傳（第二冊，殉國，頁 67），此數傳均可合為一傳。而各傳中另有提及殉死之相關人物如理番同知朱慧昌、北路副將張無咎、中軍都司焦光宗、署理彰化縣知縣朱瀾均無傳，亦屬不當。再如清同治元年戴潮春事件，道員孔昭慈偕同副將林得成、同知秋日覲率兵平定，至大墩中伏陣亡，省通志稿於此僅秋日覲（第二冊，殉國，頁 72）、把總郭秉衡（第二冊，殉國，頁 73）有傳記載，林得成之子林上達（第二冊，殉國，頁 74）亦有傳，惟孔昭慈、林得成皆無傳，其事僅附於秋日覲、郭秉衡二人傳內略有所記。考《臺灣通志》資料二‧文職冊（頁 793），引《東瀛事略》有孔昭慈之記載；各志文武冊內有林得成之記載（頁 843），此為本人物志之疏漏。又按戴潮春傳所載（第三冊，特行，頁 36），是役並死之武官尚有守備郭得昇。本人物志應考訂有關此事之眾人傳記，以合為一傳。

　　總題之曰人物，但以時代為次，不分優劣，既尊古式，又息爭端」。該文收錄於氏著，《潛研堂集》（上海：上海古籍出版社，1989 年 11 月），頁 635。

〔註20〕參見杜維運，〈傳記的特質及其撰寫方法〉，收錄於氏著《史學方法論》（臺北市：三民書局，民國 81 年 7 月增訂版），頁 248。

類此同一事件分載數傳，又前後相隔，割裂史事連續性的記述頗多，不復贅述。

其五，合傳之依據，或可以人合，或可以類聚，或可以事立。以人合者，如曹敬、黃敬並稱「淡北二先生」（第二冊，學藝，頁 110），即可合爲一傳。以類聚者，如林幼春（第二冊，學藝，頁 112）、胡南溟（第二冊，學藝，頁 117）、連橫（第二冊，學藝，頁 118）爲「日據臺灣三大詩人」，亦可合爲一傳。以事立者，如前述戴潮春事件，官民賊三方皆可各自立傳。而官方還可依時、地複分合傳。如前述戴潮春事件，除大墩戰役之外，另有總兵林向榮攻剿斗六門兵敗，游擊王國忠（第二冊，殉國，頁 73）、外委黃捷陞（第二冊，殉國，頁 73）、外委李青（附黃捷陞傳）戰死，獨林向榮無傳外，餘人各有其傳。此亦可併爲一傳，以示與大墩陣亡之秋日觀諸傳有別。他如尹仰舟（第二冊，殉國，頁 55）、吳洪、尹貴（第二冊，殉國，頁 58）可爲一傳，鄭嵩（第二冊，殉國，頁 58）、延山（第二冊，殉國，頁 56）可爲一傳，王洪、唐起龍（第二冊，殉國，頁 67）可爲一傳，王國忠、黃捷陞（第二冊，殉國，頁 73）可同一傳，按殉國者多有事蹟相同者，均可一併作傳。

其六，其他如一人二傳，分載二處者，有林鳳傳（分見「武功」與「拓殖」）、郭廷筠（分見「宦蹟」與「武功」）、陳鳳（爲一人三傳，分見「武功」二篇，與「殉國」一篇）、盧植（分見「武功」與「殉國」）等四傳，均欠妥當。

第三節　史料記載與考證謬誤

本文之研究取向，係以方志編纂學之觀點立論，探討本人物志在纂修上之得失，至於史料記載是否有誤，史料考證是否得當等，原非本文主要探討的課題。故此處僅將本人物志在史料記載方面的若干疏失，條列分述如下：

1、明延平郡王三世‧一世鄭成功，頁九：「（永曆十四年）五月，清廷以將軍達素總督李率泰會師來伐，大船出漳州，小船出同安，……成功以陳鵬督諸部，守高崎，遏同安，鄭泰出梧州，絕廣東，自勒諸部遏海門……是日同安船趨高崎，陳鵬約降，飭所部勿動，……其部陳蟒不與謀，……麾其屬與殿兵鎮陳章合擊之，……收『輝』戮之，以蟒代。」此處之「輝」當爲「鵬」之誤。蓋陳鵬陰懷降清之意，按兵不動，部將陳蟒不從，合陳章之殿兵鎮，大敗清軍，擒清將哈喇土星，故應是「收鵬而戮之」。

2、明延平郡王三世‧二世鄭經，頁一七：「（永曆二十三年）七月，刑部尚書明珠兵部侍郎蔡毓榮至福州，與靖南王耿繼茂總督祖澤沛集泉州議和，命興化知府慕天顏賚詔書入台，經不肯接詔」；頁一八：「……明珠知不可說，遂偕『毓

英』歸北，而議和止。」此處之「毓英」當為「毓榮」之誤。

3、明延平郡王三世・二世鄭經，頁二十：「（永曆二十八年）……於是鄭耿交惡。既令錫範取同安，……精忠懼，以都尉王進守泉州。六月，進「幼」子藩錫誘殺泉州城守賴玉，兵民多從之，遂逐進，納款。」按王藩錫係王進功之子，而非王進「幼」子。

4、第一冊，武功，頁一二五、一二六，文鳳、文欽傳。文鳳、文欽實為林奠國之子，此處乃引自《臺灣通史》，按《臺灣通史》係採史傳之例，於林奠國傳中附其二子之傳，故未標其姓，本人物志不查而沿襲之，又一誤。

5、第一冊，宦蹟，頁四七，錢洙傳載：「浙江嘉善廩生，於雍正十一年任」，於其所任為何記述不詳。又「卒累陞為本府知府」，雖然當時僅有臺灣府一府，但此既為一省之通志，則僅言本府知府，仍屬不當。按伊能嘉矩《臺灣文化志》所載，錢洙，浙江嘉興嘉善人，雍正十一年任鳳山知縣，乾隆五年陞臺灣知府〔註21〕。然王瑛曾《重修鳳山縣志》「職官・官秩」則載雍正七年任鳳山知縣〔註22〕，又「職官・宦績」所載為雍正十一年知縣〔註23〕，此乃重修鳳山縣志前後記述自相矛盾處。劉良璧《重修福建臺灣府志》「職官・文職」，所載為雍正七年任鳳山知縣〔註24〕，乾隆五年任臺灣知府〔註25〕，范咸《重修臺灣府志・職官》記載與劉志同。而同治年間重修《福建通志》則載錢洙為雍正十一年任鳳山知縣〔註26〕。余文儀《續修臺灣府志》「職官・官秩」所載為雍正七年任鳳山知縣〔註27〕，「職官・列傳」則載雍正十一年，知鳳山縣〔註28〕，其矛盾處與縣志同。據縣志「職官・官秩」所載，雍正十三年，林鵬飛繼錢洙為知縣，又「職官・宦績」載，錢洙於知縣任內「任三年，待士以禮、御眾以寬」，以此推測當可知錢洙任知縣之時間為乃三年，並於雍正十三年離職，故當以十一年任鳳山知縣為是。

〔註21〕參見伊能嘉矩著、臺灣省文獻委員會譯編，《臺灣文化志》上卷，（臺中市：臺灣省文獻委員會，民國74年11月初版），頁313。

〔註22〕參見（清）王瑛曾，《重修鳳山縣志》，職官・官秩，臺灣文獻叢刊第一四六種（臺北市：臺灣銀行經濟研究室，民國51年12月初版），頁232。

〔註23〕同上註，頁241。

〔註24〕參見（清）劉良璧，《重修福建臺灣府志》，職官・文職，臺灣文獻叢刊第七四種（臺北市：臺灣銀行經濟研究室，民國50年3月初版），頁368。

〔註25〕同上註，頁355。

〔註26〕參見孫爾準、陳壽祺，前揭《同治福建通志》，頁594。

〔註27〕參見余文儀，前揭《續修臺灣府志》，頁151。

〔註28〕同上註，頁188。

6、第二冊，武功，頁五，所載爲曾元福傳，按本傳係引自《臺灣通志》，列傳‧
　　武功，頁五四九，然通志稿「職官‧武職」，頁二九三，艋舺營參將表，則記
　　爲曾允福。又《臺灣通志》之列傳引自《廈門志》，《廈門志》作曾允福〔註29〕，
　　故本人物志與通志稿之列傳所載皆有誤。

7、第二冊，學藝，頁一一七，施士洁傳載有施氏爲清季臺灣三大詩人之一，然僅
　　施士洁有傳，餘則不知何人，此又一採訪之疏失。

8、第二冊，殉國，頁五二，李信傳，按其所載李信既未死，實不當入「殉國」。

9、第二冊，殉國，頁七二，方振聲傳，同頁馬步衢傳則記爲方振興，人名記載
　　有誤。

10、至於錯字，如丁日健作丁日健、葉后詔作黃后詔、張文榮作張文學、朱得生
　　作朱德生、馮啓宗作馮起宗等，當屬校對刊印方面之錯誤。

　　歷史研究是以過去人類社會曾經發生的事件爲對象，透過史家對史料的蒐
集、整理與研究，使歷史得以重現。由於研究的方法、範圍與材料性質的差異，
促成歷史著述有許多不同形式的體裁。歷史既以人物爲主要的研究對象，描寫人
物的生平、行爲與事蹟的傳記，便成爲歷史著述的主要體裁之一。人物傳記作爲
歷史寫作的一種表達方式，早在戰國時期即已出現〔註30〕；然成爲史書體裁之主
要部份，則始自司馬遷《史記》所創之「紀傳體」史書。此後在歷代正史之中，
人物傳記始終佔有一個相當重要的地位。中國傳統的正史，可說是一種以傳記爲
主的「紀傳體」史書〔註31〕。以《明史》爲例，《明史》三三二卷中，列傳即一九
七卷，幾佔全書六成之篇幅。正史如此，地方志亦然。

　　方志援引史書體例，而以人物傳記爲類目者，較正史爲晚，但最遲亦當在魏
晉至南朝時即已出現〔註32〕。事實上，在中國傳統史書中，專門記述人物的體裁，

〔註29〕參見周凱，前揭《廈門志》，頁492。

〔註30〕按《四庫全書》將《晏子春秋》一書以「家傳」之名列入史部傳記類，視爲傳記之
　　　　始，可知傳記很早便成爲史書的一種體裁。參見永瑢等撰，《四庫全書總目‧史部
　　　　傳記類》，頁514。然胡適認爲，若以記述一家之言行生平稱作傳，則《論語》成
　　　　書較《晏子春秋》猶早，更當爲傳記之始。參見毛子水，〈我對傳記文學的一些意
　　　　見〉《傳記文學》，第一卷第一期，民國51年6月，頁5。

〔註31〕所謂「紀傳」，「紀」者本紀，編年敘事；「傳」者列傳，依類敘人。唐劉知幾認爲，
　　　　「傳」與「紀」之不同，猶如詩賦之有別；然編年之「本紀」亦著眼於以帝王爲主
　　　　的分類論述，故仍不脫傳記之性質。而「紀」與「傳」之間的關係，乃是衍左傳釋
　　　　春秋之意。參見劉知幾撰，浦起龍釋，《史通通釋‧列傳》（臺北市：里仁書局，民
　　　　國82年），頁46。

〔註32〕如晉常璩《華陽國志》一書，即已在巴蜀、漢中、南中風土之記述外，對公孫述、
　　　　劉氏二牧、蜀漢二主之興廢，與兩漢以來先後賢人士女之事蹟，極爲重視。是以該

並不止於傳記。梁啓超曾將有關「人的專史」分爲「列傳」、「年譜」、「專傳」、「合傳」、「人表」五種〔註33〕。「列傳」正因其爲正史主要體裁之一,在傳統中國史學中較受重視〔註34〕。然而自民國以後,在西方史學影響之下,許多新的史書編纂型態逐漸取代正史在傳統史學中的主流地位,除了方志還保存「列傳」之編纂外,一般說來,「列傳」已非最重要的傳記編纂型態。

傳統正史及方志的列傳和近代專傳之間,最大的差異在於,專傳僅是研究一人之生平事蹟,並加以忠實的記載敘述,因此在內容的安排上,只須沿著一個敘述的主線即可。這個主線可能是時序的發展,也可能是從一個問題意識的取向出發或加以解釋;也就是說,史家在撰寫專傳時,所有的資料都是以傳主爲敘述的重心。相對而言,列傳所記載的重心並非只有一人,而是在某一特定時代與區域,共同參與同一事件的許多人。因此在資料編排上,傳統的列傳不僅要注意如何將人物與事蹟妥善地安置於各篇章之中,同時還必須避免同一事件重複出現在不同篇傳記的累贅情形,甚至要避免和「志」、「書」、「考」、「略」等不同體裁的相關記載有過分重疊的情形出現。

列傳除了要在「略彼詳此,略此詳彼」的原則下,兼顧歷史敘述的完整性,並避免重複外,同時也因爲篇幅字數的限制,無法像專傳那樣對一個人的性格與其時代背景,作較深刻而傳神的描寫,只能按照編年敘事的方式,臚列一連串的史實,致使其文生澀而枯燥,因而有「流水帳式的起居注」之譏〔註35〕。此一現象在方志纂修上尤爲明顯,按方志之記述的範圍僅限於一地,所能蒐羅的人物與

書乃爲由早期純粹的地理圖經轉變爲人物傳記、風俗、社會與地理合一的代表著作。參見(晉)常璩撰、錢穀鈔校,《華陽國志》(臺北市:世界書局,民國68年10月再版)。另見林天蔚,前揭《方志學與地方史研究》,頁17、38。

〔註33〕參見梁啓超,《中國歷史研究法‧補篇》(臺北市:里仁書局,民國73年),頁221～226。

〔註34〕在傳統目錄學的史部書目中,「人表」、「年譜」、「合傳」、「專傳」各自有專書行世。然而由於正史在傳統史學中所佔的主流地位,因此合傳與專傳在編排人物事蹟的寫作方法,都被運用在正史列傳體裁之中。僅就歷史編纂學的角度而言,此二種體裁屬於列傳下的一種記述形式之意義,似較本身即爲一種史書體裁的意義還受到史家所重視。而「年譜」比較像是一人生平事蹟的史料纂輯,可作爲正史之長編,以供撰述之用。

〔註35〕民國以來,由於「傳記文學」的提倡,中外學者對中國傳統列傳的寫作方式多有批評。參見居浩然,〈傳記文學與教育〉《傳記文學》,第二卷第六期,頁4。另見David S. Nivison,張源譯,〈中國傳統傳記之面面觀〉《傳記文學》,第二卷第二期,頁4。杜維運,《與西方史家論中國史學》(臺北市:東大圖書公司,民國70年初版),頁172～173。陶晉生,〈歐陽修的傳記寫作〉《第三屆史學史國際研討會論文集》(臺中市:國立中興大學歷史系,民國80年2月初版),頁385～386。

事蹟往往不如正史豐富，造成方志列傳的傳文僅寥寥數行，或所載不知所云，甚至只錄其名而不見事蹟等情形。然若從嚴訂定人物入傳之標準，盡去猥雜蕪陋的列傳，則所能載者又僅止於數條，有失方志廣搜一地史實，以備國史要刪之本旨。取捨之間，誠為兩難，諸此問題，皆屬歷史編纂法的範疇。

再者，近代史學的研究取向多為對特定社會現象的專題研究，反映在方志纂修上，即是以「專題志」取代傳統「書志體」的撰述形式。因此，在新方志章節的比例上，有專題志的類目與篇幅有顯著增加，而人物傳記的比例相對減少的情形。此為新方志在體裁上的一大特色，本文的研究對象《臺灣省通志稿》即是如此。

在章節類目的名稱方面，新修方志或引新例稱「篇」，或襲舊制稱「志」。人物傳記以「篇」為名，原無太大問題，然若以「志」為名，則不免招「為例不純」之譏。按新方志中「專題志」乃是對一地之社會現象，進行有系統的科學研究，其基本精神是重視能有所創獲的專題撰述，同時也是一種具有連續性的歷史敘述；而人物傳記則大抵以一人為一傳，或有傳記之記載彼此相關，然實際上，大部份的傳記彼此是沒有太大的關連，各傳之間也缺乏內在的聯繫，此與專題研究實有相當大的差異。雖然傳統方志的人物傳記也有以志為名，但由於傳統「書志體」既為分類記事之體裁，各篇章之間原本未必有所關連，若視傳記為一篇篇個別的記注史料，其稱人物志自亦不妨。此新舊方志在「志」體上較大不同之處，亦是新方志的傳記不當稱「志」之主因。如果新方志在章節部份強以「志」為名，不妨師法傳統方志之「正史體」，分別以「大事記」、「志」、「人物傳」、「圖表」為體例。

根據本文的研究，《臺灣省通志稿‧人物志》的資料編排，由於三位纂修人員並非同時進行編纂工作，造成全書三冊體例上的歧異，其「例言」置於第二冊，尤顯得十分突兀。其編纂方面，值得商榷者有三：其一為類目編排的方式分歧雜出，無一例式可循；其二為剪裁失當，遇有內容相涉時，彼此間似未曾相互商討刪訂，以避其重複、求其貫通；其三為採訪徵集史料往往未經刪訂，且其注錄之法亦未統一。至於引文標注，日治以前部份（第一冊）雖有標示引注，惟日治以後皆無標注，故難以全面考訂其使用之資料為何，亦不易考訂其記載之真偽。

內容撰述與史料運用方面，本人物志的纂修，似未考慮如何處理各種不同性質的人物傳記，致使在「傳」、「錄」並存的情形下，傳文內容的敘述有引文未加修飾、記載過於簡略或疏漏、敘述不清、有名無事、有事無蹟等多種情形，遂致所載人物生無令聞，死無異蹟，徒佔篇幅，均欠妥當。此外，史料記載方面也有若干疏失，其考證稍欠嚴謹，以致錯誤不少，這也是有待改進之處。

表 5-1：清代臺灣府志人物傳記類目表

府志	類	目			
蔣毓英	人物	開拓勳臣	勝國遺裔	勳封遇難	
		縉紳流寓	節烈女眞		
高拱乾	人物志	進士年表	舉人年表	貢生年表	
		例監年表	武進士年表	武舉年表	
		流寓	貞節		
周元文	人物志	選舉	進士年表	舉人年表	
		副榜年表	貢生年表	例監表	
		武進士年表	武舉年表	流寓	
		貞節	徵詩小引		
劉良璧	名宦	宦績附			
	人物	流寓	隱逸	孝義	列女
范咸	人物	舉人	鄉貢	例貢	武進士
		武舉	列傳	列女	流寓
余文儀	人物	進士	舉人	鄉貢	例貢
		武進士	武舉	列傳	列女
		流寓			
臺灣通志	列傳	政績	寓賢	隱逸	文學
		武功	忠義	忠節表	

臺灣省通志稿｜人物志

明延平郡王三世篇		一世鄭成功		二世鄭經		三世鄭克塽		
歷代人物篇	宦蹟	武功	殉國	拓殖	貨殖	學藝	行誼	流寓	外人
特行篇	義士		驅荷		拒清		抗日		
表								

資料來源：蔣毓英，《臺灣府志》，收錄於高賢治主編，《臺灣方志集成‧清代篇》，第一輯，第一冊。高拱乾，《臺灣府志》，臺灣文獻叢刊第六十五種。周元文，《重修臺灣府志》，臺灣文獻叢刊第六十六種。劉良璧，《重修福建臺灣府志》，臺灣文獻叢刊第七十四種。范咸，《重修臺灣府志》，臺灣文獻叢刊第一○五種。余文儀，《續修臺灣府志》，臺灣文獻叢刊第一二一種。薛紹元，《臺灣通志》，臺灣文獻叢刊第一三○種。

表5-2：《臺灣省通志稿》人物志與學藝志比較表

人物志‧學藝與學藝志‧文學皆有傳者	王克捷、吳子光、林幼春、林景仁、曹敬、陳維英、陳肇興、黃敬、楊克彰、蔡廷蘭、蔡國琳、鄭用鑑、胡殿鵬（胡南溟）、連橫（連雅堂）、王松（王友竹）、施士洁（施澐舫）、馬琬、許地山（許蘊白）
人物志‧學藝與學藝志‧藝術皆有傳者	王之敬、王獻琛、吳鴻業、呂成家、林朝英、林覺、徐恢纘、張鈺、莊敬夫、陳必琛、陳改淑
學藝志有傳與人物志其他篇章中有傳者	邱逢甲、施世榜、黃驤雲、鄭用錫、羅秀惠、丁曰健、阮蔡文、林占梅、黃清泰、藍鼎元、王凱泰、仝卜年、朱仕玠、朱景英、余文儀、吳性誠、周凱、周鍾瑄、季麒光、姚瑩、唐景崧、夏之芳、孫元衡、高拱乾、張湄、陳璸、黃叔璥、楊廷理、鄭兼才、錢琦、謝金鑾、朱術桂、江日昇、沈光文、林豪、查元鼎（查小白）、徐孚遠、張煌言、陳夢林、劉家謀、蔡推慶、盧若騰、謝穎蘇、秋日覲、董正官、李春生、柯輅、郁永河、李靜齋（李望洋）、梁子嘉（梁成柟）
人物志‧學藝有傳而學藝志無傳者	王士俊、王化成、王喜、王璋、朱長、呂鼎鑄、李秉鈞、李福如、李種玉、杜逢時、林知義、林履信、洪明庭、張昇彥、張書紳、張福興、張鏡光、莊及鋒、郭成金、郭明昆、陳春德、陳梅峰、陳植棋、傅錫琪、彭培桂、曾寶琛、黃土水、黃中理、黃周、黃朝清、黃瑞玉、楊士芳、葉王、廖溫仁、趙文徽、劉育英、劉其灼、劉澧芷、謝國文、顏一瓢、魏宏
學藝志有傳而人物志無傳者	六十七、方祖蔭、石福作、朱仕玠、何如謹、何澂、吳立軒、呂世宜、李振唐、李逢時、卓肇昌、周辛仲、林痴仙、施肩吾、施銓、柯培元、查仁壽、洪棄生、范咸、唐贊袞、徐宗幹、烏竹芳、馬清樞、張純甫、符兆綸、莊太岳、許遠、許劍漁、陳尹、陳元圖、陳斗南、陳廷憲、陳尚恂、陳省三、陳衍、陳淑均、陳輝、章甫、彭廷選、曾天從、曾日惟、黃本淵、黃延祺、黃春潮、黃通理、黃銓、楊雪滄、趙一山、劉希向、劉良璧、蔡醒甫、蕭竹、羅天佑、嚴靈峰

資料來源：《臺灣省通志稿》，人物志，學藝志，（臺北市：臺灣省文獻委員會，民國41年5月～51年12月）。

表5-3：《臺灣省通志稿》殉國表

《臺灣通志》列傳‧政績傳入《臺灣省通志稿》人物志‧殉國傳者	方振聲、王雋、朱懋、周大綸、長庚、孫景燧、張芝馨、梁永湜、陳隆池、陳聖傳、程峻、費增運、馮起宗、葉夢苓、劉亨基、潘凱、董正官、郭廷筠。
《臺灣通志》列傳‧武功傳入《臺灣省通志稿》人物志‧殉國傳者	吳允興、林高山、高斌、郭秉衡、戴春。
《臺灣通志》列傳所載當入殉國，而《臺灣省通志稿》人物志‧殉國傳未載者	許廷桂、湯大奎、史謙、劉亨基。

《臺灣通志》列傳・忠義傳入《臺灣省通志稿》人物志・殉國傳者	尹仰舟、尹貴、方英、王光明、王宗武、王洪、王榮升、甘瑞龍、石琳、朱天貴、朱煥明、江海、何連陞、何鐸華、余俊、余添、余壽、吳見龍、吳洪、吳高、吳龍、李天華、李合成、李松、李信、李茂吉、李高然、李國安、周承恩、延山、林上達、林文煌、林東艾、林國陞、林富、林端、武克勤、邱安國、胥獻珪、胡振聲、胡惠傑、苗景龍、唐起龍、耿世文、馬步衢、馬定國、馬雲驥、張玉、張榮森、張養、許雲、陳大恩、陳元、陳元鳳、陳廷梅、陳見龍、陳建勛、陳維禮、陳鳳、陳鴻猷、陳藝、麥連春、彭大猷、彭捷、曾紹龍、曾超群、游崇功、湯貴、黃志祿、黃捷陞、黃雲臺、黃榮、楊起麟、葉榮、圖中璽、赫生額、趙奇奉、劉高山、劉高崇、劉斌全、劉德友、歐陽凱、潘健、蔣子龍、鄭朝鳳、鄭嵩、盧思聰、盧植、蕭富、謝得高、羅萬倉、羅魁、嚴厚、蘇明耀。

資料來源：《臺灣省通志稿》，人物志，（臺北市：臺灣省文獻委員會，民國 51 年 12 月）。
　　　　　連橫，《臺灣通史》，臺灣文獻叢刊第一二八種，（臺北市：臺灣銀行經濟研究室，民國 51 年 2 月）。

第六章　結　論

　　歷史是由人類所締造，歷史學亦當以人類社會作爲研究的主要對象。然而，什麼是歷史？歷史對人類社會有什麼功用？或者說，歷史作爲一個客觀存在的主體，其自身是否有一可彰顯的意義？在時間的洪流中，人類爲何會將其事蹟，透過文字的記載而成爲史書流傳下來？記載人類歷史的史家，又是如何選擇與處理那些在人類社會中曾經發生過的歷史事蹟，將之撰寫成爲史書？而史家的研究和歷史真實之間是否能劃上等號？不同時代的史家，對歷史的認知是否有所差異？反映在史書的撰修方面，是否有所影響？諸此種種的問題，不僅涉及史學理論的思考範疇，同時也顯示出史學中有關「史學理論」、「歷史研究」、與「歷史寫作」（或稱歷史編纂）三個不同層面的研究領域〔註1〕。其中，歷史寫作既爲呈現史學研究之成果，本以敘述明確爲尚，故重史才；歷史研究因要闡明歷史的真實，必以方法嚴謹爲本，乃重史學；歷史理論係求歷史之意義，當以論斷適宜爲要，遂重史識。無史識則才、學俱失方寸，無史才則學、識亦無從發揮，無史學則才、識皆無所依憑，是以史家三長相依相存，缺一皆不能究史學之大義。以往史學界在此三種研究的領域中，多著重於「史學理論」與「歷史研究」的探討，然而在「歷史寫作」此方面的研究則較少。事實上，史書作爲史料記述的載體，不但提供了歷史研究的基礎材料，同時也可從史書編纂的方法與型態，反應出史家對歷史的認知，和史學上的見解，因此史書編纂的本身即是一個值得研究的課題。

〔註1〕對一個歷史研究者而言，在其從事歷史研究時，首先必須在理論層面，確立歷史學作爲研究人類過去的一門學問的正當性；其次，是抱持求真的理念，運用各種形式的史料，以求恰如其份的重現過去的歷史，並思考歷史內在蘊含的意義；最後，史家的一切思考與研究，終歸要訴諸於文字的表達，以呈現其思考與研究的成果。因此，我們大致可在整個史學研究的領域中，劃分出「史學理論」、「歷史研究」、與「歷史編纂」三大部份。

　　由於當前歷史研究的領域不斷擴展，研究的主題不斷增加，研究方法日益進步，使得歷史研究得以更進一步的發展。若果說，探究歷史之眞僞，是歷史研究的目的；如何讓歷史研究的方法能有所進展，是史學理論的任務，那麼如何將歷史研究的成果，有系統地纂輯成書，使之發揮最大的傳播功能，則將是歷史寫作的任務。史學如此，方志學大抵亦如是。

　　儘管方志學與史學之間具有極深的關係，方志作爲歷史記載的一種形式，所記載的內容，爲特定時間與特定區域內的歷史事實，是以方志學家在史料蒐集與歷史研究方面，本應與史家並無二致，而其所重者，亦不外方法嚴謹、敘述明確，與論斷適宜。然方志學與史學最大的差異，大抵即是在方志編纂工作方面。按方志記載的範圍既僅限於特定地區，其記載內容形式當與記載全國歷史的正史，有所差異。一般說來，正史重一家之言，以撰述爲尙；方志重鉅細靡遺，以記注爲本。方志既本於記注，其寫作的方式便多取史料編排爲主，是故強調體例綱目制訂之完備，以便完整地蒐羅一地所曾發生過的事件。

　　進一步來說，所謂「方志編纂學」，一般認爲即是編纂方志之學。此說雖屬確論，但略失之籠統。事實上，「編纂方志」包含二個層面的意義，第一個層面是有關如何蒐集史料、考訂史料、記注史料，乃至於將此史料，運以「別識心裁」，撰述成文，使一時一地之歷史得以彰顯。第二個層面則是有關如何制訂方志之體裁與類例，如何詳略互載、裁篇別出，俾使記載之門類周延，敘事得當。前者即爲「歷史研究」，旨在重現過去所曾發生的事實，屬歷史學之範疇；後者則爲「方志編纂學」，雖與歷史編纂學相關，但由於史以縱述尙圓而神，志以橫通重方以智，二者在撰述與記注上各有所取。職是之故，方志編纂與歷史編纂，在體裁、類例與義法上，大抵相同，然在內容、性質與範圍的上，則未必全然一致。易言之，方志作爲記載地方歷史、社會等各方面資料的載體，方志編纂學的主要目的便是在於研究如何完善此一載體的形式。本文的研究取向，主要便是以方志編纂的立場，研究《臺灣省通志稿》在歷史敘述、事類記載，和人物傳記三方面之記載，並討論戰後臺灣方志纂修的成果。

　　根據本文對《臺灣省通志稿》的研究，顯示出《臺灣省通志稿》在體例訂定、類目編排、史事敘述，以及纂修取向方面，似有其不當之處。

　　首先就體例而言，中國傳統方志之體例，不論是「門目體」、「分志體」，乃至於「正史體」，其最大的特色，即在於綱目的制訂。自周禮所稱「四方之志」、東漢的「郡國之書」、隋唐的「圖經」，乃至於宋代以後的方志，大抵都是爲「資治」、「教化」等特定目的而存在。直到清代章學誠提倡方志即爲地方之史，雖具有「存

史」之意義，但方志纂修仍以「爲國史要刪」爲目的。儘管方志學家始終要求方志纂修必達「徵實」之標準，然其不過是爲「義存政典、旨歸賞罰」、「疏通知遠，足以垂教」〔註2〕，與近代史學崇尚知識的求眞態度，似有差異。方志既重資治、教化、存史之用，在體例方面便有其特殊的要求，如編年記事必作「聖謨」以傚正史「本紀」，分類記事必記「職官」、「武備」、「賦役」以仿六科政典，述人行蹟必列「孝義」、「節烈」，載錄詩文必有「奏議」、「公移」；其分類之方法，與近代西方分類方式，亦大不相同。近代西方的分類方式係以知識分類爲依歸，與中國傳統史書分類方式之旨趣不同。以杜佑《通典》與杜威十進分類法（Dewey Decimal System of Classification, DDC.）爲例，大抵可看出中西分類體系之差異。杜佑修《通典》，分天下典章制度爲食貨、選舉、職官、禮、樂、甲兵、五刑、州郡、邊防九門，其列食貨爲先，係以「理道之先，在乎行教化，教化之本，在乎足民食」，是故先足食，其次足教，其後足兵，兵刑、邊防爲最後〔註3〕。杜威則將學術分爲哲學、宗教、社會科學、語言、自然科學、應用科學、藝術、文學、史地九大類，其標準係源於人類追求知識的過程〔註4〕。前者係以教化爲先，後者則以知識爲重。由上述可知，傳統方志之纂修，不僅與史學撰述有所不同，且其綱目體例之編排，亦與近代科學分類相異。新方志之纂修，係以當代社會所包含的一切事物爲記載之內容，而非以達成特殊之目的爲依歸；是以分類的方法應求知識領域之分類爲原則，捨棄傳統具有道德性意義的類目。

《臺灣省通志稿》之纂修，在體例上強調不以資治爲尚，力求科學方法肇修之，是以自詡其「所定志篇及詳分章節，容有與向來志例參差之處」〔註5〕，頗有以科學分類爲主旨之意。然此僅爲志稿總編纂林熊祥個人之修志理念而已，實際

〔註2〕參見章學誠，〈書教上〉、〈詩教上〉《文史通義》，收錄於《章學誠遺書》，頁2、5。

〔註3〕參見杜佑，《通典》，卷一，中華書局新校本（北京：中華書局，1988年12月初版），頁1。

〔註4〕杜威以爲人類自草萊初闢，懵昧無知之際，首要發問者必爲「我是誰」（Who am I）此類哲學性之問題，是故哲學乃爲人類知識之開端；然後當問「誰創造了我」（Who made me），此屬宗教問題，故次之；其次，方爲「鄰人是誰」（Who is the man in the next cave）之社會關係，以及「如何與之溝通」（How can I make that man understand me）之語言；再次，乃爲探究天地之自然科學（How can I understand nature and the world about me），營生技術之應用科學（How can I use what I know about nature），閒暇消遣之藝術（How can I enjoy my leisure time），傳述故事的文學（How can I give to my children a record of man's heroic deeds）；最後方爲記載人類知識與經驗的歷史地理（How can I leave a record for men of the future）。參見胡述兆、吳祖善合著，《圖書館學導論》（臺北市：漢美圖書公司，民國78年），頁189～192。

〔註5〕參見林熊祥，前揭《臺灣省通志稿·凡例》，頁1。

修志過程中，負責纂修各志篇的執筆者，每每不能貫徹此一要求。《臺灣省通志稿》各篇之纂修，除土地志、政事志，有不合科學分類之原則者，如第二章所述之外，當以人物志之編排最不得體。按人物志類目之編排，先以時間爲序，記載明鄭三世事蹟，復以「殉國」、「義士」爲類，法傳統志書求教化之意，其綱目分類性質不齊於前，不循凡例所舉之科學分類於後，實有爲例不純之嘆〔註6〕。又如學藝志文學篇，林熊祥原擬綱目係以文學著作之類別爲類目，而該篇執筆者在纂修之時，自行縮減類目，僅收錄前代文人詩詞之作，而刪除原有之小說、戲劇、歌謠等類目。盛清沂曾指出，《臺灣省通志稿》體例不純、篇次混淆、文辭駁雜、內容難齊，主要的原因，除了纂修者過多，致使文出多手，各自爲政外，最重要的是缺乏總攬之人，故難收整齊志稿之效〔註7〕。

　　其次，就歷史敘述而言，林熊祥於擬定《臺灣省通志稿・凡例》之初，原求於人文事物之記載，悉以歷史敘述爲之。根據本文之研究，《臺灣省東志稿》在革命志、學藝志、人物志方面，頗有達到此一原則之情形。首先就革命志而言，革命志之驅荷、拒清、抗日三篇，均屬紀事本末之體；惟革命志有偏重「民族精神」之情形，致使各篇史事采擇略有失當，而記載之事實亦多有不符史實者。再者，紀事本末體首重事件發生之原始本末，革命志抗日篇則於史事記載方面，往往前後錯置，相互混淆。歷史敘事於直敘之外，本有插序、倒敘之法，然不論是倒敘或是插敘，其記載皆歷史事件之主體相關連者。革命志於記載日治時期義民武裝抗日運動，每見不同人、事、時、地之交互穿雜，實不知其所欲記載之「事件」主體爲何。

　　復以學藝志言之，學藝志本爲記載事物名類之志體，其篇目本應以學藝之類別爲主。各類下之敘述，或以學藝作品相從，取徑傳統志書之纂修法；或以學術源流或年代先後相從，則屬學案體與近代學術史之寫作取向。不論師取何法，必當顧及學藝志於「辨章學術，考鏡源流」之基本精神。本志纂修者，多採依年敘事之法，其於依年敘事之外，雖有兼顧學藝之事類者，如建築篇；然多數章節因泥於時間發展之敘述，致使學藝之類目多有未齊之情形，如藝術篇美術、音樂二章；學藝類目未齊，已失方志類纂之意；而藝術篇工藝一章，雖取工藝種類分門記載，然其捨藝術而重經濟，於時間上自爲割裂，斷限始於近代，於傳統工藝皆無所載，亦失方志存史之本義。致若文學一篇，既無校讎目錄之義，亦無詩文證

〔註6〕參見盛清沂，〈欣聞重修臺灣通志〉《臺灣文獻》，第三十五期第二卷，民國73年6月，頁6。
〔註7〕同上註，頁5～6。

史之用，徒取傳統文章著錄的形式，於文章一類又僅止於詩賦文詞而已，實不當融合新舊志書纂修方法之稱。

　　再以人物志言之，人物志大抵依照歷史發生之時間先後，分爲明鄭、清代，以及日治三時期，於各時期之下分論人物。惟明鄭時期的記載，係採歷史敘述之法，記載鄭成功東南抗清以來，鄭氏三世在臺之經略，至施琅入臺，鄭克塽降清爲止之史事；有關清代、日治二時期，則以列傳方式爲之。以歷史敘述爲經，分述歷史人物，本屬創新之法；然人者人才，物者品類，「人物」一詞本有序人論材之意〔註8〕，若重之以史事，則不免輕人事，且其所載易與其他志篇重複。再者，人物志或因若干人物囿於歷史上的重要性較低，無法置於歷史敘述之中，致使「君子病歿世而名不稱焉」〔註9〕，則失存史之義，若能輔之以人表，當可彌補此缺陷。本人物志明鄭三世一篇，雖附有渡臺文武職人物表，然此僅限於職官之類，不足括人物之全部。由此可見，人物志若以時敘人，實有記載不周之情形，反不若傳統以類繫人之法。至於清代、日治二時期之記載，雖以人物品流爲類，分類記載；然其所定之類目，悉仿傳統舊志，標列以「義士」、「貞節」之流，實不符現今之時代潮流；且此道德品流之類，亦不足含括所有的人物。如李春生者，非文非武，無忠節義行，亦無彪炳功勳，以一介商賈，雖有特殊之哲思，然爲人物志類目所無，故其人僅能置於「貨殖」一門，於其西學思想、基督教哲理，均未有所載。是故傳統人物類目，雖載其人，而其事未盡；方志之纂修若於人、事未能盡載，不啻虛應故事而已。新方志之於人物一志，當從人物品流之全面性著眼，而不限於傳統以德性爲主之類目。

　　一般而言，依時間年代敘述者，較具有濃厚的發展史意義，此種重視連續性的歷史敘述，大抵與近代「演化史學」之取向較爲相近，而與傳統重視史料記注，帶有「鑒戒史學」取向的方志，大異其趣〔註10〕。儘管近代史學有往「演化史學」發展的趨向，但史家所重者，仍是歷史的眞實。歷史事實之外，史家雅不願作多餘的道德判斷。《臺灣省通志稿》特立革命一志，用以強調先民與異族接觸，百折不撓，以保固有文化之民族精神。就本文上述之討論，在在顯示出革命志爲彰顯

〔註8〕參見（漢）劉邵，〈人物志〉，百部集成叢書本（臺北市：藝文印書館，民國五十五年），頁1。

〔註9〕參見（漢）司馬遷，《史記・孔子世家》，卷四十七，（北京：中華書局，1985年11月），頁1943。

〔註10〕所謂「演化史學」與「鑒戒史學」之意涵，本文係引用胡昌智之說法。參見胡昌智，〈由鑒戒式的歷史思想到演化式的歷史思想〉，前揭《中西史學史研討會論文集》，頁141～180。

民族精神，而有曲解史實之嫌，更甚之，有將非可視爲具有民族精神者，強入革命一志之情形。今若欲崇獎臺灣人所素具有忠義之民族精神，當可別撰一篇「臺灣之民族精神」論文，何須在方志中特立一「革命志」爲之；既立「革命志」，卻一味以主觀價值作爲歷史記載的衡量尺度，舉凡有主張「類似」民族精神之排滿抗日事件，均視之爲心存忠義的革命精神，斯爲不妥。

更進一步來說，歷史上臺灣所發揚之民族精神固然重要，但在今重視民族融合的時代中，撰史修志者，豈能不謹愼處理此一問題。爲表彰某一特定之價值觀，而此價值觀與當下價值觀存在著內在的衝突，致使行文記載面臨兩難之局面，已屬不智；爲了堅持與當下價值觀相衝突之特定價值觀，專記漢人之事而刪裁滿人之事，致令舊史有亡佚不存之憂，執著於一己所好者，而使歷史事實遭到扭曲，更屬不當。按楊雲萍草擬之綱目，其於革命志所載之事蹟，原置於「政治鬥爭」（上、下二編），其篇名既不特標爲革命，其所載者當可兼包一切具有對抗外族之事蹟，其體例自較本革命志完善〔註11〕。

《臺灣省通志稿》在纂修的內容、方法、體例，和綱目方面，兼採清領時期傳統方志、日治以後臺灣地方史志，與民國以來提倡科學新方志的特性，是以《臺灣省通志稿》不僅是戰後臺灣首部纂修的省級通志，同時也是臺灣方志學發展歷程中的一個重要指標。該部志稿在纂修方法上頗有創新之處，不僅在門目篇章上採用新的科學分類法，並以歷史敘述取代史料記注之方志傳統。同時，其大量而廣泛的使用統計資料，纂修人員多爲各學科之專家學者，深具學術研究之素養，在若干志篇上，以專題研究的模式，作深入的記載與研究，保存了許多珍貴的史料，因此學術界多給予較高之評價。然根據本文之研究，《臺灣省通志稿》在融貫新舊方志學之時，由於過於強調「由專家求其極致」，而各專家之間亦無能彼此「商略裁定，避其重複，求其貫通」，加上總纂者不能克盡其責，對志稿篇章不符體例凡例者，予以適當之調整修正，遂至《臺灣省通志稿》有類目不整，體例不齊，內容割裂，記載重複的缺失。是以前人如方豪、楊雲萍認爲《臺灣省通志稿》優於其後整編重修之《臺灣省通誌》之見解〔註12〕，就該志纂修之內容及其史料之價值而言，雖屬確論；然就方志編纂學的角度而言，似未盡全然正確。

〔註11〕按《臺灣省通誌》仍沿襲《臺灣省通志稿》立革命一志，而《重修臺灣省通志》以能改此缺失，將原本革命志記載之事蹟，移至「前事志」、「人物志」等相關篇章，實屬卓見。參見鄭喜夫，〈「刪輯臺灣省通誌」綱目之試擬〉《臺灣文獻》，第三十卷第二期，頁142。

〔註12〕參見王世慶，前揭〈參與臺灣光復後臺灣地區修志之回顧及針對重修省通志之管見〉，頁13～14。

　　方志作爲歷史記載的一種形式，在傳統史學之中，向來佔有非常重要的地位；歷代方志之纂修，在學理上也不斷吸收傳統史學理論而賡續發展。儘管近代因西學發達，影響方志纂修在體例、內容以及纂修方法多有改變；然傳統方志體例的發展與變遷，自有其存在的價值與意義，並非可因西學崇尚求眞的知識取向，而對「鑒戒史學」取向的傳統方志，有「今是昨非」之嘆；同時也必不因新學標榜科學，而逕取專題撰述之法，將傳統方志記注之本意束之高閣。如何在舊學新知之間，爲方志纂修之發展，謀尋坦蕩之路，應是當前方志學主要任務之一。所謂「王楊盧駱當時體，不廢江河萬古流」，正當作如是觀。

參考書目

一、一般史料

1. 丁（清）曰健，《治臺必告錄》臺灣文獻叢刊第一七種（臺北市：臺灣銀行經濟研究室，民國 47 年 8 月）。

2. （日）川口長孺，《臺灣鄭氏紀事》臺灣文獻叢刊第五種（臺北市：臺灣銀行經濟研究室，民國 47 年 1 月）。

3. 不著撰人，《平臺紀事本末》，臺灣歷史文獻叢刊（南投縣：臺灣省文獻委員會，民國 86 年 6 月）。

4. 不著撰人，《思文大紀》臺灣文獻叢刊第一一一種（臺北市：臺灣銀行經濟研究室，民國 50 年 6 月）。

5. 不著撰人，《清一統志臺灣府》臺灣文獻叢刊第七三種（臺北市：臺灣銀行經濟研究室，民國 49 年 2 月）。

6. 不著撰人，《荷蘭人侵據澎湖殘檔》臺灣文獻叢刊第一五四種（臺北市：臺灣銀行經濟研究室，民國 51 年 8 月）。

7. 不著撰人，《新竹縣採訪冊》臺灣文獻叢刊第一四五種（臺北市：臺灣銀行經濟研究室，民國 51 年 7 月）。

8. 不著撰人，《臺東州採訪志》臺灣文獻叢刊第八一種（臺北市：臺灣銀行經濟研究室，民國 49 年 5 月）。

9. 不著撰人，《臺灣採訪冊》臺灣文獻叢刊第五五種（臺北市：臺灣銀行經濟研究室，民國 48 年 9 月）。

10. 不著撰人，《閩海紀略》臺灣文獻叢刊第二三種（臺北市：臺灣銀行經濟研究室，民國 47 年 7 月）。

11. 不著撰人，《鄭氏關係文書》臺灣文獻叢刊第六九種（臺北市：臺灣銀行經濟研究室，民國 49 年）。

12. 不著撰人：《澎湖臺灣紀略》臺灣文獻叢刊第一〇四種（臺北市：臺灣銀行經濟

研究室，民國 50 年 5 月）。

13. 中國科學院北京天文臺主編，《中國地方志聯合目錄》（北京：中華書局，1985年）。

14. （清）王必昌，《重修臺灣縣志》臺灣文獻叢刊第一一三種（臺北市：臺灣銀行經濟研究室，民國 50 年 11 月）。

15. 王松，《臺陽詩話》臺灣文獻叢刊第三四種（臺北市：臺灣銀行經濟研究室，民國 48 年 1 月）。

16. （清）王瑛曾，《重修鳳山縣志》臺灣文獻叢刊第一四六種（臺北市：臺灣銀行經濟研究室，民國 51 年 12 月）。

17. （清）永瑢等撰，《四庫全書總目》（北京：中華書局，1965 年 6 月一版）。

18. （清）江日昇，《臺灣外紀》臺灣文獻叢刊第六十種（臺北市：臺灣銀行經濟研究室，民國 49 年 5 月）。

19. （清）余文儀，《續修臺灣府志》臺灣文獻叢刊第一二一種（臺北市：臺灣銀行經濟研究室，民國 51 年 4 月）。

20. （清）吳子光，《臺灣紀事》臺灣文獻叢刊第三六種（臺北市：臺灣銀行經濟研究室，民國 48 年 4 月）。

21. 吳德功，《施戴兩案紀略》臺灣文獻叢刊第四七種（臺北市：臺灣銀行經濟研究室，民國 48 年 6 月）。

22. 吳德功，《讓臺記》，收入《割臺三記》臺灣文獻叢刊第五七種（臺北市：臺灣銀行經濟研究室，民國 48 年 10 月）。

23. （明）李賢等撰，《大明一統志》天順原刻本（陝西：三秦出版社，1990 年）。

24. （清）李鴻章，《臺灣割讓中日談判秘話錄：伊藤博文・李鴻章一問一答》（臺北市：西南書局，民國 64 年 6 月再版）。

25. （清）沈茂蔭，《苗栗縣志》臺灣文獻叢刊第一五九種（臺北市：臺灣銀行經濟研究室，民國 52 年 3 月）。

26. （清）沈雲，《臺灣鄭氏始末》臺灣文獻叢刊第十五種（臺北市：臺灣銀行經濟研究室，民國 47 年 6 月）。

27. （清）沈葆楨，《福建臺灣奏摺》臺灣文獻叢刊第二九種（臺北市：臺灣銀行經濟研究室，民國 48 年 2 月）。

28. （清）阮旻錫，《海上見聞錄》臺灣文獻叢刊第二四種（臺北市：臺灣銀行經濟研究室，民國 47 年 8 月）。

29. （清）周元文，《重修臺灣府志》臺灣文獻叢刊第六六種（臺北市：臺灣銀行經濟研究室，民國 49 年 7 月）。

30. （清）周凱，《廈門志》臺灣文獻叢刊第九五種（臺北市：臺灣銀行經濟研究室，民國 50 年 1 月）。

31. （宋）周應合，《景定建康志》（收錄於《宋元地方志叢書》，臺北市：中國地志

研究會，民國 67 年）。

32. （清）周鍾瑄，《諸羅縣志》臺灣文獻叢刊第一四一種（臺北市：臺灣銀行經濟研究室，民國 51 年 12 月）。

33. （清）周璽，《彰化縣志》臺灣文獻叢刊第一五六種（臺北市：臺灣銀行經濟研究室，民國 51 年 11 月）。

34. （清）易順鼎，《魂南記》臺灣文獻叢刊第二一二種（臺北市：臺灣銀行經濟研究室，民國 54 年 8 月）。

35. （清）林焜熿，《金門志》臺灣文獻叢刊第八〇種（臺北市：臺灣銀行經濟研究室，民國 49 年 10 月）。

36. （清）林豪，《東瀛紀事》臺灣文獻叢刊第八種（臺北市：臺灣銀行經濟研究室，民國 46 年 12 月）。

37. （清）林豪，《澎湖廳志》臺灣文獻叢刊第一六四種（臺北市：臺灣銀行經濟研究室，民國 52 年 3 月）。

38. （清）林豪，〈淡水廳志訂謬〉（收錄於陳培桂纂《淡水廳志》臺灣文獻叢刊第一七二種，臺北市：臺灣銀行經濟研究室，民國 52 年 8 月）。

39. （清）林繩武，《海濱大事記》臺灣文獻叢刊第二一三種（臺北市：臺灣銀行經濟研究室，民國 54 年 6 月）。

40. （清）邵廷采，《西南紀事》臺灣文獻叢刊第二六七種（臺北市：臺灣銀行經濟研究室，民國 57 年 3 月）。

41. （清） 邵廷采，《東南紀事》臺灣文獻叢刊第九六種（臺北市：臺灣銀行經濟研究室，民國 50 年 1 月）。

42. （清）俞明震，《臺灣八日記》，收入於《割臺三記》臺灣文獻叢刊第五七種（臺北市：臺灣銀行經濟研究室，民國 48 年 10 月）。

43. （清）姚延福，《光緒臨朐縣志》，中國方志叢書·華北地方·第三八九號（臺北市：成文出版社，民國 65 年臺一版）。

44. （清）姚瑩，《東槎紀略》臺灣文獻叢刊第七種（臺北市：臺灣銀行經濟研究室，民國 46 年 11 月）。

45. （清）姚錫光，《東方兵事紀略·臺灣篇上》，收入於《臺海思慟錄》臺灣文獻叢刊第四十種（臺北市：臺灣銀行經濟研究室，民國 46 年 8 月）。

46. （清）思痛子，《臺海思慟錄》臺灣文獻叢刊第四十種（臺北市：臺灣銀行經濟研究室，民國 46 年 8 月）。

47. （清）柯培元，《噶瑪蘭志略》臺灣文獻叢刊第九二種（臺北市：臺灣銀行經濟研究室，民國 50 年 1 月）。

48. 洪棄生，《瀛海偕亡記》臺灣文獻叢刊第五九種（臺北市：臺灣銀行經濟研究室，民國 48 年 10 月）。

49. （清）胡建偉，《澎湖紀略》臺灣文獻叢刊第一〇九種（臺北市：臺灣銀行經濟

研究室，民國 50 年 7 月）。

50. （清）范咸、六十七，《重修臺灣府志》臺灣文獻叢刊第一○五種（臺北市：臺灣銀行經濟研究室，民國 50 年 11 月）。

51. （漢）范曄撰、李賢（唐）等注，《後漢書》，中華書局新校本，（北京：中華書局，1973 年）。

52. （清）倪贊元，《雲林縣採訪冊》臺灣文獻叢刊第三七種（臺北市：臺灣銀行經濟研究室，民國 48 年 4 月）。

53. （清）凌雪，《南天痕》臺灣文獻叢刊第七六種（臺北市：臺灣銀行經濟研究室，民國 49 年 6 月）。

54. （清）夏琳，《海紀輯要》臺灣文獻叢刊第二二種（臺北市：臺灣銀行經濟研究室，民國 47 年 6 月）。

55. （清）夏琳，《閩海紀要》臺灣文獻叢刊第十一種（臺北市：臺灣銀行經濟研究室，民國 47 年 4 月）。

56. 孫爾準、陳壽祺（清），《同治福建通志》，收錄於《福建通志臺灣府》臺灣文獻叢刊第八四種（臺北市：臺灣銀行經濟研究室，民國 49 年 8 月）。

57. （清）徐鼒，《小腆紀年》臺灣文獻叢刊第一三四種（臺北市：臺灣銀行經濟研究室，民國 51 年 11 月）。

58. （清）徐鼒，《小腆紀傳》臺灣文獻叢刊第一三八種（臺北市：臺灣銀行經濟研究室，民國 52 年 7 月）。

59. （元）馬端臨，《文獻通考》（臺北市：新興書局，民國 54 年 3 月）。

60. （清）高拱乾，《臺灣府志》臺灣文獻叢刊第六十五種（臺北市：臺灣銀行經濟研究室，民國 49 年 2 月）。

61. （清）屠繼善，《恆春縣志》臺灣文獻叢刊第七五種（臺北市：臺灣銀行經濟研究室，民國 50 年 3 月）。

62. （晉）常璩撰，任乃強校注，《華陽國志校補圖注》（上海：上海古籍出版社，1987 年 10 月）。

63. （清）張廷玉，《明史》，中華書局新校本，（北京：中華書局，1973 年）。

64. 張勝彥，《臺中縣志》（臺中縣：臺中縣志編纂委員會，民國 78 年 9 月）。

65. （元）張鉉，《至正金陵新志》，收錄於《宋元地方志叢書》（臺北市：中國地志研究會，民國 67 年）。

66. （清）曹履泰，《靖海紀略》臺灣文獻叢刊第三三種（臺北市：臺灣銀行經濟研究室，民國 48 年 1 月）。

67. 盛清沂纂修，《臺灣省通誌》（臺中市：臺灣省文獻委員會，民國 62 年 6 月）。

68. （元）脫脫，《宋史·藝文志》，中華書局新校本，（北京：中華書局，1973 年）。

69. 莊金德、賀嗣章編譯，《羅福星抗日革命案全檔》（臺中市：臺灣省文獻委員會，民國 66 年 4 月）。

70. 連橫，《臺灣通史》臺灣文獻叢刊第一二八種（臺北市：臺灣銀行經濟研究室，民國51年2月）。

71. （清）陳文達，《臺灣縣志》臺灣文獻叢刊第一〇三種（臺北市：臺灣銀行經濟研究室，民國50年6月）。

72. （清）陳文達，《鳳山縣志》臺灣文獻叢刊第一二四種（臺北市：臺灣銀行經濟研究室，民國50年10月）。

73. （清）陳衍，《臺灣通紀》臺灣文獻叢刊第一二〇種（臺北市：臺灣銀行經濟研究室，民國50年8月）。

74. （宋）陳振孫，《直齋書錄解題》，武英殿輯永樂大典本（臺北市：廣文書局，民國57年）。

75. （清）陳培桂，《淡水廳志》臺灣文獻叢刊第一七二種（臺北市：臺灣銀行經濟研究室，民國52年8月）。

76. （清）陳淑均，《噶瑪蘭廳志》臺灣文獻叢刊第一六〇種（臺北市：臺灣銀行經濟研究室，民國52年3月）。

77. （清）章學誠，《章學誠遺書》（北京：文物出版社，1985年8月）。

78. （清）彭孫貽，《靖海志》臺灣文獻叢刊第三五種（臺北市：臺灣銀行經濟研究室，民國48年1月）。

79. （清）黃宗羲，《賜姓始末》臺灣文獻叢刊第二五種（臺北市：臺灣銀行經濟研究室，民國47年9月）。

80. （清）楊英，《從征實錄》臺灣文獻叢刊第三二種（臺北市：臺灣銀行經濟研究室，民國47年）。

81. 楊家駱主修，《北碚九志》（臺北市：鼎文書局，民國66年2月初版）。

82. 楊雲萍，〈臺灣省通志假定綱目〉《臺灣通志館館刊》，創刊號，民國37年10月。

83. （清）董天工，《臺海見聞錄》臺灣文獻叢刊第一二九種（臺北市：臺灣銀行經濟研究室，民國50年10月）。

84. （清）趙翼，《廿二史箚記》（臺北市：鼎文書局，民國64年3月）。

85. （清）劉良璧，《重修福建臺灣府志》臺灣文獻叢刊第七四種（臺北市：臺灣銀行經濟研究室，民國50年3月）。

86. （唐）劉知幾撰，浦起龍釋，《史通通釋》（臺北市：里仁書局，民國82年6月）。

87. （宋）劉昫，《舊唐書》，中華書局新校本，（北京：中華書局，1973年）。

88. 劉熙載，《藝概》（臺北市：金楓出版公司，1986年12月）。

89. （清）劉璈，《巡臺退思錄》臺灣文獻叢刊第二一種（臺北市：臺灣銀行經濟研究室，民國47年8月）。

90. 歐陽修、宋祁（宋）撰，《新唐書》，中華書局新校本，（北京：中華書局，1973年）。

91. （清）蔣師轍，《臺游日記》臺灣文獻叢刊第六種（臺北市：臺灣銀行經濟研究

室，民國 46 年 12 月）。

92. （漢）鄭玄注，（唐）孔穎達疏，《十三經注疏》，（清）阮元刻本（臺北市：藝文印書館，民國 82 年 9 月十二刷）。

93. 鄭亦鄒，《鄭成功傳》臺灣文獻叢刊第六七種（臺北市：臺灣銀行經濟研究室，民國 49 年 1 月）。

94. （宋）鄭樵撰，王樹民點校，《通志二十略》，中華書局新校本，（北京：中華書局，1995 年 11 月）。

95. （清）盧德嘉輯，《鳳山縣採訪冊》臺灣文獻叢刊第七三種（臺北市：臺灣銀行經濟研究室，民國 49 年 8 月）。

96. 錢（清）大昕，《二十二史考異》（臺北市：鼎文書局，民國 68 年 9 月臺一版）。

97. （清）錢大昕，〈鄞縣志局與同事書〉，收錄於《潛研堂集》（上海：上海古籍出版社，1989 年 11 月）。

98. （清）薛紹元，《臺灣通志》臺灣文獻叢刊第一三〇種（臺北市：臺灣銀行經濟研究室，民國 51 年 5 月）。

99. （清）謝金鑾，《續修臺灣縣志》臺灣文獻叢刊第一四〇種（臺北市：臺灣銀行經濟研究室，民國 51 年 6 月）。

100. （荷）C.E.S.著，魏清德編譯，〈被忽視之臺灣〉《文獻專刊》，第三卷第三、四期，民國 41 年 12 月。

101. 魏爾德撰，林秀樞譯，〈明鄭臺灣史略〉，收錄於《臺北文物》，第六卷第一期，（唐）魏徵等撰，《隋書·經籍志》，中華書局新校本，（北京：中華書局，1973）。

10.2 羅香林輯校，《劉永福歷史草》（臺北市：正中書局，民國 58 年 6 月增訂臺三版）。

103. （清）顧炎武，《聖安本記》臺灣文獻叢刊第一八三種（臺北市：臺灣銀行經濟研究室，民國 53 年 1 月）。

二、一般專著

1. 不著撰人，《中國古代文獻學》（臺北市：木鐸出版社，民國 77 年 9 月初版）。

2. 不著撰人，《史料與史學》（臺北市：木鐸出版社，民國 76 年 1 月）。

3. 中山大學圖書館編，《中山大學文獻資料信息論文集》（廣州：中山大學出版社，1993 年 9 月）。

4. 中文出版社編，《地方志彙刊》（京都：中文出版社，民國 70 年）。

5. 中島利郎編，《日據時期臺灣文學雜誌》（臺北市：前衛出版社，1995 年 3 月）。

6. 中國方志大辭典編輯委員會編，《中國方志大辭典》（杭州：浙江人民出版社，1988 年）。

7. 中國地方文獻學會編，《中國地方文獻學會年刊》（臺北市：中國地方文獻學會，民國 68 年）。

8. 中國地方史志協會編,《中國地方史志論叢》(北京:中華書局,1984 年)。

9. (日)井出季和太著,郭輝編譯,《日據下之台政》,臺灣叢書譯文本第三種(臺北市:臺灣文獻委員會,民國 45 年 12 月)。

10. 毛一波,《方志新論》(臺北市:正中書局,民國 63 年)。

11. 王光祈,《西洋音樂史綱要》(臺北市:臺灣中華書局,民國 76 年 2 月臺四版)。

12. 王余光,《中國歷史文獻學》(湖北:武漢大學出版社,1988 年 11 月)。

13. 王春瑜、李明等著,《新地方史志學簡編》(四川:四川社會科學院,1986 年 3 月)。

14. 王省吾,《圖書分類法導論》(臺北市:中國文化大學出版社,民國 69 年 9 月)。

15. 王國璠,《臺灣抗日史》(臺北市:臺北市文獻委員會,民國 70 年 1 月初版)。

16. 王崇德,《情報科學原理》(臺北市:農業科學資料服務中心,1991 年 12 月)。

17. 王復興,《方志學基礎》(山東:山東大學出版社,1987 年)。

18. 王葆心,《方志學發微》(湖北:湖北省地方志編纂委員會辦公室,1984 年)。

19. 王葆心,《重修湖北通志條議》(臺北市:中華叢書委員會,民國 45 年)。

20. 王詩琅譯,《臺灣社會運動史:文化運動》(臺北市:稻鄉出版社,民國 77 年 5 月)。

21. 王爾敏,《史學方法》(臺北市:東華出版社,民國 77 年 3 月五版)。

22. 王德恆,《中國方志學》(北京:大象出版社,1997 年 4 月)。

23. 王德毅編,《中華民國臺灣地區公藏方志目錄》(臺北市:國立中央圖書館,民國 70 年)。

24. 王德毅編,《漢學研究》(方志學國際研討會論文集),第三卷第二期(臺北市:國立中央圖書館,民國 74 年)。

25. 王曉岩,《方志體例古今談》(四川:巴蜀初版社,1989 年 8 月)。

26. 史念海、曹爾琴等撰,《方志芻議》(浙江:人民出版社,1986 年)。

27. 伊能嘉矩著,臺灣省文獻委員會譯編,《臺灣文化志》(臺中市:臺灣省文獻委員會,民國 74 年 11 月)。

28. 朱士嘉編,《中國地方志綜錄》(臺北市:新文豐圖書公司,民國 64 年)。

29. 朱士嘉編,《中國舊志名家論選》(北京:燕山出版社,1988 年)。

30. 朱光潛,《文藝心理學》(臺北市:金楓出版公司,出版年不詳)。

31. 牟宗三,《中國哲學的特質》(臺北市:臺灣學生書局,民國 65 年 10 月四版)。

32. 何光國,《圖書資訊組織原理》(臺北市:三民書局,民國 79 年 6 月)。

33. 余嘉錫,《目錄學發微》(四川:巴蜀書社,1991 年 5 月)。

34. 吳宗慈,《修志論叢》,收錄於《中國舊志名家論選》(北京:北京燕山出版社,1988 年 6 月)。

35. 吳宗慈，《修志論叢》，該書收錄於朱士嘉編，《中國舊志名家論選》（北京：北京燕山出版社，1988 年 6 月），頁 138～191。

36. 吳玲宜，《臺灣前輩音樂家群相》（臺北市：大呂出版社，民國 82 年 2 月）。

37. Plutarch 著，吳奚眞譯，《希臘羅馬名人傳》（臺北市：國立編譯館，民國 52 年）。

38. 吳楓，《中國古典文獻學》（山東：齊魯書社，1982 年 10 月）。

39. 呂思勉，《歷史研究法》（臺北市：五南圖書出版公司，民國 84 年 3 月臺一版）。

40. 宋晞，《方志學研究論叢》（臺北市：臺灣商務印書館，民國 79 年 9 月）。

41. 李宗侗，《史學概要》（臺北市：正中書局，民國 57 年 11 月）。

42. 李明輝等著，《李春生的思想與時代》（臺北市：正中書局，民國 84 年 4 月）。

43. 李建民，《中國古代遊藝史》（臺北市：東大圖書公司，民國 82 年 3 月）。

44. 李泰棻，《方志學》（上海：上海商務印書館，民國 24 年 1 月）。

45. 李乾朗，《臺灣近代建築：起源與早期之發展 1860～1945》（臺北市：雄獅圖書公司，民國 85 年 5 月）。

46. 李乾朗，《臺灣建築史》（臺北市：雄獅圖書公司，民國 68 年 3 月）。

47. 李欽賢，《日本美術的近代光譜》（臺北市：雄獅圖書公司，民國 82 年 8 月）。

48. 李欽賢，《臺灣美術閱覽》（臺北市：玉山社出版公司，1996 年 1 月）。

49. 李欽賢，《臺灣美術歷程》（臺北市：自立晚報文化出版社，民國 81 年 6 月）。

50. 李德竹編著，《圖書館學暨資訊科學字彙》（臺北市：漢美圖書公司，民國 74 年）。

51. 李澤厚，《美學四講》（臺北市：人間出版社，1988 年 11 月）。

52. 杜維運，《中西古代史學比較》（臺北市：東大圖書公司，民國 77 年 8 月）。

53. 杜維運，《清代史學與史家》（臺北市：臺灣學生書局，民國 73 年 8 月）。

54. 杜維運，《與西方史家論中國史學》（臺北市：東大圖書公司，民國 70 年）。

55. 杜學知，《方志學管窺》（臺北市：臺灣商務印書館，民國 62 年 12 月）。

56. 來新夏，《中國地方志》（臺北市：臺灣商務印書館，1995 年 9 月）。

57. 來新夏，《方志學概論》（福建：人民出版社，1983 年）。

58. 來新夏，《志域探步》（上海：南開大學，1993 年）。

59. 來新夏、齊藤博主編，《中日地方史志比較研究》（天津：南開大學出版社，1996 年 7 月）。

60. 來新夏主編，《中國地方志綜覽 1949—1987》（安徽：黃山書社，1987 年）。

61. 周迅，《中國的地方志》（臺北市：臺灣商務印書館，1994 年）。

62. 周繼良主編，《圖書分類學》（湖北：武漢大學出版社，1989 年 5 月）。

63. 昌彼得、潘美月，《中國目錄學》（臺北市：文史哲出版社，民國 75 年 9 月）。

64. 林天蔚，《方志學與地方史研究》（臺北市：南天書局，民國 84 年 7 月）。

65. 林雨如，《新方志編纂問答》（廣東：海天出版社，1986 年）。

66. 林衍經，《中國地方志》（上海：上海古籍出版社，1996 年 11 月）。

67. 林衍經，《方志史話》（上海：華東師範大學，1983 年）。

68. 林衍經，《方志學綜論》（上海：華東師範大學，1988 年 1 月）。

69. 林惺嶽，《臺灣美術風雲四十年》（臺北市：自立晚報社文化出版部，民國 76 年 10 月）。

70. 林瑞明，《臺灣文學的歷史考察》（臺北市：允晨文化公司，民國 85 年 7 月）。

71. 邱坤良，《日治時期臺灣戲劇之研究：1895～1945》（臺北市：自立晚報社，民國 81 年 6 月）。

72. 金恩輝編，《中國地方志論集：1911～1949》（吉林：吉林省地方志編纂委員會，吉林省圖書館學會，1985 年）。

73. 金恩輝編，《中國地方志論集：1950～1983》（吉林：吉林省地方志編纂委員會，吉林省圖書館學會，1983 年 7 月）。

74. 金毓黻，《中國史學史》（臺北市：鼎文書局，民國 83 年 10 月七版）。

75. 長澤規矩也著，梅憲華等譯，《中國版本目錄學書籍解題》（北京：書目文獻出版社，1990 年 6 月）。

76. 姚名達，《目錄學》（臺北市：臺灣商務出版社，民國 60 年 7 月臺一版）。

77. 洪敏麟，《臺灣舊地名義沿革（第二冊）》（臺中縣：臺灣省文獻委員會，民國 73 年 6 月）。

78. 科林伍德著，周浩中譯，《藝術哲學大綱》（臺北市：水牛出版社，民國 78 年 11 月再版）。

79. Droysen, J.G.著，胡昌智譯，《歷史知識的理論》（臺北市：聯經出版事業公司，民國 75 年 6 月初版）。

80. 胡述兆、吳祖善合著，《圖書館學導論》（臺北市：漢美圖書公司，1989 年 10 月初版）。

81. 胡逢祥、張文建等撰，《中國近代史學思潮與流派》（上海：華東師範大學出版社，1991 年 9 月）。

82. 倪士毅，《中國古代目錄學史》（浙江：杭州大學出版社，1998 年 5 月）。

83. 倉修良，《中國史學名著評介》（山東：山東教育出版社，1990 年 3 月）。

84. 倉修良，《方志學通論》（山東：齊魯書社，1996 年）。

85. 唐祖培，《新方志學》（臺北市：華國出版社，民國 44 年 7 月）。

86. 泰勒著，沈宣余譯，《藝術哲學》（臺北市：洪氏出版社，民國 64 年 3 月）。

87. 秦賢次編，《張我軍評論集》（臺北縣：臺北縣立文化中心，民國 82 年 6 月）。

88. 翁佳音等撰，《臺灣通史類著作解題與分析》（臺北市：業強出版社，1992 年）。

89. 翁聖峰，《清代臺灣竹枝詞之研究》（臺北市：文津出版社，民國 85 年 4 月）。

90. 高志彬等撰，《臺灣文獻書目解題・方志類（一至七）》（臺北市：國立中央圖書

館臺灣分館，民國 76 年）。

91. 高路明，《古籍目錄與中國古代學術研究》（江蘇：江蘇古籍出版社，1997 年 10月）。

92. 參謀本部（日）編，《明治二十七八年日清戰史》，該書與臺灣相關之第八編第三十五章與第十篇第三十九～四十二章，經由許佩賢翻譯，書名爲《攻臺戰記》（臺北市：遠流出版公司，1995 年 12 月）。

93. 張玉法，《歷史學的新領域》（臺北市：聯經出版社，民國 67 年 12 月）。

94. 張仲熒，《當代方志學探論》（四川：巴蜀書社，1990 年）。

95. 張其昀，《新方志舉隅—遵義新志》（臺北市：中華文化事業出版委員會，民國44 年）。

96. 張炎憲等編，《臺灣近代名人誌一～五冊》（臺北市：自立晚報，民國 76～79 年）。

97. 張革非主編，《中國方志學綱要》（重慶：西南師範大學出版社，1992 年 10 月）。

98. 張國淦，《中國古方志考》（臺北市：鼎文書局，1974 年）。

99. 曹子西，趙庚奇等撰，《中國地方志論集》（北京：燕山出版社，1989 年）。

100. 曹子西主編，《中國城市方志學概論》（北京：燕山出版社，1990 年）。

101. 梁明雄，《日據時期臺灣新文學運動研究》（臺北市：文史哲出版社，民國 85年 2 月）。

102. 梁啓超，《中國近三百年學術史》（北京：東方出版社，1996 年 3 月）。

103. 梁啓超，《中國歷史研究法・補篇》（臺北市：里仁書局，民國 73 年）。

104. 梁啓超，《中國歷史研究法》（臺北市：里仁書局，民國 73 年 10 月）。

105. 梁濱久，《方志學新論集》（廣西：人民出版社，1989 年）。

106. 莊永明，《臺北市文化人物略傳》（臺北市：臺北市文獻委員會，民國 86 年 5月）。

107. 許俊雅，《臺灣寫實詩作之抗日精神研究：1895～1945 年之古典詩歌》（臺北市：國立編譯館，民國 86 年 4 月）。

108. 許冠三，《新史學九十年》（臺北市：唐山出版社，民國 85 年）。

109. 許常惠，《音樂史論述稿：臺灣音樂史初稿補充篇》（臺北市：全音樂譜出版社，民國 85 年 8 月）。

110. 許常惠，《臺灣音樂史初稿》（臺北市：全音樂譜出版社，民國 85 年 10 月）。

111. 郭因，《中國近代繪畫美學》（臺北市：金楓出版公司，1987 年 7 月）。

112. 郭鳳岐，《方志論評》（天津：天津社會科學院出版社，1994 年 10 月）。

113. 郭鳳岐，《地方志基礎知識選編》（天津：天津社會科學院出版社，1994 年 10月）。

114. 郭繼生，《藝術史與藝術評論》（臺北市：書林出版社，民國 84 年 2 月三版）。

115. 郭繼生編選，《臺灣視覺文化：藝術家二十年文集》（臺北市：藝術家出版社，

民國 84 年 5 月）。

116. 陳少廷，《臺灣新文學運動簡史》（臺北市：聯經出版公司，民國 66 年）。

117. 陳正祥，《中國方志的地理學價值》（香港：香港中文大學，民國 57 年）。

118. 陳光貽，《稀見地方志提要》（山東：齊魯書社，1987 年）。

119. 陳捷先，《東亞古方志學探論》（臺北市：聯經出版事業公司，民國 87 年 1 月）。

120. 陳捷先，《清代臺灣方志研究》（臺北市：臺灣學生書局，民國 85 年 8 月）。

121. 陳紹馨等撰，《修志方法論集》（臺北市：方志研究會，1954 年）。

122. 傅振倫，《中國方志學通論》（上海：上海商務印書館，民國 24 年 12 月）。

123. 彭靜中，《中國方志簡史》（四川：四川大學，1990 年初版）。

124. 曾星翔，李秀國編，《中國方志百家言論集萃》（四川：四川省社會科學院出版社，1988 年）。

125. Argan, M. Fagiolo 著，曾堉、葉劉天增譯，《藝術史學的基礎》（臺北市：東大圖書公司，民國 81 年 2 月）。

126. 程大學編，《臺灣前期武裝抗日運動有關檔案》（臺中市：臺灣文獻委員會，民國 66 年 5 月）。

127. 馮浩菲，《中國古籍整理體式研究》（北京：北京圖書館出版社，1997 年 2 月）。

128. 黃大受，《史籍編纂法》（臺北市：漢唐出版社，民國 65 年）。

129. 黃秀政，《臺灣割讓與乙未抗日運動》（臺北市：臺灣商務印書館，民國 81 年 12 月）。

130. 黃淵泉，《中文圖書分類編目學》（臺北市：臺灣學生書局，民國 75 年 9 月）。

131. 黃勛拔，《方志學八講》（廣州：廣東地方志辦公室，1988 年）。

132. 黃勛拔，《修志業務參考資料七種》（廣州：廣東地方志辦公室，1986 年）。

133. 黃葦，《中國地方志辭典》（安徽：黃山書社，1986 年）。

134. 黃葦，《方志論集》（浙江：浙江人民出版社，1983 年 11 月）。

135. 黃葦，《方志學》（浙江：人民出版社，1993 年）。

136. 楊渡，《日據時期臺灣新劇運動：1923～1936》（臺北市：時報文化出版公司，1994 年 8 月）。

137. 楊雲萍，《臺灣史上的人物》（臺北市：成文出版社，民國 70 年 5 月）。

138. 經濟部中央標準局編，《中國國家標準分類目錄》（臺北市：經濟部中央標準局，民國 67 年）。

139. 葉石濤，《臺灣文學史綱》（高雄市：文學界雜誌社，民國 85 年 9 月再版）。

140. 葉龍彥，《日治時期臺灣電影史》（臺北市：玉山社出版公司，1998 年 9 月）。

141. 董一博，《董一博方志論文集》（河南：人民出版社，1989 年）。

142. 雷家驥，《中古史學觀念史》（臺北市：臺灣學生書局，民國 79 年 10 月）。

143. 臺灣新生報編，《臺灣年鑑》（臺北市：臺灣新生報，民國 36 年 6 月）。

144. Tatarkiewicz, W., *A history of six ideas: An essay in Aesthetice*, 褚朔維譯，《西方美學概念史》（北京：學苑出版社，1990 年 8 月初版）。

145. 劉棟良，《方志學研究文集》（山東：山東人民出版社，1994 年 8 月）。

146. 劉節，《中國史學史稿》（臺北市：弘文館出版社，民國 75 年 6 月）。

147. 劉達，《百科全書學概論》（北京：北京航空航天大學出版社，1992 年 12 月）。

148. 劉緯毅，《中國地方志》（北京：新華出版社，1991 年 12 月）。

149. 廣州市地方志編纂委員會辦公室編，《新方志編寫講評》（廣東：廣州市地方志編纂委員會辦公室，1991 年）。

150. 歐陽發、丁劍等編，《新編方志十二講》（安徽：黃山書店，1986 年）。

151. 潘德深，《中國史學史》（臺北市：五南圖書出版公司，民國 83 年 5 月）。

152. 蔣元卿，《中國圖書分類之沿革》（臺北市：臺灣中華書局，民國 70 年 9 月）。

153. 蔣祖怡，《史學纂要》（臺北市：正中書局，民國 53 年 6 月臺二版）。

154. 鄭建明，《當代目錄學》（江蘇：南京大學出版社，1994 年 7 月）。

155. 鄭鶴聲，《中國史部目錄學》（臺北市：華世出版社，民國 63 年 10 月）。

156. 鄧紹興等著，《中國檔案分類的演變與發展》（北京：檔案出版社，1992 年 10 月）。

157. 魯賓遜著，未署譯者，《新史學》（臺北市：文星出版社，民國 54 年 1 月）。

158. 黎錦熙，《方志今議》（臺北市：臺灣商務印書館，民國 65 年 3 月臺一版）。

159. 盧胡彬，《清代臺灣方志之研究》（臺北市：臺灣學生書局，民國 85 年）。

160. 賴永祥，《中國圖書分類法》（臺北市：編訂者，民國 78 年）。

161. 錢穆，《中國史學名著》（臺北市：三民書局，民國 82 年 1 月）。

162. 錢鍾書，《談藝錄》（不詳：野狐出版社，不詳）。

163. 薛虹，《中國方志學概論》（哈爾濱：黑龍江人民出版社，1984 年）。

164. 謝里法，《日據時代臺灣美術運動史》（臺北市：藝術家出版社，民國 84 年 10 月四版）。

165. 謝國楨，《晚明史籍考》（臺北市：藝文印書館，民國 57 年）。

166. J.W. 湯普森著，謝德風譯，《歷史著作史》（北京：商務印書館，1996 年）。

167. 鍾倫納，《應用社會科學研究法》（香港：商務印書館，1992 年 11 月）。

168. 瞿宣穎，《志例叢話》，收錄於《中國舊志名家論選》（北京：北京燕山出版社，1988 年 6 月）。

169. 瞿宣穎，《讀方志瑣記》，收錄於《中國舊志名家論選》（北京：北京燕山出版社，1988 年 6 月）。

170. 羅孟幀，《中國古代目錄學簡編》（臺北市：木鐸出版社，民國 75 年 10 月）。

三、期刊論文

1. 尹章義，〈方志體例的創新以及新史料的發掘與運用：以新莊志為例〉（《漢學研究通訊》，第三卷第三期，民國 73 年 7 月）。

2. 尹章義，〈清代臺灣方志與近三十年所修臺灣方志之比較〉（《漢學研究》，第三卷第二期，民國 74 年 12 月）。

3. 方豪，〈修志專家與臺灣方志的纂修〉（收錄於《方豪六十自定稿》，臺北市：臺灣學生書局，民國 58 年 6 月）。

4. 方豪，〈記新抄苗栗志兼論臺灣方志的型態〉《文獻專刊》，第二卷第一、二期，民國 40 年 5 月）。

5. 方豪，〈清代中期臺灣方志的編纂工作〉（《臺灣人文》，第三期，民國 67 年 4 月）。

6. 方豪，〈清代前期臺灣方志的編纂工作〉（《臺灣人文》，第二期，民國 67 年 1 月）。

7. 方豪，〈清代後期臺灣方志的編纂工作〉（《臺灣人文》，第四期，民國 67 年 7 月）。

8. 方豪，〈清初臺灣士人與地方志〉，收錄於（《方豪六十自訂稿》（臺北市：臺灣學生書局，民國 58 年 6 月）。

9. 方豪，〈連氏「臺灣通史」新探〉（《文獻專刊》，第一卷第四期，民國 39 年 12 月）。

10. 方豪，〈臺灣方志的研究資料〉（《臺南文化》，第二卷第三期，民國 41 年 9 月）。

11. 方豪，〈臺灣地方志展覽會特輯摘評〉（《文獻專刊》，第三卷第三、四期，民國 41 年 12 月）。

12. 方豪，〈蔣師轍與所修臨朐鹿邑二縣志〉（收錄於《中國地方文獻學會年刊》，臺北市：中國地方文獻學會，民國 68 年 1 月）。

13. 毛一波，〈十種臺灣文獻叢刊考異〉（《臺灣文獻》，第十三卷第三期，民國 51 年 9 月）。

14. 毛一波，〈本省光復後的盛事──臺灣省通志稿纂修經過〉（《臺北文物》，第十卷第一期，民國 50 年 3 月）。

15. 毛一波，〈臺灣文學簡介〉（《臺灣文獻》，第二十六卷第四期、第二十七卷第一期，民國 65 年 3 月）。

16. 毛一波，〈臺灣詞話〉（《臺灣文獻》，第六卷第二期，民國 44 年 6 月）。

17. 毛一波，〈蔣師轍與臺灣通志〉（《文獻專刊》，第二卷第一、二期，民國 40 年 5 月）。

18. 毛子水，〈我對傳記文學的一些意見〉（《傳記文學》，第一卷第一期，1962 年 6 月）。

19. 犬井正，〈關於關東地方史志類中「志」與「史」的若干考察：來自與中國「方志」關聯的角度的探討〉（收錄於《中日地方史志研究》，中國天津：南開大學出版社，1996 年）。

20. 王一剛，〈臺北日人的新劇運動〉（《臺北文物》，第三卷第四期，民國 44 年 3 月）。

21. 王一剛，〈臺展・府展〉（《臺北文物》，第三卷第四期，民國 44 年 3 月）。

22. 王一剛，〈臺灣武裝抗日史序說〉（《臺北文物》，第九卷第四期，民國 49 年 12 月）。

23. 王世慶，〈文獻資料的整理與保存〉（《臺灣文獻》，第十四卷第四期，民國 52 年 12 月）。

24. 王世慶，〈日據時期臺灣官撰地方史志的探討〉（《漢學研究》，第三卷第二期，民國 74 年 12 月）。

25. 王世慶，〈參與臺灣光復後臺灣地區修志之回顧及對重修省志之管見〉（《臺灣文獻》，第三十五卷第一期，民國 73 年 3 月）。

26. 王白淵，〈臺灣美術運動史〉（《臺北文物》，第三卷第四期，民國 44 年 3 月）。

27. 王沈撰，〈關於地方志〉（《食貨》，第二卷第一期，民國 24 年 6 月）。

28. 王良行，〈鄉鎮志撰修的新取徑〉（該文發表於民國 87 年 12 月 2 日國立中興大學主辦之海峽兩岸地方史志暨地方博物館學術研討會。

29. 王明蓀，〈從學術史著作之源流看學案體裁〉（收錄於《中西史學史研討會論文集》臺，灣省臺中市：國立中興大學歷史學系，民國 75 年 1 月）。

30. 王建竹，〈民國前十年至民國 50 年間臺灣電影事業概述〉（《臺灣文獻》，第三十八卷第四期，民國 76 年 12 月）。

31. 王連宗，〈《臺灣省通志》介紹〉（《山東史志通訊》，第二期，1982 年）。

32. 王照倫，〈志書的目和子目〉（《方志研究》，1991 年第三期，1991 年 5 月）。

33. 王詩琅，〈臺灣新文學運動史稿〉（《南方週報》，第三期，民國 37 年 2 月）。

34. 王德毅，〈景定建康志與至正金陵新志之比較研究〉（《方志學與社區鄉土史學術研討會論文集》（臺北市：東吳大學歷史學系，1998 年 5 月）。

35. 王燕玉，〈方志芻議〉（收錄於《中國地方史志論叢》，中國北京：中華書局，1984 年）。

36. 王錦江，〈「臺灣新文學」雜誌始末〉（《臺北文物》，第三卷第三期，民國 43 年 12 月）。

37. 市川彩著，李享文譯，〈臺灣電影事業發展史稿〉（《電影欣賞》，第六十五期，1993 年 9 月）。

38. 石萬壽，〈高雄縣新修鄉鎮市志體例的探討〉（發表於「臺灣光復後纂修地方志研討會」，民國 84 年 7 月）。

39. 石萬壽，〈臺南市史略：私修臺南市志卷首〉（《臺灣文獻》，第三十二卷第一期，民國 70 年 3 月 27 日。

40. 任桂全，〈論地方志索引〉（《中國地方志》，1998 年第三期，1988 年 6 月）。

41. 朱士嘉，〈天一閣方志目跋——附天一閣方志目〉（《禹貢》，第七卷第一、二、三合期，民國 26 年 4 月）。

42. 朱士嘉，〈方志的名稱與種類〉（《禹貢》，第一卷第二期，民國 23 年 3 月）。

43. 朱士嘉,〈宋元方志考〉(《地學雜誌》第二十四卷第二～四期,第二十五卷第一、二期,民國 24～25 年)。

44. 朱士嘉,〈怎樣編纂新式的方志〉(《禹貢》,第七卷第一、二、三合期,民國 26 年 4 月)。

45. 吳文星,〈清季李春生的自強思想——以臺事議論爲中心〉(收錄於李明輝編《李春生的時代與思想》,臺北市:正中書局,民國 84 年)。

46. 吳文星,〈清季李春生的自強思想——以變革圖強議論爲中心〉(收錄於李明輝編,《李春生的時代與思想》,臺北市:正中書局,民國 84 年)。

47. 吳文星,〈試論鄉土志之纂修——以《頭城鎮志》爲例〉(《史聯雜誌》,第二十二期,民國 82 年 6 月)。

48. 吳文星,〈試論鄉鎮志教育志之纂修——以《頭城鎮志》、《草屯鎮志》、《石門鎮志》爲例〉(發表於臺灣文獻委員會主辦「方志學與志書修纂討論會暨文獻業務座談會」,民國 87 年 6 月)。

49. 吳宗慈,〈論藝文志〉(《臺灣文獻》,第六卷第三期,民國 44 年 9 月)。

50. 吳政恆,〈省縣市文獻業務與志書纂修工作之淺見〉(《臺灣文獻》,第四十一卷第三、四期,民國 79 年 12 月)。

51. 吳瀛濤,〈臺灣新文學運動的第一階段〉(《臺北文物》,第三卷第二期,民國 43 年 8 月)。

52. 吳瀛濤,〈臺灣新文學運動的第二階段〉(《臺北文物》,第三卷第三期,民國 43 年 12 月)。

53. 呂訴上,〈臺灣地方戲劇運動〉(《臺北文物》,第八卷第一期,民國 48 年 4 月)。

54. 呂訴上,〈臺灣戲劇概況〉(《臺北文物》,第七卷第四期,民國 47 年 12 月)。

55. 宋伯元,〈史事記述的附註問題〉(《臺灣文獻》,第四十五卷第四期,民國 83 年 12 月)。

56. 宋伯元,〈再談方志的寫作〉(《臺灣文獻》,第三十九卷第二期,民國 77 年 6 月)。

57. 宋伯元,〈漫談方志編纂的問題〉(《臺灣文獻》,第三十四卷第四期,民國 72 年 12 月)。

58. 李成鼎,〈談志書索引的製作方法〉(《中國地方志》,1998 年第一期,1988 年 1 月)。

59. 李孝友,〈編纂地方志芻議〉(收錄於《中國地方史志論叢》,中國北京:中華書局,1984 年)

60. 李秉乾,〈臺灣沿革和方志管見〉(《福建省圖書館學會通訊》,第一期,1982 年)。

61. 李致忠,〈略談《臺灣府志》〉(《文獻》,第三期,1980 年)。

62. 李道明,〈臺灣電影史第一章,1900～1915〉(《電影欣賞》,第七十三期,1995 年 1 月)。

63. 李騰嶽,〈本省地方誌之特殊性與臺北市志之編成〉(《臺北文物》,第十卷第一

期，民國 50 年 3 月）。

64. 杜維運，〈傳記的特質及其撰寫方法〉（《史學方法論》（臺北市：三民書局，民國 81 年 7 月增訂版）。

65. 杜學知，〈方志資料之徵集方法〉（《文獻專刊》，第二卷第三、四期，民國 40 年 11 月）。

66. 沈淑芳，〈胡樸安〈擬續修地方志體例〉述論〉（《東吳中文學報》，第三期，1997 年 5 月）。

67. 來新夏，〈論新編方志的人文價值〉（該文發表於民國 87 年 12 月 1 日國立中興大學主辦之海峽兩岸地方史志暨地方博物館學術研討會。

68. 居浩然，〈傳記文學與教育〉（《傳記文學》，第二卷第六期，1963 年 6 月）。

69. 林美容，〈建立地方誌的新傳統——兼談臺灣史學的奠基〉（《方志學與社區鄉土史學術研討會論文集》，臺北市：東吳大學歷史學系，1998 年 5 月）。

70. 林衍經，〈史志關係論〉（《中國地方志》，1994 年第三期，1994 年 6 月）。

71. 林熊祥，〈方志當把握時代性而舉其簡要〉（《方志通訊》，第二卷第二期，民國 42 年 11 月）。

72. 林熊祥，〈本省十年來的文獻工作〉（《臺灣文獻》，第九卷第一期，民國 47 年 3 月）。

73. 林熊祥，〈由方志立場說臺灣宗教〉（《臺灣通志館刊》，創刊號，民國 37 年 10 月）。

74. 林熊祥，〈臺灣省通志凡例及綱目〉（《文獻專刊》，第二卷第一、二期，民國 40 年 5 月）。

75. 林熊祥，〈臺灣省通志哲學篇解題〉（《文獻專刊》，第四卷第三、四期，民國 42 年 12 月）。

76. 林熊祥，〈臺灣修志的理論和實際〉（《臺灣文獻》，第十卷第四期，民國 48 年 12 月）。

77. 林熊祥，〈纂修臺灣省通志之方法的討究〉（《文獻專刊》，創刊號，民國 38 年 8 月）。

78. 林衡道，〈臺灣的石坊〉（《臺灣文獻》，第十九卷第三期，民國 57 年 9 月）。

79. 林獻堂，〈臺灣通志館之使命〉（《臺灣省通志館館刊》，創刊號，民國 37 年 10 月）。

80. 金恩輝、胡述兆，〈中國地方志總目提要・序〉（《中國地方志總目提要》，臺北：漢美圖書公司，1996 年），頁 1～4。

81. 姚士鰲，〈歷代通志平議〉（《地學雜誌》，第十二卷第一期，1921 年）。

82. 施學習，〈臺灣藝術研究會成立與福爾摩沙（Formosa）創刊〉（《臺北文物》，第三卷第二期，民國 43 年 8 月）。

83. 春夢叟，〈臺灣通志總局頒予各屬修志事宜〉（《臺北文物》，第五卷第一期，民

國 45 年 10 月）。

84. 洪敏麟，〈文獻調查工作與統計資料處理法〉（《臺灣文獻》，第十八卷第四期，民國 56 年 12 月）。

85. 洪敏麟，〈編輯地方志心得報告：以《草屯鎮志》、《大肚鄉志》爲例〉（《臺灣文獻》，第四十九卷第三期，民國 87 年 9 月 30 日。

86. 洪敏麟，〈機關志編修法要點提示〉（《機關志講義彙編》（南投縣：臺灣省文獻委員會，民國 83 年）。

87. 耐霜（張維賢），〈臺灣新劇運動概述〉（《臺北文物》，第三卷第二期，民國 43 年 8 月）。

88. 胡昌智，〈由鑒戒式的歷史思想到演化式的歷史思想〉（收錄於《中西史學史研討會論文集》，臺中市：國立中興大學歷史系，民國 75 年 1 月）。

89. 唐文雅，〈論地方志與區域地理〉（《中國地方志》，1997 年第三期，1997 年 6 月）。

90. 唐美君，〈人類學方法與修志採訪〉（《臺灣文獻》，第十七卷第二期，民國 55 年 6 月）。

91. 孫寶君，〈論方志綜合年鑑的地位作用及發展方向〉（《中國地方志》，1995 年第一期，1995 年 1 月）。

92. 徐坤泉，〈臺灣早期文學史話〉（《文獻專刊》，第二卷第三、四期，民國 40 年 11 月）。

93. 徐評，〈談現代傳記文學之特質〉（《傳記文學》，第三卷第一期，民國 52 年 7 月）。

94. 徐慶鐘，〈中華文化的完整性及臺灣史事研究的方向〉（《臺灣文獻》，第十八卷第二期，民國 56 年 6 月）。

95. 晏子匡，〈臺灣俗文學資料研究〉（《臺灣文獻》，第十三卷第三期，民國 51 年 9 月）。

96. 翁同文，〈從社會文化史觀點論方志的發生發展〉（《漢學研究》，第三卷第二期，民國 74 年 12 月）。

97. 翁聖峰，〈重修「臺灣省通志·藝文志著述篇」的若干問題〉（《臺灣文獻》，第四十八卷第二期，民國 86 年 6 月）。

98. 馬雷，〈我國新時期方志學研究法的基本特點和發展趨勢〉《方志研究》，1991 年第一期，1991 年 1 月）。

99. 高志彬，〈四十年來臺灣方志纂修成果評介〉（《臺灣史田野研究通訊》，第二十期，1991 年 9 月）。

100. 高志彬，〈民國臺灣省通志稿〉（收錄於《臺灣文獻書目解題·方志類一》，臺北市：國立中央圖書館臺灣分館，民國 76 年 11 月）。

101. 高志彬，〈光緒臺灣通志稿〉（收錄於《臺灣文獻書目解題·方志類一》，臺北市：國立中央圖書館臺灣分館，民國 76 年 11 月）。

102. 高志彬，〈臺灣方志之纂修及其體例流變略述〉（《臺灣文獻》，第四十九卷第三期，民國 87 年 9 月 30 日。

103. 高志彬，〈機關志序說〉（《機關志講義彙編》，臺灣省南投縣：臺灣省文獻委員會，民國 83 年）。

104. 張玉法，〈從傳記文學到傳記史學〉（收錄於《歷史學的新領域》，臺北市：聯經出版社，民國 67 年）。

105. 張同湘，〈從「續修臺南市志」談志書與歷史的編寫〉（《臺南文化》，第三十四期，民國 81 年 12 月）。

106. 張我軍，〈文藝上的諸主義〉（《臺灣民報》，第八十一號，大正十四年一月二十九日。

107. 張我軍，〈致臺灣青年的一封信〉（《臺灣民報》，第二卷第七號）。

108. 張我軍，〈新文學運動的意義〉（《臺灣民報》，第六十七號，大正十四年八月二十六號。

109. 張我軍，〈糟糕的臺灣文學界〉（《臺灣民報》，第二卷第二十四號）。

110. 張松斌，〈方志的特徵、性質及其定義〉（《方志研究》，1994 年第一期，1994 年 1 月）。

111. 張炎憲，〈宜蘭縣史纂修的特色與精神〉（發表於「臺灣光復後纂修地方志研討會」，民國 84 年 7 月）。

112. 張炳楠演講，李仁承整理，〈地方文獻的整理與運用〉（《臺灣文獻》，第二十一卷第三期，民國 59 年 9 月）。

113. 張勝彥，〈從《臺中縣志》的纂修談我的方志理念〉（《臺灣史田野研究通訊》，第二十期，1991 年 9 月）。

114. 張勝彥，〈纂修地方志之淺見〉（《方志學與社區鄉土史學術研討會論文集》（臺北市：東吳大學歷史學系，1998 年 5 月）。

115. Nivison, David S.等著，張源譯，〈美國歷史學者對中國傳記的看法〉（《傳記文學》，第二卷第二期，1963 年 2 月）。

116. 張瑞德，〈自傳與歷史——代序〉（收錄於黃朝琴，《我的回憶》，臺北市：龍文出版社，民國 78 年 6 月初版）。

117. 張樹棻，〈章實齋之方志學說〉《禹貢》，第二卷第九期，1935 年）。

118. 曹介逸，〈日據時期的臺北文藝雜誌〉（《臺北文物》，第三卷第二期，民國 43 年 8 月）。

119. 梁啓超，〈清代通史序〉，收錄於《飲冰室文集》，第十四冊之四十一（臺北市：臺灣中華書局，民國 49 年 3 月再版）。

120. 梁啓超，〈清代學者整理舊學之總成績（三）：方志學〉（《中國近三百年學術史》，中國北京：東方出版社，1996 年）。

121. 梁啓超，〈說方志〉（收錄於《飲冰室文集》，第十四冊之四十一，臺北市：臺

灣中華書局，民國 49 年 3 月再版）。

122. 梁啓超，〈龍游縣志序〉（收錄於《飲冰室文集》，第十五冊之四十三，臺北市：臺灣中華書局，民國 49 年 3 月再版）。

123. 梁濱久，〈志粹三拾〉（《天津史志》，1997 年第四期，1997 年 7 月）。

124. 梁耀武，〈如何評價「區域發展」論的理論價值〉（《中國地方志》，1998 年第三期，1998 年 6 月）。

125. 梁耀武，〈對深化方志學基本理論研究的幾點看法〉（《中國地方志》，1998 年第一期，1998 年 1 月）。

126. 盛清沂，〈吾國歷代之鄉鎮志暨本省當前編纂鄉鎮志問題〉（《臺灣文獻》，第十七卷二期，民國 55 年 6 月）。

127. 盛清沂，〈欣聞重修臺灣通志〉（《臺灣文獻》，第三十五卷第二期，民國 73 年 6 月）。

128. 盛清沂，〈清代一百五十九家所見各專集方志論文索引〉（《臺灣文獻》，第二十一卷第三期，民國 59 年 9 月）。

129. 盛清沂，〈臺灣省通志稿整修擬目之商榷〉（《臺灣文獻》，第十八卷第四期，民國 56 年 12 月）。

130. 莊吉發，〈故宮博物院縣藏清代臺灣檔案舉隅〉（收錄於《臺灣地區開闢史料學術論文集》臺北市：聯經出版事業公司，民國 85 年 6 月初版）。

131. 莊金德，〈臺灣省文獻委員會設立的沿革〉（《臺灣文獻》，第十九卷第四期，民國 57 年 12 月）。

132. 莊金德，〈臺灣省通志稿的增修經過與整修計畫的擬定〉（《臺灣文獻》第二十卷第二期，民國 58 年 6 月）。

133. 莊金德，〈臺灣省通志稿纂修的經過與送請審核〉（《臺灣文獻》，第二十卷第一期，民國 58 年 3 月）。

134. 許仲凱，〈清代臺灣的府、省志〉（《福建省圖書館學會通訊》，第一期，1982 年）。

135. 許志超，〈淺談年鑑的框架設計〉（《天津史志》，1997 年第四期，1997 年 7 月）。

136. 郭鳳岐，〈談志書體例結構的創新〉（《天津史志》，1997 年第一期，1997 年 2 月）。

137. 陳乃蘗，〈日據時期新臺灣音樂運動〉（《臺北文物》，第四卷第二期，民國 44 年 9 月）。

138. 陳世慶，〈臺灣詞話綜補〉（《臺灣文獻》，第六卷第四期，民國 44 年 12 月）。

139. 陳世慶，〈臺灣電影事業〉（《臺北文獻》，直字第十七～二十合刊，民國 60 年 6 月）。

140. 陳正祥，〈淡水廳志的地理學評價〉（《臺灣文獻》，第十一卷第四期，民國 49 年 12 月）。

141. 陳正祥，〈臺灣地理大綱〉（《臺灣文獻》，第十卷第二期，民國 48 年 6 月 27 日。

142. 陳正祥，〈臺灣府志的地理學評價〉（《臺灣文獻》，第八卷第一期，民國 46 年 3 月）。

143. 陳正祥，〈澎湖廳志的地理學評價〉（《臺灣文獻》，第七卷第一、二期，民國 45 年 4 月）。

144. 陳正祥，〈諸羅縣志的地理學評價〉（《臺灣文獻》，第九卷第四期，民國 47 年 12 月）。

145. 陳正祥，〈噶瑪蘭廳志的地理學評價〉（《臺灣文獻》，第十一卷第二期，民國 49 年 6 月）。

146. 陳哲三，〈修撰地方史志的想法與作法〉（發表於「臺灣光復後纂修地方志研討會」，民國 84 年 7 月）。

147. 陳捷先，〈論清代臺灣地區方志的義例〉（《漢學研究》，第三卷第二期，民國 74 年 12 月）。

148. 陳紹馨，〈文獻委員會應有的工作〉（收錄於《修志方法論集》（臺北市：方志研究會，1954 年）。

149. 陳紹馨，〈新方志與舊方志〉（《臺北文物》，第五卷第一期，民國 45 年 4 月）。

150. 陳漢光，〈光復前北臺官志纂修史〉（《臺北文獻》，第二輯，民國 45 年 4 月）。

151. 陳漢光，〈從臺灣方志看明鄭的建置〉（《臺灣文獻》，第九卷第四期，民國 47 年 12 月）。

152. 陳漢光，〈清初臺灣府志纂修史略〉（《臺北文物》，第二卷第二～四期，民國 42 年 8 月～民國 43 年 1 月）。

153. 陳漢光，〈臺灣府志凡例合校〉（《臺灣文獻》，第六卷第二期，民國 44 年 6 月）。

154. 陳漢光，〈臺灣府志序跋合校〉（《臺灣文獻》，第六卷第一期，民國 44 年 3 月）。

155. 陳漢光，〈臺灣府志封域志合校〉（《臺灣文獻》，第六卷第三期，民國 44 年 9 月）。

156. 陸寶千，〈嘉道史學──從考據到經世〉（中央研究院近代史研究所集刊第四期，民國 63 年 12 月）。

157. 陶希聖，〈搜讀地方志的提議〉（《食貨》，第一卷第二期，民國 23 年 1、2 月）。

158. 陶晉生，〈歐陽修的傳記寫作〉（《第三屆史學史國際研討會論文集》，臺中市：國立中興大學歷史系，民國 80 年 2 月初版）。

159. 傅振倫，〈編輯故宮方志考略例〉（《禹貢》，第三卷第十二期，民國 24 年 8 月）。

160. 曾迺碩，〈今日志書的修纂〉（《臺灣文獻》，第三十七卷第四期，民國 75 年 12 月）。

161. 曾迺碩，〈陳英之「臺東志」〉（《臺灣文獻》，第九卷第四期，民國 47 年 12 月）。

162. 曾迺碩，〈臺灣文獻小記〉（《臺灣文獻》，第十卷第四期，民國 48 年 12 月）。

163. 曾迺碩，〈臺灣方志五十年〉（該文發表於「臺灣光復後纂修地方志研討會」，

民國 84 年 7 月 28 日。

164. 費黑,〈地方年鑑編纂芻議〉(《中國地方志》,1995 年第一期,1995 年 1 月)。

165. 黃文瑞,〈臺灣省文獻委員會沿革〉(《臺灣文獻》,第四十五卷第二期,民國 83 年 6 月)。

166. 黃玉齋,〈方志與歷史〉(《臺北文物》,第四卷第一期,民國 44 年 5 月)。

167. 黃玉齋,〈我國歷代方志的發達與臺灣〉(《臺灣文獻》,第十八卷第二期,民國 56 年 6 月)。

168. 黃玉齋,〈福建與各省方志的比觀〉(《臺灣文獻》,第十九卷第一期,民國 57 年 3 月)。

169. 黃玉齋,〈臺灣文獻考〉(《臺灣通志館刊》,創刊號,民國 37 年 10 月)。

170. 黃玉齋,〈臺灣方志引論〉(《臺灣文獻》,第十七卷第四期,民國 55 年時 2 月)。

171. 黃玉齋,〈臺灣省等省方志的比觀〉(《臺灣文獻》,第十九卷第二期,民國 57 年 6 月)。

172. 黃呈聰,〈論普及白話文的新使命〉《臺灣》,第四年第一號,1923 年 1 月)。

173. 黃秀政,〈論臺灣史料的利用〉,八十八年冬令臺灣史蹟研習會講義彙編(臺北市:臺北市文獻委員會,民國 88 年 2 月初版)。

174. 黃秀政,〈論臺灣鄉鎮志的纂修:以《鹿港鎮志》為例〉,收錄於天津市地方志辦公室主編,《海峽兩岸地方史志比較研究文集》(天津:天津社會科學院,1998 年)。

175. 黃秀政、陳靜寬,〈纂修中的《鹿港鎮志》〉,發表於「臺灣光復後纂修地方志研討會」,民國 84 年 7 月)。

176. 黃俊傑,〈李春生對天演論的批判及其思想史的定位──以《天演論書後》為中心〉,收錄於李明輝編《李春生的時代與思想》(臺北市:正中書局,民國 84 年)。

177. 黃師樵,〈新文學運動與白話字運動〉(《臺北文物》,第三卷第二期,民國 43 年 8 月)。

178. 黃純青,〈臺灣省通志館顧問委員會感言〉(《臺灣通志館刊》,創刊號,民國 37 年 10 月)。

179. 黃培森,〈略論新方志體例篇目的規範化〉(《方志研究》,1991 年第六期,1991 年 11 月)。

180. 黃得時,〈臺灣新文學運動概說〉(《臺北文物》,第三卷第二～三期,民國 43 年 8～12 月)。

181. 黃得時,〈臺灣資料收藏情形概說〉(《臺灣文獻》,第二十六卷第二期,民國 64 年 6 月)。

182. 黃得時,〈臺灣歌謠之型態〉(《文獻專刊》,第三卷第一期,民國 41 年 5 月)。

183. 黃淵泉,〈對「重修臺灣省通志藝文著述篇的若干問題」的說明〉《臺灣文獻》,

第四十八卷第二期，民國 86 年 6 月）。

184. 黃敦涵，〈編纂本省通志之當前問題〉（《臺灣省通志館館刊》，第一卷第二號，民國 37 年 11 月）。

185. 黃朝琴，〈漢文改革論〉（《臺灣》，第四年第一、二號，1923 年 2、3 月）。

186. 黃耀能，〈《續修高雄市志》的纂修經過與感想〉（發表於「臺灣光復後纂修地方志研討會」，民國 84 年 7 月）。

187. 楊雲萍，〈臺灣通志假定綱目〉（《臺灣通志館刊》，創刊號，民國 37 年 10 月）。

188. 楊雲萍，〈論方志的體例〉（《臺灣風物》，第三十五卷第一期，民國 74 年 3 月）。

189. 萬國鼎，〈方志體例偶識〉（《金陵學報》第五卷第二期，1935 年）。

190. 廖漢臣，〈新舊文學之爭：臺灣文壇一筆流水帳〉（《臺北文物》，第三卷第二～三期，民國 43 年 8～12 月）。

191. 榮峰，〈新文學、新劇運動人名錄〉（《臺北文物》，第三卷第三期，民國 43 年 12 月）。

192. 榮峰，〈臺灣最初的文藝雜誌〉（《臺北文物》，第三卷第三期，民國 43 年 12 月）。

193. 臺北市文獻委員會於民國 43 年 12 月 15 日所辦「美術運動座談會」會議記錄（收錄在《臺北文物》，第三卷第四期，民國 44 年 3 月）。

194. 臺灣省文獻委員會，〈十年間在外國所見之中國方志（座談會）〉（《臺灣文獻》，第十二卷第四期，民國 50 年 12 月）。

195. 臺灣省文獻委員會，〈史料蒐集與歷史編纂（座談會）〉（《臺灣文獻》，第十三卷第一期，民國 51 年 3 月）。

196. 臺灣省文獻委員會，〈臺灣省各縣市文獻委員會辦事細則準則〉（《文獻專刊》，第二卷第一、二期，民國 40 年 5 月）。

197. 臺灣省文獻委員會，〈歷史、歷史學、歷史哲學（座談會）〉（《臺灣文獻》，第十三期第一卷，民國 51 年 3 月）。

198. 臺灣省通志館編，〈臺灣志書修纂辦法〉（《臺灣省通志館館刊》，創刊號，民國 37 年 10 月）。

199. 趙元春，〈瑣談方志理論研究的發展〉（《方志研究》，1991 年第三期，1991 年 5 月）。

200. 齊藤博，〈市史編寫問題—兼談地方史研究諸潮流的成果與缺陷〉（《中日地方史志研究》，天津：南開大學出版社，1996 年）。

201. 劉枝萬，〈清代臺灣方志職官年表特輯〉（《臺灣文獻》，第八卷第三、四期，民國 46 年 12 月）。

202. 潘君，〈蔣毓英修《臺灣府志》述略〉（《上海社會科學》，第二期，1982 年）。

203. 蔣廷黻，〈高等教育的一方面：對臺大的一項建議〉（《自由中國》，第九卷第四期，民國 48 年 8 月）。

204. 蔡采秀，〈臺中地區的客家聚落與產業開發〉（收錄於《臺灣開發史論文集》，

臺北縣：國史館，民國 86 年 12 月初版）。

205. 鄭喜夫，〈「刪輯臺灣省通誌」綱目之試擬〉（《臺灣文獻》，第三十卷第二期，民國 68 年 6 月）。

206. 鄭喜夫，〈清代福建人士與臺灣方志〉（《臺灣風物》，第二十卷二期，民國 59 年）。

207. 鄭喜夫，〈關於清代兩種「臺灣志略」〉（《臺灣文獻》，第三十三卷第一期，民國 71 年 3 月）。

208. 鄧憲卿，〈光復後省通志編纂之回顧與前瞻〉（該文發表於「臺灣史料研究暨史料整理成果研討會」，1998 年 6 月）。

209. 黎仁，〈臺灣的地理環境與歷史發展〉（《臺灣文獻》，第九卷第四期，民國 47 年 12 月）。

210. 賴子清，〈古今臺灣詩文社（一、二）〉（《臺灣文獻》，第十卷第三期，民國 48 年 9 月；第十一卷第三期四十九年 9 月）。

211. 賴永祥，〈臺灣文獻舉要〉《臺灣文獻》，第九卷第二期，民國 47 年 6 月）。

212. 賴鶴洲，〈臺灣古代詩文社〉（《臺北文物》，第八卷第二～四期，第九卷第一～四期，民國 48 年 6 月～49 年 12 月）。

213. 錢成潤，〈試談方志續修中的法規化與制度化管理問題〉（《中國地方志》，1998 年第一期，1998 年 1 月）。

214. 繆全吉，〈章學誠議立志（乘）科的經世思想探討〉（收入於《近世中國經世思想研討會論文集》，中央研究院近代史研究所編，民國 73 年 4 月）。

215. 謝浩，〈高志義例及史料價值的評鑑〉（《漢學研究》，第三卷第二期，民國 74 年 12 月）。

216. 謝浩、王思嘉，〈修志的理論與實務〉（《臺灣文獻》，第三十四卷四期，民國 72 年 12 月）。

217. 鍾興麒，〈方志本體論研究的現實意義〉（《中國地方志》，1995 年第二期，1995 年 3 月）。

218. 韓章訓，〈方志本體和本質論析〉（《中國地方志》，1998 年第五期，1998 年 9 月）。

219. 韓章訓，〈方志整合觀念論析〉（《中國地方志》，1997 年第一期，1997 年 1 月）。

220. 瞿兌之，〈讀方志瑣記〉（《食貨》，第一卷第五期，民國 24 年 2 月）。

221. 瞿兌之，〈讀李氏「方志學」〉（《禹貢》，第三卷第六期，民國 24 年 5 月）。

222. 簡榮聰，〈臺灣省文獻委員會推動全面修志概述〉（該文發表於「臺灣光復後纂修地方志研討會」，民國 84 年 7 月）。

四、外文書目

1. Mich, Goerg, *A History of Autobiography in antiquity*, Westport, Conn. :Greenwood

Press, 1973.

2. Willams, Raymond, *Keywords: A vocabulary of culture and society*, London:Fontana Press, 1988.

3. Richardson, E. C. , *Classification, Theoretical and Practical*, 3 rd ed. Hamden, CT: Shoe String Press, 1964.

4. Wynar, Bohdan S. , Introduction to cataloging and classification, 7th ed. Littltton, Colorado: Library Unlimited, INC., 1985.

5. 土城庄編,《近衛騎兵大隊三角湧方面敵情偵察小隊戰鬥經過ノ概要》(抄本), 昭和六年(1931年)。

6. 千千岩助太郎,《台灣高砂族の住家》(臺北市:南天書局,民國49年)。

7. 大古誠夫,《台灣征討記》(東京:今古堂活版所,明治二十九年(1896年)4月)。

8. 井出季和太,《南進台灣史考》(東京:誠美書閣,昭和十八年(1943年)10月)。

9. 戶川柳吉,《台灣北部ニ於ケル近衛師團戰鬥詳報》(台北:近衛師團編纂,明治二十八年(1895年)六月)。

10. 日本地方史研究協議會編,《地方史研究必攜》(東京:岩波書店,1955年)。

11. 市毛淺太郎,《征台顛末》(台北:明治三十年(1897年))。

12. 村上玉吉編,《南部台灣誌》(台南:台南州共榮會,昭和九年(1934年))。

13. 杉浦和作,《明治二十八年台灣平定記》(台北:新高堂書店,昭和七年(1932年)5月)。

14. 林進發,《台灣人物評》(台北:赤陽社,昭和四年(1929年))。

15. 松本正純,《近衛師團台灣征討史》(東京:台灣懇話會影印,明治二十九年(1896年))。

16. 秋澤烏川,《台灣匪誌》(台北:台灣總督府法務部臺灣月報發行所,大正十三年(1924年)三版)。

17. 臺灣總督府法務部編纂,《臺灣匪亂小史》(臺北市:臺北新報支局印刷部,大正九年(1920年)2月)。

18. 臺灣總督府陸軍幕僚編纂,《臺灣總督府陸軍幕僚歷史草案》(抄本)(臺北:編者,明治三十六年(1903年)5月)。

19. 臺灣總督府幕僚編,《臺灣匪魁略歷》,手抄本影印。

20. 臺灣總督府警務局編纂,《臺灣總督府警察沿革誌》第二篇(南天出版社影印本,昭和十三~十四年(1938~1939年))。

21. 遠藤永吉,《征臺始末》(日本茨城縣:江湖堂,明治三十一年(1898年)10月)。